세상의 모든 혁신은 전쟁에서 탄생했다

세상의 모든 혁신은
전쟁에서 탄생했다

임용한 지음

교보문고

전쟁은 직관, 통찰, 창의의 역사다

얼마 전 '인문학의 위기'라는 단어가 유행처럼 떠돌았던 때의 일이다. 교양과목에 대한 학생들의 기피와 불만도 함께 높아지자, 대학에서는 교양과목의 제목을 흥미롭게 바꾸고 새로운 강의기법을 도입한다고 소동이 벌어졌다. 그런데 그 결과는 상품은 그대로인 채, 포장이나 이름만 바꾸는 격이었다. 물론 전부가 그런 것은 아니지만, 혁신이 성공하려면 철저한 준비와 실험을 거쳐야 하는데 너무 성급하게 준비한 것이다. 물론 겉모습부터 바꾸고 속의 내용을 하나하나 바꿔갈 수도 있다. 어떤 변화들은 겉모양에서 시작되는 경우도 있으니 말이다.

나 역시 이 기회에 전쟁사 과목을 하나 넣고자 시도했다. 그런데 변화를 시도하면서도 막상 완전히 새로운 것은 거부했다. 우여곡절 끝에 교양 한국사 강의를 맡게 되었고 이 강의계획서를 짤 때 '전쟁사로 보는 한국사'를 주제로 했다. 그랬더니 200명이 넘는 학생들이 몰리는 큰 관심을 받았다.

전쟁사를 가르치고자 했던 이유는 역사를 강의할 때 언제나 현재에 필요한, 살아 있는 교훈을 가르쳐야 한다고 생각했기 때문이다. 내가 생각한 인문학 교육의 목표는 미래를 내다보고 대비할 수 있는 통찰력을 기르는 것과, 개인이든 조직이든 창의와 혁신, 도전의 가치를 깨닫고 즐길 수 있는 인재를 만드는 것이었다. 여기에 전쟁사만큼 적당한 소재도 없다.

100년 전쟁, 30년 전쟁 등 한 사람의 인생을 기준으로 봤을 때 평생 가는 긴 전쟁이 있기는 하지만, 유구한 역사를 기준으로 봤을 때 전쟁은 비교적 단기간에 엄청나게 큰 폭발력을 갖는 사건이다. 이 짧은 시간에 국가의 흥망성쇠, 기술의 혁명적인 발전, 사회제도의 변화 등이 이루어졌다. 그렇기 때문에 전쟁사는 역사에서 우리가 어떤 교훈을 얻거나 돌파구를 찾고자 할 때 반드시 공부해야 하는 주제임에 틀림없다. 사실 전쟁의 역사는 직관, 통찰, 창의의 역사다. 찰나의 순간에 내린 결정이 1퍼센트의 가능성을 승리나 실패로 만드는 치열한 싸움이다. 그래서 전체를 통찰할 수 있어야 하고 직관적으로 판단할 수 있어야 하며, 새로운 방법을 찾아낼 수 있어야 역사에 승리자로 남을 수 있다.

다시 학교로 돌아가보면, 학생들에게 인문학을 가르치려는 의도 역시 어떤 상황의 본질을 찾아내고 분석할 줄 아는 '통찰'이라는 능력을 키워주기 위함이다. 눈앞에 보이는 현상만 보고 문제의 겉모습만 봐서는 이를 본질적으로 해결할 수 없다. 혹은 문제가 조금만 변형되어 나타나도 해결책을 응용하지 못한다.

나는 이 문제를 이 책에서 전략과 전술로 나누어서 설명해보려 했다. 전략은 전쟁을 승리하기 위한 기본방침, 궁극적인 지향이며 상황과 주변의 이해에 흔들리지 않아야 하는 것이다. 반면에 전술은 전략을 수행하기 위한 일종의 '실행계획'으로, 자신의 능력, 지형, 무기, 기후 등 가능한 모든 요소와 연관되어 변화되고 응용되어야 하는 것이다. 그야말로 창의적이어야 하고 직관적이어야 한다. 즉 우리에게 부족한 것은 바로 그런 전술적 창의력이다.

첫 번째 책이 나오고 많은 칭찬과 질타, 격려를 얻었다. 책에 대한 애정과 관심에 다시 한 번 독자에게 감사의 인사를 전하며, 이번 책에는 그런 독자들의 요구와 기대를 반영하고자 했음을 말씀드리고 싶다. 그런 욕심에 2년의 세월을 흘려보냈지만, 막상 책을 내려니 그런 노력이 얼마나 충실하게 반영되었을지 걱정이 앞선다.

단순한 경영의 교훈을 적용하기보다 전쟁 자체를 더 깊이 있게 다룸으로써 독자들 스스로 그런 교훈을 찾아낼 수 있도록 하려 했다. 또 특정 전투와 전쟁을 설명하는 데서 확장해 전쟁사를 통해 혁신을 보여주려는 시도를 했고, 한편으로는 더 디테일하게 들어가서 전쟁에서 활약한 특정 부대들의 결성 과정과 실패, 성공들을 하나의 꼭지에 담아내려 했다.

그런 노력으로 나온 원고들이 고대 로마가 제국으로 명성을 떨치기까지 무기와 전술을 개량한 흔적을 따라가거나, 당의 명장 이정이 돌궐에게 대적하기 위해 군의 전략과 전술을 어떻게 수정했는지 흐름을 따라가려 했다. 또 과달카날 전투에서 활약한 캑터스 항공대, 버마 전쟁의 수훈 갑 친디트 부대, 특수부대의 시초 코만도 부대, 조선의 특수부대 체탐자 등의 창설 과정과 활약상도 살펴보았다. 이런 부대들의 활약상은 모두가 그 필요성에 의문을 제기할 때도 도전과 실패, 실수를 거듭한 끝에 결국 뛰어난 전과를 올리며 전쟁에 새로운 이정표를 제시했다는 점에서 가히 '혁신'이라는 이름을 붙여도 무방하겠다.

마지막으로 이 책에서 나는 단지 '전쟁'만을 볼 것이 아니라 전쟁의 전과 후를 살피는 것의 중요함을 강조하고자 했다. 평화의 시대에 준비하지 않으면 전쟁을 치를 수 없고, 전쟁이 끝난 뒤에 사회를 추스를 힘이 없는 리더는 새로운 시대를 개척할 수 없다. 따라서 전쟁은 단순히 전쟁만 놓고 평가해서는 안 된다. 전쟁의 전과 후를 함께 보는 통찰 역시 필요하다는 사실을 전하고 싶다.

이 책이 나오기까지 많은 분들이 애써주셨다. DBR 김남국 편집장님을 비롯한 동아일보 미래전략연구소 관계자들, 항상 원고를 점검해주시고 좋은 아이디어를 제공해주시는 삼성경제연구소 분들, 그리고 단행본이 나오기까지 애써준 교보문고에 이 자리를 빌려 감사를 드린다.

임용한

차례

전략과 전술

전략과 전술의 구분은 생각처럼 간단하지 않다. 그리고 그것이 현장에서 혼란과 문제를 무수히 일으키는 원인이다. 보통 전략은 목적 또는 대목표, 전술은 그것을 실천하는 방식이라고 한다. 그런데 기업의 목적이 '이윤을 창출하는 것'이라고 정의하면 그것을 실행하는 방법은 상상 초월하게 많아지고 중구난방이 된다. 이번 달의 판매전략이 '매출 10퍼센트 상승'이라고 한다면 '매장을 청결하게 한다' '단골고객을 늘린다' 등 세부목표가 생길 것이다. 그리고 각 항목마다 실천방안이 뒤따른다. 그러면 단골고객을 늘린다는 것이 다시 상위의 전략이 되고, 실천방안이 전술이 된다. 군에서는 이 혼동을 피하기 위해 전술 아래 다시 작전술이란 개념을 만들었다. 하지만 세상은 훨씬 복잡해서 전략·전술·작전술이라는 3단계로 단순히 나누는 것도 불가능하다.

그런데 우리는 전략과 전술이라는 말을 고민하지 않고 사용한다. 보통은 상위의 개념이 전략이고 하위의 개념이 전술이다. 하지만 언어가 혼동되면 사고도 혼동되기 마련이다. 가뜩이나 기업은 현장 상황, 당장의 이익과 손해에 민감하다. 그러다 보니 전략보다는 전술과 작전의 영역으로 계속 몰입해간다. 결국 지향과 구심을 잃고, 어느 날 뒤돌아보았을 때 이런 탄식이 나온다. "우리가 전략이 없었다." "우리가 방향감각을 잃었다."

사실 이런 한탄은 전쟁사에서도 무한 반복되었다. 그렇다면 전략이란 무엇일까? 여전히 그것을 명확하게 정의하기는 어렵다. 어쩌면 전략은 여러 가지 얼굴을 가지고 있다고 할 수 있다. 기업이 궁극적으로 지향하는 방향을 지시하는 것, 리더와 구성원이 늘 명심하고 방법을 찾아내기 위해 고심해야 하는 것, 순간순간의 이해에 흔들리지 않고 행동과 결정에 구심점을 잡아줄 수 있는 것이라고 할 수 있다. 무엇보다도 우선적인 요구는 변화하는 세상에서 승리자가 될 수 있는 방향을 예시하는 것이다. 조직과 구성원이 최고의 성과와 지속적인 자기발전을 이룰 수 있도록 올바른 방향을 지향해야 한다.

그렇다면 전술이란 무엇인가? 전술은 실전을 통해 전략을 실현하는 방법이다. 군사학에서는 전술, 작전술 등 여러 단위로 세분화됨은 앞서 이야기했다. 전술을 시행하기 위해 하부전술이 필요하기 때문이다. 하지만 그런 단위는 절대적인 것도 아니고, 기준도 늘 변한다. 그 기준보다 중요한 것이 전술은 방법 이상의 의미가 있다는 점이다. 승리는 했지만 희생이 너무 커서 더 이상 전략목표를 향해 추진하기 곤란하다거나 잘못된 방법을 사용해서 악명을 남겨 전략 수행에 차질을 빚는다면 그것은 올바른 전술이 아니다. 그러므로 전술은 전략목표를 실현하는 방법인 동시에 조직적이고 효율적인 방법이어야 한다. 전술이 효율적이 되기 위해서는 세 가지를 명심해야 한다.

- 전략과 목표에 적합한가?
- 자신의 능력, 지형, 무기, 기후 등 가능한 모든 요소를 조합해서 최고의 효율을 달성하기 위해 노력하고 있는가?
- 변화된 상황에 맞추어져 있는가?

Part 1

원칙과 혁신의 경계

원칙과 기본을 지켜야 하느냐, 변화해야 하느냐는 의문은 누구나 한 번쯤 가져봤을 것이다. 원칙만 지켜서는 틀에 박힌 사고와 행동으로 혁신을 이룰 수 없다는 생각이 들 것이다. 그런데 사실 원칙과 혁신은 전혀 반대의 의미가 아니다. 원칙을 현장에 맞게 적용하는 것이 응용이고, 이것이 완성된 형태가 혁신이기 때문이다. 경직된 조직, 관료주의에 물든 조직들이 원칙이라는 미명 하에 응용을 포기하고 일정한 패턴을 강요하거나, 온갖 규정으로 거미줄처럼 둘러치고 그 속에 안주한다. 이 때문에 기본과 응용 사이에서 갈피를 못 잡고 혁신에 실패하는 것이다.

우리는 여기서 전술의 원칙을 지형에 섬세하게 맞추어 나하추의 대군을 물리친 젊은 이성계의 전투를 살펴볼 것이며, 전술의 기본을 지키지도 못하고 응용도 못한 채 우수한 군대를 가지고도 패한 영국군의 이산들와나 전투를 살펴볼 것이다. 또한 비록 미국 전쟁사에서 '진주만 이후 최악의 패전' 또는 '역사상 가장 고전한 전투'로 기록되었지만, 중공군의 엄청난 역습에도 원칙을 지킨 덕분에 철수에 성공할 수 있었던 장진호 전투 등을 살펴보며 원칙과 혁신의 관계 및 혁신의 전략을 분석할 것이다.

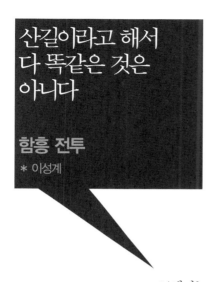

산길이라고 해서 다 똑같은 것은 아니다

함흥 전투

* 이성계

　　14세기는 우리 역사상 최악의 전쟁기였다. 이 시기에 주변에 살고 있는 모든 나라와 종족이 모두 한 번 이상은 고려를 침공했다. 그 중에서 가장 사납고 위험한 군대가 북방의 몽골족과 남쪽의 왜구였다. 고려는 정말 곤혹스러웠다. 끝없는 전쟁으로 군대와 재정도 바닥났지만, 몽골과 왜구처럼 성격이 전혀 다른 군대와 동시에 싸워야 하는 것도 심각한 전술적 난제였다. 훈련, 전술, 장비를 이원화해야 하는데, 이원화는커녕 한쪽을 대응할 군대도 부족했다.

　이때 구세주처럼 등장한 군대가 있었다. 동북면지금의 함경도의 군벌 이자춘과 그 휘하의 토착병 군대였다(실제로는 고려 민족과 여진족의 혼성부대). 이씨 집안은 몽골이 동북면으로 침공해오자 몽골에 항복해서 관직을 받고 이 지역을 다스렸다. 이곳이 쌍성총관부다. 그러다가 원나라가 패망하자 공민왕은 쌍성총관부 수복 작전을 펼쳤고 이씨 집안은 저항을 포기한 채 다시 고려로 귀순했다. 군대가 고갈된 고려에게는 그를 배척하기보다는 과거의 잘못을 만회할 기회를 주는 것이 현명한, 솔직히 말하면 어쩔 수 없는 선택이었다. 그런데 정말 이씨 집안에 속죄의 기회를 주려는 듯, 예상치 못한 강력한 군대가 동북면을 침공했다. 심양에 자리 잡고 만주의 왕을 꿈꾸던 나하추納哈出의 군대였다.

이 무렵 원나라는 명나라에게 중원을 빼앗기고 몽골초원으로 돌아갔다. 하지만 만주는 여전히 몽골의 장군인 나하추가 지배하고 있었다. 소설 《홍루몽》의 이야기처럼 중원에 터전을 잡은 몽골족은 야성을 잃고 약해진 탓에 명에 패해 쫓겨나기는 했지만, 만주와 본토에 살고 있던 초원의 몽골 기병은 여전히 강건했다. 심양을 거점으로 요동과 만주 서부 일대를 지배하던 나하추는 원·명 교체기의 혼란을 틈타 만주의 패자가 되려는 야심을 품었다. 그는 먼저 만리장성을 넘어 명나라의 군현을 습격해서 명의 동진을 저지시켜 놓고, 혼란 상태인 간도지방을 석권하려는 전략을 세웠다. 이 작전은 멋지게 성공했다. 다음 목표는 간도 진출의 교두보가 될 지역, 바로 쌍성총관부였다.

20대 이성계, 역사에 첫 등장하다

1362년 나하추의 대군이 동북면으로 밀어닥쳤다. 고려는 이자춘의 동북면 군대에게 희망을 걸 수밖에 없었다. 그런데 이자춘이 갑자기 사망했다. 동북군의 지휘권은 겨우 20대에, 전투 경험도 거의 없다시피 하던 그의 아들 이성계에게 인계되었다.

나하추가 진격한 경로는 기록에 남아 있지 않지만 북청을 점령하고 홍원을 지나 함흥으로 내려온 것을 보면 심양에서 간도 쪽으로 동진하다가 함경북도의 두만강 하류 지역에서 도하해서 한반도로 들어와 함경도 동해안을 따라 남하한 것 같다. 심양에서 여기까지 오는 루트는 상당히 멀고 험하다. 하지만 몽골군의 후예답게 이성계가 근거지인 함흥을 떠나 북상하기도 전에 벌써 북청을 지나 함흥 북쪽의 홍원까지 왔다. 쌍성총관부의 90퍼센트를 단숨에 석권하고 최남단의 수도만 남겨둔 셈이었다.

전력의 차이가 현저할 때 강한 적에게 대항하는 좋은 방법이 농성전이다. 우리나라는 산이 험하고 좋은 산성이 많다. 기병 위주인 몽골군은 산성 전투에 약하다. 하지만 이성계는 농성전을 사용할 수가 없었다. 나하추가 침공한 음력 7월은 습하고 무더위가 한창인 때다. 말과 사람이 금방 지치고 전염병이 발병할 위험도 높다. 전쟁을 하기에는 아주 좋지 않은 기후다. 하지만 이런 어려움에도 나하추가 침공을 감행한 데는 이유가 있었다.

음력 8월이면 추수철이다. 한 달만 작전을 진행하면 점령지에서 군량을 확실하게 확보할 수 있다. 공격에 실패해도 적국의 농사를 완전히 망치거나 막대한 군량을 약탈해서 돌아갈 수 있다. 반대로 적국은 치명적인 타격을 입는다. 동북면 대부분의 마을이 약탈당하거나 농사를 망쳤다고 가정하면, 인구의 80퍼센트 이상이 기아에 허덕이게 된다. 군대는 절반 이상 와해될 것이다. 그러면 2차 공세에서 더 쉽게 승리할 수 있거나 내부에서 반란이 일어날 수도 있다. 실제로 동북면의 주민 중에는 몽골의 유민과 여진족도 많았다. 굶어죽을 상황에 처해서까지 그들이 고려에 충성할 이유가 없었다. 이성계로서는 동북면을 지키려면 가능한 한 빨리 승부를 보아야 했다.

도로와 심리를 동시에 이용하다

나하추는 북쪽 홍원에, 이성계는 함흥에 있었다. 두 군대의 사이에는 함관령과 차유령이라는 두 개의 고개가 있었다. 보통은 함관령이 함흥으로 들어오기에는 더 가깝고 좋은 통로였다. 해발 463미터에 좁고 바위가 많아 쉽지 않은 고갯길이었지만, 가장 빠르고 무난했다. 함관령보다 비교적 완만한 차유령은 북쪽으로 멀리 돌아야 하고 더 높으며, 계곡을 따라 내려오는 산길 구간이 훨씬 길었다.

나하추는 나연티무르라는 만호_{고려 시대에 순군만호부 및 지방의 여러 만호부에 속한 무관 벼슬}에게 1,000명의 병사를 주고 그를 선발대로 보냈다. 병력이 적지만 정예 기병 1,000명이면 보통의 보병 1만 명에 맞먹는 군대다. 그들의 목표는 일단 고려군의 방어거점이 될 수 있는 함관령을 확보하고, 예봉이 되어 고려의 군사력을 시험하는 것이었다.

나연티무르는 주저하지 않고 진군해서 함관령을 확보했다. 고려군은 그림자도 보이지 않았다. 고려군이 함흥을 지키기 위해서 반드시 사수해야 할 고개의 방어를 포기한 것을 보고 나연티무르는 자신감을 얻었다. 나연티무르는 고개를 넘어 함관령 아래의 덕산 벌판까지 진출했다. 고개에 수비대를 남겨두어야 했으니 병력은 500명 정도였을 것이다. 병력이 너무 적은 것 같지만 몽골군을 따라잡을 군대는 세

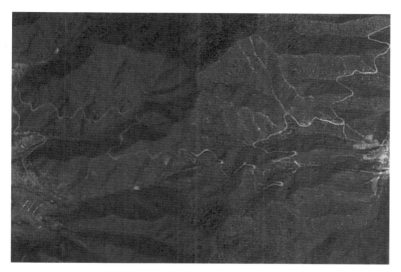

🔻 **함흥 전투 |** 왼쪽이 함흥 방향 오른쪽이 흥원 방향이다. 양쪽 다 구불구불하지만 흥원 쪽은 완만한 경사인 반면 함흥 쪽은 급한 비탈의 사면을 따라 올라온다. 이 경우 함흥 쪽 길이 몇 배는 힘들다.

계 어디에도 없기 때문에 그 인원으로 적진 깊숙이 들어가 정찰과 전술기동을 하는 데 두려움이 없었다.

덕산 벌판에도 고려군의 흔적은 없었다. 고개도 포기한 군대가 기병의 안방이라고 할 수 있는 들판에서 덤벼들 리 있을까? 나연티무르는 안심하고 덕산 들판에서 야영을 했다. 그때 고려군이 야습해왔고 몽골군은 피해를 입고 달아났다. 하지만 오전에 넘어온 함관령이 길을 막았다. 이것이 함정이었다.

우리 땅의 좁고 가파른 고갯길에서 기병의 질주는 불가능하다. 반면 고려군은 몽골군 못지않게 기병이 강하고, 산비탈에서도 능숙하게 말을 탔다. 게다가 옛날 고갯길은 직선으로 오르지 못하고 굽이굽이 좌우로 뒤틀면서 올라간다. 북한은 옛 도로망이 그대로 남아 있어서 위성지도에서도 함관령의 도로 사정을 볼 수 있다. 구불구불 이어지는 뒤틀림은 우리의 상상 이상이다. 단순한 지그재그가 아니고, 산의 양쪽 경사면을 넘나들며 올라간다. 그런데 홍원 경사면과 함흥 경사면을 비교하면 함흥 쪽이 가파르고 길은 북쪽 능선과 산자락으로 우회하며 더 심하게 휘어 있다.

처음으로 밤에 그곳을 이동하던 몽골군에게는 고개로 올라가는 퇴로를 찾는 일조차 쉽지 않았을 것이다. 어두운 데다 산에는 잡목과 풀이 우거져서 몽골군은 좁은 산길을 따라 이동하는 것 외에 방법이 없었다. 하지만 지형에 밝은 고려군은 급경사를 가로질러 몽골군을 앞지르거나 산등성이에 한 줄로 노출된 몽골군을 유리한 위치에서 화살로 요격했다.

이것이 이성계가 함관령에 방어진지를 펴지 않은 이유를 설명해준다. 고개에서 대치할 경우 도로가 더 복잡한 함흥 쪽에서 지원과 보급 추진이 훨씬 어렵다. 함관령에서 양군이 대치할 경우, 얼핏 높고 험한 곳에 위치한 수비 측에 유리할 것 같지만, 병력과 물자가 절반도 안 되는 군대가 2배나 길고 험한 보급로를 배후에 두고 싸워야 한다. 게다가 병력에서 우세한 나하추가 차유령으로 우회하면 이성계는 가뜩이나 적은 병력을 또 분할해야 했을 것이다.

선발대의 전멸에 화가 난 나하추는 전 군을 동원해서 함관령을 넘었다. 병력의 수가 나연티무르의 부대에 비할 바가 아니었다. 이성계는 덕산을 포기하고 하룻길을 후퇴해서 항아리형의 좁은 골짜기로 들어가 진을 쳤다. 고려군이 농성전을 택했다고 판단한 나하추는 골짜기 앞을 봉쇄했다. 그리고 다시 덕산 벌판에 진을 쳤다. 나하추는 한 번 써 먹은 수를 또 사용할 것이라고는 생각하지 못했을 것이다. 그날 밤 고려군이 또 다시 야습을 감행했다. 여기서 진짜 문제는 몽골군의 피로였다. 전날 함관령을 강행 돌파하고, 덕산에서 밤새도록 야습을 대비하느라 나하추의 군대는 지치고 잠이 부족했다. 이날의 습격에 대응하지 못한 나하추는 다시 함관령을 넘어 홍원으로 후퇴해야 했다. 두 번이나 패배한 나하추는 홍원에 주둔하면서 병사를 쉬게 하고 군세를 정비했다.

두 번의 승리로 이성계의 자신감도 올랐다. 하지만 나하추의 군대는 대군이고 전투 경험도 많았다. 지금까지 이성계는 나하추의 군대가 긴 행군에 지치고 고려의 지리와 지형에 적응하지 못한 덕을 보았다. 하지만 전투를 오래 끌면 적은 점점 강해질 것이었다. 적에게 쉴 틈을 주어서는 안 되었다. 가능하면 적이 지형에 적응하고 정신을 차리기 전에 빨리 승부를 내야 했다. 이번에는 이성계가 함관령을 넘어 나하추에게 도전했다.

홈그라운드의 이점은 디테일이다

이성계의 용감한 도전은 실패로 끝났다. 평지에서 진을 정비한 나하추는 강했다. 승기를 잡지 못한 고려군은 후퇴할 수밖에 없었다. 그러자 나하추는 추격을 지시했다. 고려군은 함관령을 넘어서 돌아가야 한다. 나하추 군의 입장에서는 며칠 전에 자신들이 당한 그대로 보복할 수 있는 기회였다.

고갯길에 막힌 고려군은 위기를 맞았다. 좁은 도로에 고려군은 종대로 늘어섰고, 나하추의 선봉대가 고려군의 후미를 따라잡아 살육을 시작했다. 그때 산 위에서 상황을 주시하고 있던 이성계가 갑자기 말을 몰아 고개 아래로 내달렸다. 《조선왕조실록》에서는 이성계의 무용담에 초점을 맞추어서 이 역습을 이성계 혼자서 해치운 것처럼 묘사해놓았다. 고갯마루에 있던 이성계가 적에게 참살당하는 고려군을 보자 단신으로 말을 달려 여러 명의 적장을 죽이고 적을 격파했다는 것이다. 그런데 정황을 알고 보면 이것 역시 지형을 충분히 파악하고 전투방식을 훈련해놓음으로써, 미리 준비한 계략의 승리였다. 이성계의 돌격도 단신 돌격이 아니라 중장기병대의 돌진이었을 가능성이 크다. 좁은 산길이라 뒤따라오는 나하추의 군대 역시 종대로 오른다. 이런 지형에서는 병력이 많은 것이 아무 소용이 없다. 게다가 비탈을 내려가는 이성계의 기병은 위력이 배가된다.

이성계의 역습은 또 다른 의미가 있다. 고갯길이 구불구불하기 때문에 고갯마루에서 보면 추격군은 측면을 자주 노출한다. 지형에 익숙한 고려 기병이 비탈을 달려 도로를 끊으면 적의 선두와 후미가 절단되는 것이다.

나하추로서는 지형도 낯설고 산악 전투에 서툰 군대를 이끌고 초반에 고갯길 전투를 여러 번 한 것이 패인이었다. 이 쓸데없는 소모전으로 그는 전력의 상당부분을 낭비했다. 하지만 그의 군대는 아직 싸울 힘이 남아 있었고 객관적 전력은 여전히 우세했다. 며칠 휴식을 취한 나하추는 최후의 공세를 폈다. 몽골군이 함관령을 돌파해 함흥평야로 진군했다.

정신을 차린 나하추는 이성계의 군대를 추격하기보다는 함흥 자체를 초토화시킨다는 목표를 가지고 함흥으로 진군했을 것이다. 그래야 이성계의 군대를 자신이 원하는 장소로 끌어낼 수 있었다. 이성계가 전투를 포기하고 숨는다면 그의 근거지를 초토화시킬 계획이었다. 그러면 이성계는 기반지역을 잃고 지도자로서 인망도 상실할 것이다. 이를 피하려면 나하추가 원하는 대로 평야에서 싸움에 임해야 했다. 나하추의 의도대로 결국 함흥평야에서 결전이 벌어졌다. 그리고 승리는 예상대로 나하추의 것이었다. 이성계는 도주했고 나하추는 곧바로 추격했다.

　그런데 이성계에게는 지금까지 숨겨왔던 최후의 한 수가 있었다. 나하추는 고려군의 규모를 알지 못했다. 전투의 양상으로 보건대 이성계가 주력으로 나하추를 상대한 것은 사실이지만, 전체 병력의 규모는 끝까지 숨겼다. 나하추가 이성계를 따라잡았을 때, 삼면에서 고려군이 나타났다. 이성계는 결전을 앞두고 대담하게 병력을 삼등분해서 각각 다른 길을 따라 한 지점으로 모이도록 했다. 그 중 한 부대를 자신이 거느리고 나하추를 그 지점으로 유인한 것이다.

　새로 출현한 두 개 부대의 전투력이 그다지 뛰어나지 않다고 해도 극적인 상황에서 예상치 못한 적군이 출현하면 병사들을 크게 동요한다. 게다가 나하추는 고려군의 계략에 몇 번이나 당한 상황이었다. 나하추의 군대는 공황에 빠졌고, 삼면에서 포위당해 섬멸되었다. 나하추는 소수의 병력을 거느리고 간신히 전장을 탈출했다.

응용력을 키우려면 항상 지형을 생각하라

나중에 나하추는 고려와 화친을 맺고 우호관계를 유지했다. 고려가 심양에 사신을 파견하자 그 사신에게 이성계의 안부를 물으며, 나이도 젊은 장군이 용병의 신이라고 극찬했다고 한다.

그런데 이 전황을 보면 이성계가 잘 싸운 것은 알겠지만 나하추와의 전투는 임팩트가 없다. 마지막 전투는 거의 정면대결에서 이겼다. 우리는 극적인 전술과 명확한 계략이 있어야 대단한 승리를 거둔 것으로 여긴다. 하지만 우리가 이성계의 함흥 전투에서 눈여겨봐야 하는 것은 전투의 80퍼센트는 용병술의 승리라는 점이다.

용병술에는 여러 정의가 있지만, 특별히 응용력이라고 말하고 싶다. 그러면 응용력이란 무엇일까? 춘추 전국 시대에 제자백가諸子百家들은 제후에게 등용되기 위해 이 나라 저 나라를 돌아다녔다. 이때 주로 등용되는 방법은 유력자의 추천과 면접이었다. 손무孫武와 오기吳起, 손빈孫臏 같은 병법의 대가들도 면접을 치렀다. 제후와 면접관이 주로 묻는 내용이 이런 유형의 질문이었다. "기병은 보병 몇 명을 상대할 수 있습니까?" 진지한 병법가라면 이렇게 대답한다. "그건 일괄적으로 말할 수 있는 것이 아닙니다. 상황에 따라 다릅니다." 이런 대답을 들으면 면접관의 표정이 일그러진다.

사실 이것이 정답이다. 하지만 이런 식이라면 모든 전술원리가 다 마찬가지다. 면접관들은 '봐라, 배웠다는 작자들은 늘 저딴 식이야'라고 생각하거나 무지한 인간이 곤란한 답변을 넘겨버리려는 수법으로 간주했을 것이다. 이런 면접으로 고배를 맛본 병법가는 다음에는 이런 식으로 대답했다. "기병 한 명은 보병 네 명을 상대할 수 있습니다." 좀 더 요령이 생기면 차별화를 시도한다. "평지에서는 다섯 명, 비탈에서는 두 명을 상대할 수 있습니다."

놀랍게도 이런 대화들이 기록되어 병서가 되었다. 많은 젊은 장교들이 이런 병법서를 읽고 외운다. 그리고 막상 전투가 벌어지면 이 진리에 의존한다. "아군 기병은 500명, 적의 보병은 2,000명이다. 좋아 그렇다면 비탈에서는 불리하지만, 평지에서는 족히 상대할 수 있다!"

그러다가 전투에서 지면 분노를 터트린다. "이론을 믿은 게 잘못이었어. 이제 책상머리에서 정리한 이론은 믿지 않을 거야." 그리고 앞으로는 실전 경험만을 진리로 인정하기로 한다. 이 방식은 처음에는 꽤 효과가 있다. 하지만 시간이 가고 전장이 커지면, 개인의 경험은 한계가 있다는 사실을 알게 된다. 그리고 그동안 치러왔던 많은 경험이 정리되지 않아 서로 다른 목소리를 내며, 과거에는 통했던 전술이 통하지 않게 된다. 그러면 다시 선인의 지혜를 찾는다. 그 주인공이 좀 더 오래 산다면 이 매커니즘을 반복하게 될 것이다.

원리와 응용, 실전 경험의 갈등은 전쟁과 경영 현장에서 언제나 골칫거리다. 하지만 알고 보면 이들은 대립하는 요소가 아니다. 원리는 언제나 옳다. 하지만 원리는 날것 상태의 재료와 같아서 반드시 가공해야 사용할 수 있다. 그것이 응용이고, 응용을 잘하는 것이 소위 실전 감각이다. 실전 감각은 날것의 원리를 현장에 응용하는 고민과 경험을 통해서 발전시킬 수밖에 없다.

그런데 원리를 응용으로 인도하는 일차적인 매개체가 지형이다. 전쟁사에서 뛰어난 지휘관들은 언제나 병사의 심리를 잘 파악하는 만큼이나 지형을 이해하고 이용하는 데 남다른 능력을 발휘했다. 지형이 원리를 응용으로 인도하는 결정적인 연결고리였기 때문이다.

전술 지형, 경영 지형은 언제나 다르고 시시때때로 바뀐다. 이성계와 휘하 기병이 함관령의 비탈에서 나하추의 군대를 향해 치고 내려갈 때, 보병 대비 기병의 전투력은 평지의 절반이 아니라 10배, 20배가 넘었다. 이것은 비탈에서 기병은 보병 두 명을 상대할 수 있다는 원칙과 어긋날 것일까? 그렇지 않다. 그 원칙을 지형에 응용하고, '적의 측면을 공략하라!' '측면을 압박당하고 주도권을 빼앗기면 병사들은 급속히 동요한다'는 또 하나의 전술원리를 적용해서 20 대 1의 전투를 구현한 것이다.

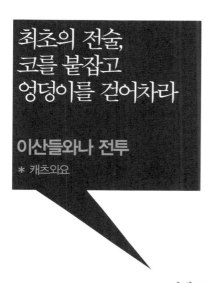

최초의 전술,
코를 붙잡고
엉덩이를 걷어차라

이산들와나 전투
＊ 캐츠와요

　　　　　고지대로 올라서면 대기는 서늘하지만 햇볕은 더 따갑다. 그 독특한 조합 덕분에 고원평야는 종종 다른 행성에 온 듯한 신비감을 준다. 잉글랜드 중남부의 습기 차고 흐린 대기 속에 살던 영국인들에게 남아프리카 고원평야는 과도하게 밝고 투명한 곳이었다. 그런데 고원지대인 스코틀랜드 출신 병사들에게도 이 고원은 신비했다. 낮은 관목과 풀이 덮인 벌판에 불쑥불쑥 솟아오른 가파른 바위산 혹은 탑처럼 솟아오른 바위들이 그들의 시야를 자극했다. 지질학 용어로 뷰트butte나 메사mesa라고 부르는 이 지형은 강한 지질과 연한 지질이 섞여 있다가 약한 지질은 씻겨나가 평야가 되고, 강한 부분만이 살아남은 것이었다. 마치 대지라는 연한 살 속에 박혀 있던 뼈와 같았다. 이젠 그 뼈들이 승자처럼 당당하고 위엄 있는 모습으로 드러나 있었다.

　하지만 가장 이질적인 풍경은 영국군 자신들이었다. 반짝이는 새하

얀 헬멧, 영화 속의 로마군처럼 상하가 붉은색의 유니폼은 초록색과 바위뿐인 고원에서 단연 눈에 띄었다.

1879년 1월, 이때까지만 해도 군대는 아직 위장복을 착용하지 않았다. 위장복은 저격병같이 비겁한 병사들이나 입는 옷이었다. 정규군이라면 밝은 태양 아래 원색의 군복을 착용하고, 국가와 군대의 위용을 당당히 드러내야 한다고 생각했다. 그들이 들고 있는 소총은 이런 자신감을 더욱 배가시켜 주었다. 그 총은 마르티니 헨리 소총으로 이제 갓 사용되기 시작한 후장식 소총이었다. 이전에는 총알을 총구에서 밀어넣었다. 총알이 총구의 지름보다 작으면 쉽게 들어가지만, 총을 기울이면 흘러내리고 총을 밀어내는 화약의 가스가 샌다. 그래서 총알은 총구보다 약간 컸고 빡빡했다. 병사들은 꼬질대로 총알을 쑤셔서 넣어야 했다. 이런 장전법 때문에 총의 발사 속도는 1분에 두 발에서 네 발 정도가 고작이었고, 앉아서 쏴도 불편하고, 엎드려서 쏘기는 불가능했다. 17, 18세기에 병사들이 적의 총구 앞으로 뻣뻣하게 서서 전진했던 것은 용기 덕분이 아니라 전장식 소총의 태생적 한계 탓이었다.

그런데 19세기 후반에 현대의 소총처럼 노리쇠 손잡이볼트를 당겨 약실을 열고 총알을 넣은 뒤 손잡이를 밀어 약실을 닫는 후장식 소총을 개발했다. 이 총 덕분에 발사 속도가 1분에 10발에서 12발 정도로 비약적으로 발전했다. 게다가 마르티니 헨리 소총은 수백 발을 쏴도 끄떡없을 정도로 안정적이고 내구성이 좋았다.

로드 챔스포드Lord Chemsford 준장이 지휘하는 영국군은 약 3,000명으로, 일부는 아프리카에서 징집한 원주민 병사였다. 기관총은 없었지만 7파운드 대포가 두 대 있었고, 탄약도 충분했다. 그들은 줄루왕국의 수도 울룬디 점령을 위해 나아가는 중이었다. 줄루왕국은 지금의 남아프리카공화국에 위치했지만, 북쪽의 보츠와나와 짐바브웨 일부까지 포함하는 지금보다 훨씬 거대한 왕국이었다. 영국군이 이 땅에 욕심을 낸 이유는 1866년 남아프리카에서 발견된 다이아몬드 때문이었다. 황금광맥도 있었다. 둘 다 21세기까지 전 세계 생산량의 90퍼센트 이상을 차지할 엄청난 양이었다. 남아프리카는 말 그대로 지구의 끝자락에 위치한 황금과 보석의 나라였다. 솔로몬 왕의 보물이 대륙의 끝에서 마침내 발견된 것이다.

이 광대한 지역을 정복하는 데 겨우 3,000명의 군대만 파견했다는 것은 믿기 어려운 일이지만 초기의 식민지 전쟁은 거의 그런 식이었다. 1월 20일 영국군은 이산들와나라고 불리는 특이한 바위산, 거의 수직으로 솟았지만 위는 평평한 산 아래 진지를 쳤다. 병사들은 야영 진지를 구축하기 위해 참호를 파기 시작했다. 하지만 암반이 너무 단단해 금세 포기했다. 다른 곳으로 이동하고 싶었지만 물과 그늘이 부족한 이 지역에서 오직 그곳에만 물과 나무 그늘이 있었다. 게다가 약간 고지대라 전망이 트이고, 뒤에 바위산이 있어서 포위당할 위험도 적었다. 챔스포드는 참호를 포기하고 이곳에서 야영하기로 했다.

챔스포드는 신중한 지휘관이었다. 진지 구축을 포기한 그는 불안해졌다. 그는 이 대지가 지닌 잠재적인 위험을 잘 알고 있었다. 남아프리카 평원은 위로 솟은 바위산 때문에 곳곳에 언덕과 구릉이 있었다. 또 땅이 파이고 갈라진 골짜기도 많았다. 현지 지형에 밝은 줄루족이 이 지형을 이용해 눈에 띄지 않게 접근해올 수 있었다.

인풋 대비 아웃풋을 극적으로 높이는 것이 '전술'

아프리카 부족의 무기는 창과 나무로 만든 방패뿐이었다. 그런데 줄루족에게는 또 하나의 중요한 무기가 있었다. 바로 단합이었다. 영국군(프랑스, 독일군도 마찬가지지만)이 말도 안 되는 병력으로 아프리카를 석권할 수 있었던 이유는 아프리카 부족들의 분열 덕분이었다. 검은 대륙에는 제대로 된 국가가 없었다. 서양인을 몰아내자는 누군가의 선동에 의해 부족들이 모여도, 핵심이 되는 집단만 꺾으면 쉽게 무너졌다. 영국군은 뱀의 머리를 부수는 전술에 능통했다. 대포와 소총이라는 강력한 화력과 집중사격으로 통로를 연다. 다음으로 기병이 전광석화처럼 돌격해서 적을 궤멸시킨다. 아프리카인들은 총도 기병도 없었다. 달리기는 잘했지만 그들의 빠른 발은 혼비백산해서 달아날 때만 쓸모 있었다.

하지만 줄루족은 아프리카 중남부에서 유일하게 국가를 건설한 부족이었다. 국가라고는 해도 역사학자들이나 흥미를 느낄 초창기의 국가였다. 중국에 비교하면 기원전 4000년경 은의 수준이었다. 그래도 원시적인 행정체제가 있고, 2만 5,000명의 군인을 소집할 능력이 있었다. 그 숫자는 아프리카 기준에서는 공포의 군대였다. 독자적 전술을 가지고 전술에 맞춰 훈련된 군대였기 때문이다.

줄루족은 어떻게 이런 군대를 갖추게 되었을까? 이를 이해하기 위해서는 1800년대 초반 줄루족의 청년 전사였던 샤카 줄루Shaka Zulu의 이야기를 먼저 해야 한다. 그는 수많은 부족으로 분열되어 있는 남아프리카를 통일하겠다는 야심을 품었다. 왕국을 세우는 방법은 전쟁을 통한 정복뿐이었다. 정복 전쟁은 힘만으로 할 수 있는 것이 아니다. 비슷한 부족이 힘으로 맞붙었다고 할 때, 양쪽의 전력이 비슷하면 서로 비슷한 손실을 입는다. 즉 1,000명의 군대가 500명 군대를 전멸시켰다고 하면 비록 승리하기는 했지만 아군의 병력도 수백 명이 줄어들 것이다. 이것저것 따져보면 결국 정복을 하기 위해서는 최소한 정복 대상 부족을 다 합한 것의 2배는 되는 병력을 보유해야 한다는 결론이 나온다. 그런데 남아프리카의 인구는 100만 명이 넘었지만, 샤카의 줄루족은 1,500명 정도에 불과했다.

이것은 샤카 줄루 혼자만의 고민이 아니었다. 이 딜레마는 인류 역사의 초창기, 사회가 통합되고 국가가 만들어지던 시기의 정복자들이 모두 느꼈을 고민이었다. 그리고 아마도 그들은 모두가 동일한 결론에 도달했을 것이다. 정복전쟁으로 제국을 이룩하려면 전투를 훨씬 효율적으로 할 수 있는 방법, 100명을 투입해서 1,000명이나 1만 군대의 위력을 발휘할 수 있는 방법을 찾아야 한다. 즉 인풋 대비 아웃풋이 확대재생산이 가능할 정도로 충분히 높아야 한다. 그것이 전술이었다.

전투의 효율성을 높이기 위해 샤카 줄루가 찾은 첫 번째 방법은 백병전이었다. 의외의 이야기이지만, 원시부족의 전투방식은 백병전이 아니었다. 인간은 누구나 백병전을 두려워한다. 전투가 벌어지면 위세로 굴복시키거나 투창이나 화살, 돌멩이로 거리를 두고 싸우고 싶어한다. 지금도 아프리카와 뉴기니 같은 곳에는 워댄스war dance가 남아 있다. 깃털 등을 과도하게 장식한 채 온몸을 흔들고 소리 지르며 위세를 부린다. 어떤 전략가들은 사기를 진작시키고 적을 위축시키려는 고도한 심리전이라고 말하지만, 그렇게 격렬하게 몸을 쓰다가는 싸우기도 전에 지쳐버릴 것이다. 워댄스는 싸우면 둘 다 파멸이라는 피차간의 암묵적 동의하에 위세로 전투를 끝내려는 방법이다. 짖지 않는 개가 무섭다는 말처럼, 진정한 살인 군대는 침묵과 최대한 절제된 동작으로 다가오는 법이다.

워댄스로 해결되지 않으면 투창과 활을 이용한 근거리 전투로 발전한다. 투척무기에 의한 전투는 백병전이 주는 두려움을 감소시키고, 병력이 많은 쪽에게 압도적으로 유리하게 작용한다. 희생은 적고 워댄스와 비교해 상대의 힘을 확실하게 체감할 수 있다. 따라서 상대적으로 자신들이 강하고 수도 많다고 생각하는 부족은 거의 모두 워댄스와 투창으로 승부를 보았다. 그들에게는 그것으로 충분했기 때문이다.

그런 방식으로 싸울 수 없었던 샤카는 몸을 던져 적과 부딪쳤다. 백병전은 적과 맞부딪치는 맨 앞에서만 전투가 벌어지고 뒷줄의 병력은 자기 차례가 올 때까지 기다려야 한다. 이런 점만 보면 아주 비효율적인 전투방식인데, 약한 군대에게는 오히려 효율이 된다. 적의 수가 아무리 많아도 앞줄에서만 전투가 벌어지기 때문이다. 백병전 자체가 적을 분할시켜 한 줄씩 제거하는 전술이다.

백병전을 채택하기로 한 샤카는 무기를 개량했다. 워댄스와 투척전에서는 큰 창과 큰 방패가 유리하다. 하지만 샤카는 방패의 크기를 줄이고(고대 그리스나 로마의 기준으로 보면 여전히 크긴 하지만) 무기도 짧은 창과 곤봉으로 바꾸었다. 큰 방패는 둔하고 무거워서 빨리 지치고 백병전에 불리하다. 긴 창은 무겁고 둔한 데다 한 번 찌르면 부러진다. 샤카의 개량으로 줄루 전사는 한 손에는 몸의 절반 정도를 가리는 양끝이 뾰쪽한 타원형 방패, 다른 손에는 아프리카의 기준에서는 짧은 단창이나 곤봉을 들었다. 문명인이 보기에는 한심한 무기지만 줄루족에게는 혁신적 무기였다.

다음으로 샤카는 이 창으로 적을 찔러 죽이는 동작을 개발해서 훈련시켰다. 그 동작은 쿵푸처럼 현란한 동작이나 속임수가 들어간 동작이 아니었다. 샤카의 백병술은 짧고 간결한 동작으로 빠르고 강하게 힘을 집중하는 데 맞춰져 있었다. 실전에서 샤카의 찌르기는 놀라운 전과를 올렸다. 일단 적군은 육탄으로 돌격해오는 샤카의 군대에 놀랐다. 줄루족의 찌르기는 적군도 눈으로 보고 궤적을 알아챌 수 있었지만, 그들의 강한 팔을 저지할 수가 없었다. 줄루족의 예리한 창 앞에 방패는 관통되고 창은 부러졌으며, 팔뚝은 튕겨나갔다.

제2차 세계대전의 영웅 패튼보다 한 세기 이상 앞선 샤카의 전술

이 외에도 샤카는 많은 개혁을 했다. 그는 아프리카에 최초의 군대를 도입했다. '임피'라고 불리는 연대를 만들어 부대 단위의 조직을 도입했다. 임피마다 독특한 표식을 주어 구분했고, 부대 간의 신호와 연락체제를 만들었다. 무엇보다도 인상적인 발명은 '황소의 뿔'이라고 불리는 집단전술이었다.

병력을 좌군, 중군, 우군의 삼대로 나누고 적과 마주하면 중군이 일자형 횡대로 적과 부딪쳤다. 여기를 '황소의 가슴'이라고 했다. 좌군과 우군이 황소의 뿔이 되므로 중군을 황소의 머리라고 하는 편이 타당할 듯한데, 굳이 가슴이라고 한 데는 이유가 있었다. 중군은 일종의 유인부대다. 단순하게 정면대결을 벌이는 아프리카의 전쟁에서 중앙부는 적의 상당한 압박을 견디며 막아내야 한다. 따라서 이들에게 필요한 것은 머리가 아니라 단단한 심장이었다.

중앙이 버티는 사이, 좌군과 우군은 황소의 뿔처럼 좌우로 빠르게 우회해서 적의 측면을 친다. 정확한 기록은 없지만 사냥감을 노리는 맹수처럼 초원의 풀과 지형을 이용해 최대한 가까이 접근한 뒤에 일제 공격을 감행했을 것이다. 이 전술의 성패 여부는 좌우군의 민첩하고 은밀한 접근이었다. 이를 위해 샤카는 병사들의 발을 단련시켰다. 샤카 병사들의 달리기 실력은 엄청나서 18, 19세기에 이곳을 찾은 백인들을 놀라게 했다.

'황소의 뿔'은 단순한 전술 같지만 전술이 지향하는 근본 요소를 잘 구비하고 있다. 짧은 창으로 무장한 줄루 병사들의 전투력이 우월하다고 해도 정면승부는 희생이 크다. 제2차 세계대전의 영웅 조지 S. 패튼George S. Patton의 말처럼 "정면돌격은 바보나 겁쟁이가 하는 것이다." 따라서 전투를 거듭하다 보면 금세 소진되고 말 것이다. 또한 병력이 압도적인 적과 만나면 병력이 적은 군대는 좌우로 포위당하게 된다. 1,500명의 줄루족이 줄루왕국 건설이라는 목표를 이루려면 효율적인 승리를 거두어야 했다. 효율적인 승리를 위해서는 적의 심장부를 빠르게 강타해야 한다. 샤카 줄루는 정면에 적을 고착시키고 주력을 우회시켜 측면을 관통하는 전술을 사용했다. 이것은 패튼이 좋아했던 '코를 붙잡고 엉덩이를 걷어차라'는 원칙과 동일하다. 그런데 이 전술을 실행하려면 비범한 용기와 결단력이 필요했다. 패튼의 기갑부대는 측면을 적에게 노출하며 적진 속으로 질주했다. 샤카 줄루는 적보다 부족한 병력을 둘로 분리해서 운영하는 모험을 했다. 그래서 든든한 황소의 가슴이 필요했다. 패튼은 이것을 '사자의 심장'이라고 했다.

효율과 속도, 그리고 대담함. 이런 전술원리와 요소는 현대전에서 가장 획기적이며 충격적인 전술로 평가받는 전격전電擊戰: 신속한 기동과 기습으로 일거에 적진을 돌파하는 기동 작전. 기계화 부대와 공군력에 의한 급격한 진공 작전으로, 제2차 세계대전 초기 독일군의 작전에서 유래의 원리와 다르지 않다. 단지 실행수단이 맨발과 창에서 탱크와 대포로 바뀌었을 뿐이다.

뿔뿔이 흩어진 영국군의 리더들

그리고 시간이 흘러 1879년 영국군이 이산들와나에 집결해 있을 때, 줄루족은 샤카 줄루의 조카 캐츠와요Cetshwayo가 다스리고 있었다. 영국군은 줄루족이 대군을 모을 수 있다는 사실을 알고 있었다. 황소의 뿔 전술도 알고 있었다. 그래도 원시인은 원시인이다. 캐츠와요의 줄루 군대도 근본적으로는 언어가 다른 여러 부족의 결합이다. 그러니 훈련의 질, 전투력 수준도 제각각일 것이다. 하지만 그런 생각 속에서도 챔스포드는 불안했다. 대군이 모이는 것도 불안하고, 땅과 지형도 불안했다. 갈라진 협곡과 구릉을 이용하면 2만 5,000명의 줄루족이 영국군에게 전혀 들키지 않고 접근해서 자신들을 포위할 수도 있었다. 신중한 성격에 불안까지 더해진 챔스포드는 기병대를 내보내 주변을 샅샅이 정찰하게 했다.

1월 21일 정찰 기병이 진지 전방 20킬로미터 지점에서 줄루족을 발견했다. 22일 새벽 챔스포드는 병력의 절반을 데리고 출동했다. 기병대는 모두 차출했다. 대신 방어를 위해 2문밖에 없는 7파운드 대포를 진지에 놔두었다. 또한 앤소니 던포드Anthony Durnford 대령이 지휘하는 300명의 기병대가 지원 병력으로 곧 합류할 예정이었다.

챔스포드의 의도는 적이 집결하기 전에 적의 주력부대를 공격해서 격멸하는 것이었던 듯하다. 적을 먼저 발견하는 것은 매우 중요하다. 그래야 유리한 지점을 선점하고 공간과 시간의 주도권을 쥘 수 있다. 이런 점 때문에 '맨발의 땅'에서 영국군 기병대는 보물 같은 존재였다. 하지만 이제는 줄루족도 영국군의 전술을 알고 있었다. 영국 기병대가 발견한 줄루족은 영국군을 유인하기 위해 일부러 노출한 것이었다. 챔스포드가 앞으로 달려가는 동안 줄루족의 주력 부대는 챔스포드를 지나쳐서 이산들와나로 몰려들고 있었다.

챔스포드가 떠난 지 얼마 지나지 않아 던포드가 도착해 진지의 병력은 약 1,800명이 되었다. 진지 지휘관은 헨리 풀레인Henry Pulleine 중령이었다. 그는 야전 지휘는 한 번도 해본 적 없는 행정장교였다. 장교가 아무리 부족해도 실전 경험이 없는 지휘관에게 야전 지휘를 맡기는 것은 금기 중의 금기였다. 하급 장교라도 경험 있는 지휘관을 임명하든가 던포드에게 지휘권을 주어야 했다. 하지만 챔스포드는 풀레인에게 지휘권을 주었고, 계급이 높은 던포드와의 관계에 대해서도 명확한 지시를 해놓지 않았다. 그는 풀레인에게 진지를 단단히 방어하라고 엄명을 내리는 것으로 이 모든 행위를 대신했다.

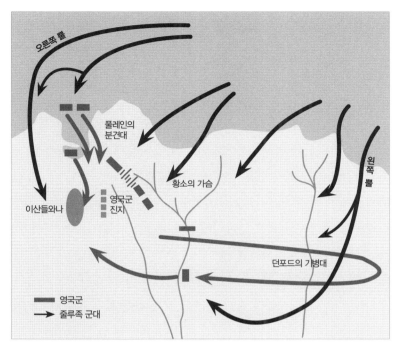

오른쪽 뿔

풀레인의
분견대

황소의 가슴

왼쪽 뿔

영국군
진지

이산들와나

던포드의 기병대

영국군
줄루족 군대

🔻 **이산들와나 전투** | 풀레인이 황소의 가슴과 대치하는 동안 줄루족의 오른쪽 뿔은 풀레인의 좌측으로 우회해서 이산들와나 아래 본대를 전멸시켰다. 던포드는 본대로 후퇴하는 중에 포위되어 전멸했다.

하지만 방어 임무라고 해서 진지 안에서 꼼짝하지 말라는 의미는 아니다. 모든 방어 작전은 공격 내지는 공격적 행동, 선제공격, 최소한 적극적인 위력정찰을 포함한다. 더구나 이 진지는 참호조차 없는 야영지에 불과했다. 지형에 대한 불안, 예상치 못한 적의 출현에 풀레인과 던포드는 불안해졌다. 이번에는 던포드가 기병대를 이끌고 위력정찰에 나섰다.

풀레인은 풀레인대로 줄루족을 찾기 위해 3개 중대로 구성된 분견대를 좌측면 고지로 보냈다. 풀레인의 병력이 다시 둘로 나뉜 것이다.

이산들와나 진지의 병력은 점점 분산되었다. 그런데도 그들은 진지 구축 공사를 진행하지 않았다. 하다못해 마차를 둥글게 배치해서 서부영화에 나오듯이 임시 바리케이드를 구축하는 방법도 있는데, 그것조차 하지 않았다.

마침내 줄루족이 모습을 드러냈다. 전진해 있는 풀레인의 분견대 앞이었다. 이때 풀레인이 본대로 재빨리 후퇴해서 원형 방어진을 치기만 했어도 진지를 사수할 가능성이 있었다. 하지만 풀레인은 그 자리에서 일자 방어선을 펼치고 저항했다.

줄루족 입장에서 보면 영국군이 완벽하게 황소의 가슴 앞에서 주저앉은 셈이었다. 산 위에서 지켜보던 줄루족 지휘관들은 쾌재를 불렀을 것이다. 황소의 뿔 전술이 완벽하게 통했다. 총성이 아프리카의 초원에 울려 퍼지는 동안 발 달린 황소의 뿔들은 풀레인과 던포드의 부대를 빠르게 우회했다. 방어선의 자리마저 잘못 잡은 풀레인의 분견대는 가려진 지형 탓에 좌우로 움직이는 줄루족을 보지 못했다.

영국군의 측면으로 달려가던 줄루족의 왼쪽 뿔이 던포드 부대와 마주쳤다. 던포드는 기병답게 풀레인보다 빨랐다. 줄루족의 의도를 눈치챈 그는 압도적으로 다수인 줄루족을 향해 총을 발사하며 천천히 후퇴했다. 그는 풀레인에게 신호를 보내 진지로 후퇴하라고 했다. 하지만 반응이 늦었는지 퇴로가 이미 막혔는지 풀레인은 꼼짝도 하지 않았다.

초기 방어전은 성공적이었다. 영국군의 빠른 사격 덕에 줄루족 전사들도 함부로 전진하지 못했다. 용감하게 돌격한 전사들은 총알세례에 목숨을 잃었다. 하지만 풀레인과 던포드가 떨어져 있어서 그 사이로 줄루족이 파고들었다. 그리고 무방비 상태의 진지를 덮쳐 그곳의 영국군을 전멸시켰다.

그러는 동안 황소의 오른쪽 뿔은 풀레인의 분견대를 전멸시키고 풀레인을 포위했다. 그래도 사격을 가하는 동안은 줄루족을 저지할 수 있었지만, 탄약이 떨어지기 시작했다. 용기를 얻는 줄루족은 죽음을 두려워하지 않고 점점 거세게 달려들었다. 마침내 풀레인과 던포드 부대도 전멸했다. 챔스포드는 후방에서 나는 총성을 듣고서야 사태를 알아차렸지만, 이미 돌이킬 수 없는 상황이었다. 약 1,700명의 영국군이 살해당했다. 생존자는 55명에 불과했는데, 그들의 거의 아프리카 현지 징집병이었다. 일설에는 그들의 달리기 실력이 줄루족과 맞먹기 때문에 살아남을 수 있었다고 한다.

패턴을 따르는 것이 전술이 아니다

줄루족의 이산들와나 승리 요인을 분석하자면 먼저 줄루 전사들의 용기와 헌신에 찬사를 보내야 마땅하다. 총과 대포 앞에서 캐츠와요의 전사들은 한 세대 전에, 몇 배의 적과 마주쳤던 샤카의 전사들보다도 더 강한 각오와 용기를 발휘해야 했다. 하지만 그들이 아무리 잘 싸웠다고 해도 영국군의 전술적 실수가 겹치지 않았다면 그들은 승리할 수 없었을 것이다. 챔스포드는 방어진지를 구축하지 않았고, 전투 경험이 전혀 없는 지휘관에게 전투를 맡기면서 진지를 잘 방어하라고 했을 뿐, 명확한 전술지침을 내리지 않았으며, 명령계통도 확실하게 해두지 않았다.

풀레인과 던포드는 챔스포드의 전술, 혹은 영국군이 이전까지 해오던 방법을 답습했다. 그들은 익숙하고 지금까지 효과적이었던 전술을 사용했다고 변명할지 모르지만, 이는 전술이 아니다. 한마디로 영국군은 전술이 없고 패턴만 있었다. 모든 전술은 목적, 지형, 상황에 맞추어 재창조해야 한다. 이런 전술 원리에 충실했더라면 풀레인 부대는 승리했을 것이다. 이는 다음의 사례로도 충분히 증명된다.

이산들와나에서 전투가 벌어지고 나서 몇 시간 뒤, 이산들와나 후방에 있던 로크스 드리프트라는 곳에 있던 180명의 영국군 분견대가 4,000명의 줄루족에게 공격을 당했다. 이곳은 야전병원이자 보급기지로, 흉벽 역할을 하는 돌담에 둘러싸인 두 채의 오두막이었다. 각각 보병과 공병 출신의 대위 두 명이 기지에 있었다. 둘 다 실전 경험은 전혀 없었지만, 군인정신에 충만했던 그들은 후퇴를 거부하고 돌담과 오두막을 연결해 방어진지를 구축했다. 이곳에서 16시간에 걸친 사투를 이어나간 끝에 줄루족은 800명의 사망자를 내고 물러났다. 영국군은 15명이 죽고 12명이 부상했다.

이산들와나의 패전을 상쇄하고 그나마 영국군의 자존심을 회복해준 이 전투는 1964년에 〈줄루전쟁〉이라는 영화로도 제작되었다. 영화는 전투를 매우 사실적으로 묘사하고 있다. 로크스 드리프트 전투는 이산들와나에서 1,800명의 영국군이 방진 사각형의 진을 치고 저항했다면 충분히 막아낼 수 있었음을 증명해준다. 동시에 이번에는 줄루족이 패턴을 답습하는 실수를 저질렀음을 보여준다. 너무 흔한 교훈 같지만 너무 많은 사람들이 이 함정에 빠진다. 승리한 전술은 답습해야 할 것이 아니라 분석해야 할 것이다. 왜 그 상황에서 그 전술이 유용했는지, 목적, 지형, 기타 요인을 분석하고 지금 주어진 상황에 맞는 전술을 창안해서 적용해야 한다.

무슨 일이 일어날지
어찌 알겠는가?

덕동고개 전투
＊ 윌리엄 바버

1950년 11월 27일 오후 함경남도 하갈우리 북쪽 11킬로미터, 도로를 내려다보는 고지에 매복해 있던 중공군 병사들은 고지 아래 언덕에서 혼자 왔다 갔다 하고 있는 이상한 미군 장교 한 명을 신기한 듯이 바라보고 있었다. 영하 20도가 넘는 엄동설한에 찬바람이 몰아치는 고개에서 그는 혼자 쭈그리고 앉아 있다가 갑자기 벌떡 일어나서는 이리저리 돌아다니곤 했다. 지형을 살피고 있는 듯했는데, 하필 이 추운 날 호위병도 없이 혼자 돌아다니는 것이 이상할 뿐이었다. 바로 저격할 수 있는 거리였지만, 공격 명령이 떨어지기 전에는 정체를 드러내지 말고 잠복해 있으라는 엄명이 있었기에 중공군은 그를 내버려두었다.

오후가 지나 해거름이 될 무렵 전조등을 켠 트럭들이 장교가 있는 언덕으로 몰려왔다. 트럭에서 미군 병사들이 쏟아져나왔다. 그 장교는 신이 난 듯 팔을 걷어붙이고 병사들에게 명령을 내리기 시작했다.

중공군 병사들은 그들도 내버려두었다. 아까보다 더 바쁘게 돌아다니는 장교나 언 땅을 파기 시작하는 병사들에게 언뜻 연민이 느껴질 정도였다. 그들에게 남은 시간은 별로 없었다. 새벽에 중공군 총공격이 개시될 예정이었다.

다부진 체격의 이상한 장교는 해병 1사단 7연대 2대대 F중대의 중대장 윌리엄 바버William Baber 대위였다. 미군은 쉽게 끝낼 줄 알았던 한국 전쟁이 의외의 격전장으로 변해가자 제2차 세계대전에 참전했던 예비역 장병들을 소집했다. 바버도 그 중 한 명으로, 태평양 전쟁 당시 이오지마 전투에 소대장으로 참전해서 두 번이나 부상당했던 경력이 있었다.

나이도 한참 많은 제2차 세계대전 참전용사들은 두려움 반, 불평 반, 거기에 약간의 향수까지 섞인 심정으로 전선으로 향했다. 그들은 그래도 막내 격인 현역 해병들이 고참인 자신들을 존중해줄 것이라 생각했다. 하지만 이것은 세상 모든 예비역들이 갖는 착각이다. 해병뿐 아니라 모든 현역병은 예비역을 그다지 존중하지 않고 '저들이 우리보다 나은 게 뭐야' 하는 심정으로 그들을 맞는다.

바버 대위 역시 이 묘한 분위기에 놀랐다. 제2차 세계대전을 경험한 고참병은 어린 해병들을 아이 취급했지만, 그 어린 해병들은 이미 한국 땅에서 전투를 충분히 경험했다. 오히려 그들은 예비역 출신을 한국 사정을 모르는 늙은 신병 취급했다. 역전의 용사인 바버는 그 모욕감을 참을 수 없었다. 그는 취임사에서 이렇게 말했다. "나는 전략은 몰라도 전술은 잘 안다. 나는 꽤 괜찮은 장교다." 하지만 이미 거칠어질 대로 거칠어진 해병들은 중대장의 말에 코웃음을 쳤다. 바버 대위조차도 이 취임사를 후회했다고 하는데, 중대원들의 눈에 열등감에 사로잡힌 노병이 나도 예전에는 잘 나가던 사람이었다고 큰소리치는 정도로 보였던 것 같다.

바버 대위의 중대가 전선에서 빠져나와 잠시 휴식을 취할 동안, 연대의 주력은 흥남에서 장진호로 통하는 도로를 따라 북진하고 있었다. 삼국 시대부터 함경도 이북으로 올라가는 핵심통로였던 이 길은 진흥왕순수비가 있는 황초령이 있고, 그 북쪽으로 수동·진흥리·고토리·하갈우리가 있다. 장진호는 남북으로 길쭉한 형태이며, 하갈우리가 남쪽 끝이다. 하갈우리에서 도로는 Y자로 갈라져 장진호를 끼고 좌우로 도는데, 왼쪽으로 가면 유담리, 오른쪽으로 가면 후동리가 나온다. 미 해병대는 좌측의 유담리로 진격했고, 장진호의 우측으로는 페이스Don C. Faith, Jr. 중령이 이끄는 육군 혼성부대가 투입되었다.

바버 대위, 원칙에 충실하기로 결심하다

바버 대위는 상관으로부터 F중대가 다시 전선에 투입되어야 한다는 말을 들었다. 중간 야영지점으로 하갈우리 북쪽에 위치한 덕동고개가 선정되었다. 이곳은 북쪽에서 하갈우리로 내려가는 도로의 요충이었다. 일제 강점기에 닦은 도로는 동쪽에서 서쪽으로 완만하게 흘러내리는 산자락의 끝부분을 절개하고 지나갔다. 양쪽 절개지 부분은 축대가 쌓여 있었다.

이곳은 F중대의 하룻밤 야영지였다. 중대원들이 트럭을 타고 오는 사이에 먼저 도착한 바버 대위는 덕동고개로 가서 예비정찰을 하기로 결정했다. 언덕을 돌아다니며 지형을 꼼꼼히 정찰하고, 방어진지를 구상한 뒤 바버 대위는 혼자 쭈그리고 앉아 오들오들 떨며 부하들을 기다렸다. 그 시간 동안 바버 대위를 괴롭힌 고민은 단 하나였다. 군은 단 하루를 머물러도 참호를 파고, 야영지에는 충분한 방호대책을 세워야 했다. 이는 로마 시대부터 내려온 전술의 기본이었다. 하지만 꽁꽁 얼어붙은 한겨울에 화강암 바위로 된 한국의 산에서 참호를 파는 일은 끔찍했다. 전술 교리에 최소한 1미터는 파야 한다고 되어 있지만, 60센티미터를 파기도 힘들었다. 그것도 야전삽으로는 불가능했고 곡괭이가 있어야 했다.

혹한 속에 이동하면서 녹초가 된 병사들을 보며 바버는 고민했다. 앞으로 이 거친 병사들을 통솔하려면 인간적인 신뢰를 얻어야 했다. 더구나 이곳은 아직 후방이고, 중대는 잠시 머물다가 이동할 예정이었다. 고민하던 바버는 병사들을 그냥 재우기로 했다. 그런데 마지막 순간에 무언가 거부할 수 없는 힘이 그의 생각을 바꾸게 했다. "무슨 일이 일어날지 어찌 알겠는가?"

어쩌면 이오지마의 경험이 그의 생각을 바꾼 힘이었을지도 모른다. 이오지마에서 일본군은 섬 곳곳에 지하 동굴을 파고 미군을 괴롭혔다. 유황에 젖어 있는 바위뿐인 땅 밑으로 거미줄 같은 터널을 파고 생활한다는 것은 미군으로서는 생각도 할 수 없는 일이었다. 그런데 갑자기 땅 밑에서 튀어나온 일본군이 미군의 등 뒤에서 총알을 날렸다. 전방과 후방이 없었다. 무수한 해병이 참호에서 졸다가 후방 쪽 땅굴에서 나와 접근해온 일본군에게 목이 잘렸다. 심지어는 이미 소탕했다고 생각한 통로에서 일본군이 다시 튀어나오는 경우도 있었다.

그 어떤 기습보다도 끔찍한 사건은 이오지마 전투가 종결된 뒤에 발생했다. 전투가 끝났다고 판단한 미군은 주둔 중인 병사들로부터 총알을 회수했다. 총기사고를 방지하기 위해서였다. 그날 밤 섬 끝에 남아 있는 일본군 잔존 병력이 미군 캠프를 덮쳤다. 끔찍한 전투에서 살아남아 고향으로 돌아갈 꿈만 꾸고 있던 미군 병사들이 속수무책으로 학살당했다. 몇몇 병사들은 텐트에서 빈총을 든 채 죽었다. 바버 대위는 그 사건을 기억하고 있었을 것이다.

해가 져 어두운 시각에 중대원에게 참호를 파라는 명령이 떨어졌다. 바버 대위의 중대에 속해 있던 한 병사의 증언에 의하면 바버의 요구는 참호를 파는 정도가 아니었다. 원칙에 충실해야 한다고 결심한 바버는 기왕이면 완벽하게 충실하기로 결심을 굳힌 듯했다.

지휘관은 때로는 독해져야 한다. 개인적인 감정에서 휘둘려 독해지는 것이 아니라, 원칙과 경험에 따라 독해져야 한다. 이 영락없는 벽창호, 신참 중대장은 하룻밤 야영지가 아니라 영구 주둔할 진지를 구축하는 수준으로 병사들을 괴롭혔다. 진지 구축을 일일이 감독하고, 사격구역을 정하고, 중화기 거치 지역을 몇 번이나 옮기며 새로 정했다. 이 부분은 매우 중요한데, 이오지마 전투의 경험 덕분인지 바버는 산악 전투의 특성을 잘 알았다. 전투 경험이 부족한 장교는 고지에 오르면 시야와 전망이 좋은 지점에 기관총을 배치하는 경향이 있다. 하지만 이런 곳은 적에게 노출되기도 쉽다. 한국의 바위산은 전망이 아무리 좋아도 중간 중간 돌출부가 많아 사계射界를 가린다. 지형과 적의 접근로를 정확히 파악하고, 기관총을 거치하는 것이 무엇보다도 중요하다. 특히 중공군의 인해전술에는 기관총의 위치가 생사를 좌우한다.

이런 특성에 따라 기관총 위치를 잡고, 1선, 2선 진지를 구축하고, 탄약 저장소, 예비 저장소, 2차 집결지, 비상연락망까지 계획을 세웠다. 병사는 물론 소대장들까지도 너무 심하다고 생각하는 수준이었다. 몇몇 병사의 눈에는 제2차 세계대전의 추억이 되살아나 흥분한 모습으로 보였을 것이다. 얼어붙은 땅을 파는 병사들의 입에서 쉴 새 없이 욕이 튀어나왔다. 속으로는 더 끔찍한 욕을 해댔을 것이다. 하지만 해병대답게 명령에는 복종했다. 그들은 중대장이 요구하는 위치와 깊이대로 진지를 구축했다. 참호 파기와 진지 배치는 밤 9시, 10시가 되어서야 끝났다.

인해전술에 대한 오해와 진실

이날이 중공군의 대공세, 장진호 전투의 개시 전날이었다. 야간에 중공군과 전투를 벌였던 병사의 목격담에 따르면 중공군 병사가 얼마나 많았는지, 그들이 공격을 시작하자 눈 덮인 하얀 대지를 검은 그림자가 삼키면서 다가오는 것 같았다고 한다. 하얀 담요를 뒤집어쓰고 눈밭에 엎드려 있던 중공군이 벌떡 일어나면 온 산과 벌판이 동시에 일어나 달려오는 것처럼 보였다고도 한다.

인해전술이라고 하면 대단히 무모하고 인명 소모적인 전술을 연상한다. 하지만 중공군의 전술은(인명 소모적 전술임은 분명하지만) 대단히 교묘하고 공포스러우며 원시적이지만, 이 세상에서 그들만이 할 수 있는, 대단히 위력적인 전술이었다. 중공군의 장기는 은밀한 기동과 인내, 끈기였다. 그리고 장진호 전투는 이 능력의 승리였다.

유엔군이 북진하는 동안 중공군이 개입한 것 같다는 첩보가 계속 날아들었다. 중공군 포로도 잡았다. 하지만 전쟁터에서는 정보가 홍수처럼 밀려든다. 첩보만으로 사실을 판단할 수는 없다. 도쿄의 맥아더Douglas MacArthur 사령부는 수십만의 중공군이 이미 한반도로 진입했다는 사실을 믿을 수가 없었다. 중공군이 그토록 많다면 당연히 눈에 띄어야 했다. 미군은 매일 같이 항공정찰을 했다. 때는 한겨울이었고 나뭇잎이 다 떨어지거나 산에 나무가 아예 없었으며, 대지는 두터운 눈에 덮여 있었다. 한 명이 땅위로 걸어도 발자국이 찍힌다. 항공기에서 발자국까지 보이지는 않지만 수십만 명이 걸어갔다면 흔적이 없을 수 없었다.

미군이 놓친 것은 발자국의 흔적이 아니라, 아시아인의 끈기와 단결력이었다. 정찰기가 뜨면 수만 명의 중공군은 하얀 담요 한 장을 덮고 눈 위에 엎드렸다. 미군은 눈 위에서는 숨을 곳이 없다고 판단했지만, 눈이라고 생각했던 것이 사실은 거대한 이불이었다. 투박한 솜옷을 입은 중공군은 영하 40도의 날씨에 눈에 엎드려 숨고, 밤이 되면 이동했다. 북부지방의 험한 산곡을 수레를 끌며 등짐을 지고 보급품을 날랐다. 이 기나긴 행렬이 수백 킬로미터를 이동하면서 흔적을 드러내지 않을 수 있다고 누가 믿겠는가?

고통을 참고 이런 행군을 해내는 중공군의 단결력과 인내심은 상상을 초월하는 수준이었다. 솜은 대단히 훌륭한 방한소재이지만 개마고원의 추위를 감당할 정도는 아니었다. 장진호 전투 중에 빼앗겼던 고지를 탈환하거나 중공군 진지를 점령한 미군은 참호나 벙커 안에서 껴안고 얼어 죽은 중공군 시체를 끄집어내야 했다. 전사한 병사보다 이렇게 죽은 병사가 더 많았을지도 모른다.

더욱이 두툼한 솜으로도 도저히 덮을 수 없는 부위가 있었다. 중공군은 군화가 없어 대부분 목이 긴 운동화 같은 신발을 신었다. 이 신은 방수, 방한이 되지 않았다. 무수한 병력이 동상으로 쓰러졌음에도 중공군은 지시를 묵묵히 따랐다. 나중에 어느 미군은 심한 동상에 걸린 중공군 포로 한 명이 걸어가는 것을 보고 기겁했다. 발이 퉁퉁 부어 기형적으로 커져 있었고, 살은 썩고 갈라져서 신발 안에 진물이 고여 걸을 때마다 철벅철벅 소리가 났다. 통증으로 걷는 것이 불가능한 것은 물론 당장 치료를 받아도 절단을 면할 수 없는 수준이었는데, 그는 등에 동료까지 업고 걸어가고 있었다.

무엇보다도 최고의 장기는 야간 이동이었다. 이때까지도 미군과 유럽의 군대는 야간에는 싸우지 않는 것을 당연하게 여겼는데, 중공군은 소리 없이 야간에 이동하는 능력이 타의 추종을 불허했다.

이런 능력은 1920년대 군벌전쟁에서 시작해서 국공내전중국에서 항일전쟁이 끝난 후 중국 재건을 둘러싸고 국민당과 공산당 사이에 벌어진 국내전쟁, 중일 전쟁을 거치면서 개발해온 것이었다. 그리고 한국 땅에서 그 전술이 개화기를 맞았다. 한국의 산악지형은 수많은 산곡을 제공한다. 미군이 엄두를 내지 못할 정도로 고통스럽기는 하지만, 산곡을 이용하면 어디든지 갈 수 있었다. 중공군 사단 병력 이상이 이 좁은 산악루트를 이용해서 유엔군의 경계선을 마음껏 뚫고 후방으로 침투했다. 중국이나 유럽의 평원이라면 이런 침투가 불가능하지만 한국에서는 항공정찰이나 야간경계만으로는 이를 막을 수가 없었다. 게다가 미군은 병력이 부족해서 이 많은 산길을 일일이 감시할 수 없었다. 한국 땅이 좁다고 하지만, 특유의 산악지형 덕분에 경계선을 유지하기 위해서는, 어쩌면 중국보다도 더 많은 병력이 필요했다. 이것이 한국 전쟁의 아이러니였다.

후방으로 침투한 부대는 은밀하게 공격거점을 포위하고 전방과 후방에서 동시 공격을 시작한다. 이 전술을 장진호 전투에 대입해보면 다음과 같다. 미군은 좌우로 전선을 유지하지 못하고 겨우 트럭 한 대나 지나갈 좁은 산악도로를 따라 종대로 올라오고 있었다. 압록강으로 북상하던 미군은 장진호 앞에서 둘로 분리된 뒤 완전히 격리되었다. 서쪽은 해병 1사단 7연대와 5연대, 동쪽은 페이스 중령의 부대가 진격했다. 해병 2개 연대 약 3,000명의 병력이 중공군 9병단 6만 명이 엎드려 있는 곳으로 걸어 들어갔다(한국전에 투입된 중공군의 총병력은 20만 명이었다).

중공군은 그들을 항아리 모양으로 넓게 포위했다. 쉽게 말하면 미군이 산악도로를 타고 가는데, 주변의 첩첩산중은 전부가 중공군이 차지했던 것이다. 미군이 항아리 안에 들어오면 그들의 좌우로 병력을 내려보내는 작전이었다. 보급부대와 포병을 먼저 습격해 처리하고 퇴로를 차단하는 계획이었다. 그 다음 파상공세와 인해전술로 미군을 섬멸한다. 미군이 탈출하려고 해도 도로는 거의 외길이고, 양쪽 비탈 위에는 중공군이 새카맣게 포진하고 있다. 탱크조차도 돌파가 쉽지 않은 상황이었다.

하지만 중공군에게도 약점이 있었다. 무기와 화력은 열악하고, 군대로서 낙후하고 결여된 능력도 많았다. 중공군 총사령관 펑더화이彭德懷는 전쟁이 장기전으로 가고, 미군이 중공군의 전술을 파악하면 승산이 없다고 생각했다. 무엇보다 중공군의 전술은 병력 소모가 크고 비인간적이었다. 장기전으로 가면 살육전이 되고 승리도 어려울 것이었다. 다행히 미군은 중공군의 개입을 아직 모르고 중공군의 전술도 모르는 상황이었다. 거기에 개마고원은 중공군 전술에 최적의 조건을 제공해주었다. 한 번의 철퇴로 승기를 잡아야 했다. 중공군의 무자비한 인해전술도 이런 사정이 있었다. 어떤 희생을 치르더라도 개마고원에서 미군을 완벽하게 몰살시켜야 했다. 궁극적으로는 그것이 희생을 최소화하는 방법이다. 2개 사단 이상의 미군(그 중 하나는 '무적'이라는 미 제1해병사단이었다)을 섬멸하면 미국은 전쟁에서 발을 뺄 것이 틀림없었다. 해병대를 잃는다는 것은 미국인에게는 상상 이상의 충격이다. 전투를 주도할 부대가 사라지는 것이다.

만전을 기하기 위해 중공군은 미군이 다시 둘로 분리되는 시점을 노렸다. 그곳이 장진호였다. 미군 선두가 유담리에 도착했을 때 중공군이 공격을 시작했다.

악몽의 밤, 그리고 기본의 힘

북쪽에서부터 악몽이 시작되었다. 11월 27일과 28일 사이에 시작된 중공군의 기습은 완벽한 성공이었다. 7연대 1대대의 대대본부가 순식간에 궤멸되고 대대장이 전사했다.

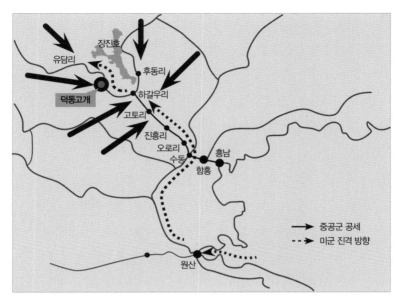

■ 덕동고개 전투 | 11월 27일 하갈우리까지 올라온 미군은 장진호를 끼고 유담리 쪽으로는 해병대로, 후동리 쪽으로는 페이스 중령의 혼성 부대로 나뉘어졌다. 그날 밤 중공군의 공세가 시작되었고, 덕동고개에서 치열한 전투가 벌어졌다. 바버 중위가 원칙에 충실하게 준비한 참호 덕분에 성공적인 철수 작전을 펼칠 수 있었다.

혼란 속에 해병은 철수를 결정했지만 퇴로에는 이미 중공군이 가득했다. 중공군은 유담리만 공격한 것이 아니라 고토리, 하갈우리에도 동시에 공격을 시작해서 주요 거점을 모두 차단하거나 공격하고 있었다. 비유하자면, 미군은 좌우로 중공군이 점령한 고층빌딩이 가득 늘어선 도로를 따라 직선으로 퇴각해야 하는 셈이었다. 다행이 중간 중간 교차로는 미군이 점거하고 있어서 달려서 교차로의 엄호 범위까지만 들어가면 한숨 돌릴 수 있었다. 그 뒤에 교차로의 수비대와 합세해서 다시 다음 교차로로 철수하는 단계적인 작전이었다. 그리고 교차로를 지날 때마다 비탈을 구르는 눈덩이처럼 미군의 규모는 계속 커질 것이었다.

이 작전에서 아래쪽 교차로가 먼저 점거당하면 탈출은 불가능했다. 중공군도 이를 알고 모든 교차로에 동시다발적으로 무자비한 공격을 감행했다. 어떤 교차로는 연대본부 주둔지로 강력하게 방어되고 있었지만, 중대 단위로 방어되는 교차로도 있었다. 그 중 하나가 F중대가 방어하는 하갈우리 북방의 덕동고개였다.

28일 새벽 4시에 덕동고개에 대한 중공군의 공격이 시작되었다. 도로와 언덕 사이에 초가집 두 채가 있었는데, 바버 대위는 그 집을 중대본부로 사용하고 있었다. 총소리에 바버 대위가 깨어났을 때는 벌써 총탄이 오두막의 벽을 때리고 있었다.

본부의 슈미트 중위는 전화기를 들어 언덕 위에 배치한 소대를 불렀다. 하지만 중공군이 이미 전화선을 끊은 상태였다. 이로써 슈미트도 알고 싶었던 정보를 얻었다. 중공군이 산 위와 아래 소대 사이를 뚫고 들어온 것이다. 분명 그곳이 자신이 예상한 주 공격로였고, 당장 막아야 하는 취약점이었다. 소대가 위험하다는 생각에서 밖으로 나온 슈미트 중위는 박격포 사수들이 어정거리고 있는 모습을 보았다. 전방에서 가해지는 압력을 피해 후방으로 후퇴해온 것이었다. 박격포를 뒤로 보내는 것은 옳은 생각이지만 위치를 잘못 잡았다. 그들이 필요한 곳은 고지 위쪽이었다.

맨 위쪽 고지에 있던 매카시 중위의 소대는 전방 1개 분대, 후방에 2개 분대를 배치했는데, 전방 분대가 순식간에 35명 중 전사 15명, 부상 9명, 실종 3명의 손실을 입었다. 중공군은 산 위에 숨어 F중대의 배치 과정을 다 내려다보고 있었으므로 진지의 공략지점도 알고 있었다. 전방위로 공격해 들어왔지만, 그 중에서 노린 지점이 슈미트가 판단한 대로 중앙과 왼쪽에 배치한 소대의 연결 부위였다. 이곳을 뚫고 들어와 양쪽으로 갈라져 두 소대를 포위해 섬멸하려는 계획이었다. 그 연결부위의 참호를 매카시 소대 소속의 해리슨과 제럴드 일병이 지키고 있었다. 그들이 간신히 버티고 있는데, 벤슨과 카페레타 일병이 참호로 들어왔다. 전방 분대에 있던 그들은 자신들이 지키던 참호를 적군이 추월하자 이곳으로 이동해온 것이다.

중공군은 고지 공격에서도 위력적이고 독창적인 전술을 선보였다. 보통 고지는 아래쪽으로 훌륭한 조망을 제공한다. 하지만 한국의 고지는 바위산이어서 막상 고지로 오르는 경사면에 적이 붙으면 보이지 않는 곳이 많다. 이 때문에 적군이 30~50미터 전방으로 올 때까지도 전혀 관측되지 않는다. 이 지점이 중공군의 공격 개시선이었다. 중공군은 소총조차도 완전히 구비하지 못했지만 수류탄은 충분했다. 한명이 10개가 넘는 수류탄을 보유하기도 했다. 이 지점에서 그들은 전방 참호를 향해 일제히 수류탄을 투척하고, 집단돌격을 감행했다. 수류탄이 하늘을 새까맣게 덮을 정도였다. 불행 중 다행으로, 중공군 수류탄은 위력이 약하고 불발도 많았다.

수류탄 투척 다음으로 진행되는 인해전술도 공포였다. 제2차 세계대전 참전용사들은 중공군과 전투를 벌이며 독일군의 기관총 MG42를 떠올렸다. '히틀러Adolf Hitler의 전기톱'이라고 불린 이 전설적인 명품은 1분에 1,500발이라는 경이적인 속도를 자랑했다.

수류탄과 집중돌파라는 공격을 막으려면 어떻게든 참호 전방에 사격할 수 있는 범위를 충분히 확보하고, 기관총과 자동소총의 엄호 구역을 확실하게 하는 수밖에 없었다.

벤슨과 카페레타가 합류한 참호에서도 같은 광경이 연출되고 있었다. 수류탄 한 발이 참호 안으로 떨어지자 포머스가 몸으로 덮쳤다. 조금 후 또 한발이 터졌다. 하지만 수류탄의 위력이 약해 그는 살아남았다.

얼마 후 카페레타가 참호에 떨어진 류탄을 주워 던지려는데, 수류탄이 폭발했다. 보통은 팔이 떨어지거나 즉사인데 운 좋게 손가락 두 개가 날아갔을 뿐이었다. 카페레타는 남은 손가락 3개로 사격하며 전투를 계속했다. 거기다 그는 맨발이었다. 조금 후 수류탄에 벤슨의 안경이 날아가면서 일시적 실명 상태가 되었다. 그 또한 보이지 않는 상황에서 실탄 클립을 찾아 카페레타에게 전해주었다. 중공군이 너무 많아서 혼자서 클립을 찾거나 총알을 재다가는 적을 저지할 수 없었다. 그날 밤 이들은 2개 소대의 중공군을 죽였다. 첫날 확인한 전체 중공군 시체는 450구였다.

한 명의 창의가 사단을 구한다

덕동고개 전투는 이날부터 12월 1일까지 계속되었다. 나흘 동안 계속된 전투로 237명이던 중대는 전사 26명, 부상 118명, 실종 3명의 손실을 입고 86명만이 남았다. 하지만 한두 군데 부상을 입은 병사들도 한 손과 한 팔로 싸우며 거의 2개 연대 혹은 사단급의 중공군을 격퇴했다. 탄약이 부족하면 중공군 전사자의 무기를 썼고, 얼어붙은 중공군 시체를 쌓아 바리케이드를 만들었다. 주변에 중공군 시체가 얼마나 많았는지 지형이 변해서 알아보지 못할 정도였다. 중공군 사상자는 2,000명이 넘었다.

중공군은 훌륭한 전투방식을 개발했지만 엉성한 부분도 많았다. 그들은 매일 똑같은 지점을 똑같은 방식으로 공격해왔다. 심야에 호각소리와 함성으로 위치와 공격 개시 타이밍을 알려주었다. 단 한 번도 기습을 시도하지 않았다. 중대가 덕동고개를 사수한 덕분에 유담리의 5, 7연대 병력이 탈출에 성공했다. 이들이 하갈우리의 병력과 합류했고, 다시 고토리를 거쳐 흥남까지 내려갔다. 만약 유담리부터 어느 한 연대라도 탈출에 실패했더라면 전체 사단이 연쇄적으로 고립되고 궤멸했을 수도 있다. 전투 첫날 이 사실을 파악한 바버 대위는 중대가 고립되는 것을 두려워하지 않고 끝까지 덕동고개를 사수했다. 이 전투의 공로를 인정받아 바버 대위와 카페레타 일병은 의회 무공훈장을 받았다.

생존자들은 그날 바버 대위의 참호 파기와 치밀한 진지 배치가 없었다면 중대는 하루도 버티지 못하고 전멸했을 것이라고 말했다. 원칙을 지킨 한 명의 지휘관이 자신의 중대는 물론 연대 병력을 구했고, 더 크게 보면 한국 전쟁의 운명을 바꾸었다.

덕동고개 전투의 성공요인은 한마디로 원칙과 기본의 힘이었다. 그런데 원칙과 기본을 지켜야 한다고 말하면 우리는 당장 의문이 든다. 전술은 응용이 생명이라고 하지 않았는가? 오히려 원칙을 맹목적으로 주장하는 사람이 행정편의주의, 관료주의, 경직과 비효율의 근원이며, 조직의 갈등을 야기하는 첫 번째 주자다. 이런 오해는 원칙^{기본}과 응용에 대한 잘못된 습관에서 유래한다. 원론적으로 말하면 기본과 원칙은 언제나 옳고 준수해야 한다. 응용이란 기본을 다른 원칙으로 대체하거나 무시하는 것이 아니라, 현장에 다양하게 적용하는 것이다. 다만 경직된 조직, 관료주의에 물든 조직일수록 기본이라는 핑계로 응용을 포기하고 일정한 패턴만을 강요하거나, 온갖 규정으로 거미줄처럼 둘러치고 그 속에 안주하는 경향이 있다. 이 때문에 기본과 응용의 갈등이 발생한다.

기본과 원칙이란 역사적으로 검증되고 보편성을 지닌, 말 그대로 '기본'이어야 한다. 이것의 가치를 인식하고, 편의에 따라 자의적으로 적용하는 것이 아니라, 상황에 맞추어 준수하는 방법과 정도를 찾아 결정하는 것이 리더의 역량이며 바버 대위가 전투, 아니 전쟁의 운명을 바꾼 비결이다.

대담한 전술은
열린 사고에서
시작된다

파커스 크로스로즈 전투

* 베드포드 포레스트

미국 남북전쟁 당시 남군 총사령관이었던 로버트 리Robert E. Lee는 오늘날까지도 가장 존경받는 장군이다. 이유는 그가 탁월한 전술가인 동시에 평생 부하 장군에게 소리 한 번 지른 적이 없을 정도로 고결한 인격자였기 때문이다.(영국의 몽고메리Bernard L. Montgomery 원수는 이 고상한 성격이 리 장군의 결점이며, 그것이 게티즈버그 전투의 패인이었다고 지적했다. 갈아치울 자는 빨리 갈아치워야 한다는 것이 몽고메리의 판단이었다.) 만년에 한 기자가 리 장군에게 남군 장군 중 최고의 지휘관이 누구라고 생각하느냐는 질문을 던졌다. 그런데 이 존경받는 덕장의 입에서 나온 이름은 정말 의외였다. 자타가 공인하는 전술의 천재이자 독실한 신자였던 잭슨Andrew Jackson 장군이 아니라 베드포트 포레스트Bedford Forrest였다. 기자는 귀를 의심했을 것이다. 포레스트는 나중에 정규군 지휘관이 되기는 하지만, 악명 높은 게릴라 리더였다. 전쟁 전에는 살인자에 노예상인이었고, 전쟁이 끝난 뒤에는

KKK Ku Kluy Klan; 단의백인우월주의 비밀결사단체 **단의 초대 회장이 된 인물이다.**

1864년에 발생한 필로 요새 학살 사건은 특히 그의 명성에 치명적이었다. 이때는 소장이 되어 정규군을 지휘하던 포레스트는 북군이 항복을 거부하자 포로를 잡지 말고 모두 죽이라는 명령을 내렸다. 전투 중에는 여러 가지 비인간적인 일이 발생하지만, 같은 미국 시민 간에 벌어진 전쟁이었던 남북전쟁에서 이런 식의 학살극은 매우 드문 사례에 속한다. 게다가 그 중 상당수는 흑인병사들이었다. 만년에 포레스트는 과거를 참회하고 흑인인권운동에 헌신했다고 한다. 하지만 태생적으로 신사와 거리가 멀고, 이런 오점이 있는 인물을 리 장군이 최고의 지휘관으로 꼽았다는 것은 신기한 일이다.

포레스트는 전형적인 자수성가형 사업가였다. 하지만 자수성가의 과정이 그다지 아름답지 않다. 테네시 주에서 빈민의 아들로 태어난 그는 30대에 벌써 남부에서 손꼽히는 부호가 되었다. 그를 부자로 만들어준 사업이 노예 매매였다. 남북전쟁이 터지자 노예상인답게 남군에 입대했다.

전시에 부족한 장교의 자리는 귀족, 부유한 상인의 아들, 지역 유지, 교수, 변호사 출신들로 채워졌다. 노예상 출신인 포레스트에게는 그들에게는 없는 독특한 현실감각이 있었다. 그는 자신의 사재를 털어 말을 구입하고, 병사를 모아 기병대를 창설했다. 처음 창설한 부대는 대략 500명 정도였다. 그는 처음부터 정규전을 시도하지 않고 게릴라전을 폈다. 게릴라라는 용어는 나폴레옹 군대에 대항했던 스페인의 유격대에서 기원했다고 하지만, 비정규전 자체는 고대부터 존재했다. 하지만 남북전쟁 때까지만 해도 정규군 장교들은 게릴라전을 거의 범죄 취급하며 경원시했다. 북군은 포레스트의 게릴라 부대도 분명 범죄자다운 발상이라고 생각했을 것이다. 실제로 남북전쟁 당시 활동한 몇몇 게릴라부대는 정체성이 모호했다. 악명 높은 캔트릴 부대 같은 집단은 습격과 약탈에 맛을 들이면서 범죄자 집단으로 타락해갔다. 유명한 열차강도 제시 제임스Jesse James는 이 캔트릴 부대의 소년병 출신이다.

하지만 근대 전쟁에서 게릴라전은 과거와는 다른 중요한 의미를 지닌다. 현대전으로 올수록 보급, 통신, 수송수단의 역할이 중요해졌다. 칼과 창으로 싸우는 옛날 군대와 달리 근대의 군대는 탄약이 없으면 싸울 수 없다. 따라서 보급선과 수송수단이 전투력을 좌우했다. 철도로 탄약을 보급하는 군대와 등짐을 져서 나르는 부대는 상대가 되지 않았다. 그런데 미국의 넓은 땅에 철도와 통신선은 거의 무방비 상태로 널려 있었다.

초기 포레스트의 활동은 500명 미만의 부대를 인솔한 전형적인 게릴라전이었다. 그는 테네시와 미시시피 강 연안을 오르내리며 게릴라전을 폈다. 초기에 그가 북군에 입힌 피해가 크다고 할 수는 없었지만, 그의 성공사례와 영웅담은 북군에게 짜증나는 일이었다. 북군은 포레스트에게 현상금을 걸었고, 북군 기병대는 포레스트를 사냥하는 데 골몰했다. 포레스트는 몇 번 위기를 맞았지만, 그럴 때마다 멋지게 빠져나가 영웅담을 추가했다.

포레스트는 언제나 열세인 병력으로 다수의 적을 격파해서 명성을 얻었다. 다만 그의 이야기는 영웅담 위주여서 전황을 파악하기는 어렵다. 대개는 병력이 열세인 상황에서 대담하게 적군의 중심을 공격해 적을 궤멸시키거나 절묘한 계략으로 승리한 것으로 되어 있다. 그의 대담한 공격과 성공에는 배경이 있다. 첫째 남부와 북부의 환경적 차이로 포레스트 부대만이 아니라 유명한 스튜어트 James Ewell Brown Stuart 의 기병대 등 전반적으로 남군 기병의 자질이 높았다. 북군 기병대가 남군을 압박할 수준으로 올라온 것은 서부 출신의 기병대가 대거 투입되고, 연발사격이 가능한 스펜서 기병총을 장비하면서 부터다. 하지만 그 사이에 남군 기병대는 수많은 전투 경험을 쌓았다. 특히 기마술과 기병전술은 병사의 숙련도에 크게 좌우되었다. 포레스트의 대담한 전술은 이런 바탕이 있었기에 가능했다.

아둔한 지휘관과 창의적인 지휘관의 차이

포레스트의 탁월하고 대담한 전술 감각은 높은 평가를 받는다. 포레스트의 능력을 게릴라 지도자로서만 발휘된 것이 아니다. 그는 전쟁 1년 만에 장군으로 진급해서 정규군을 지휘했는데, 전술적 안목도 뛰어났다. 현대전의 기동과 보급에 대한 가치를 깨달은 덕분이다. 기동과 보급은 미 육군사관학교의 교육에서도 엄청나게 강조하는 것이지만, 그것을 머리로 아는 것과 실전에 대입하는 능력은 다르다.

보통 사람들이 전력을 평가할 때는 병력, 무기 등을 본다. 이것은 고정된 평면에서 비교하는 것이다. 하지만 아군이 적보다 빠르게 움직인다면 평면에 늘어서 있는 적의 병력과 아군이 실제 접촉하는 병력은 다르다. 이 원리를 전술에 활용한 사람이 알렉산더 Alexander 대왕이다.

그런데 기동과 보급의 문제를 적의 후방까지 확대하면, 빠른 기동으로 적진 후방을 거리낌 없이 침투하고 횡단하며, 수송선·수송부대·전신·철도를 공격해 적의 결정적인 공세를 좌절시키거나 연기시킬수 있다.

포레스트의 성공은 남군 기병대에게 전쟁을 수행하는 방법을 알려주었다. 1862년 율리시스 그랜트Ulysses Grant가 야심차게 기획했던 빅스버그 공격은 시작도 못하고 좌절되었다. 공세를 위해 비축한 물자를포레스트와 남부 기병대가 모조리 탈취해버렸기 때문이다.

포레스트는《삼국지》에나 나올 법한 기발한 계략으로 추격대를 격파하고, 북군 습격부대를 패퇴시켰다. 한번은 포레스트 부대가 북군부대 전면에 나타났다. 북군은 지형상 유리한 곳에 자리 잡고 있어서자신만만했다. 이런 경우 상대가 정면에서 공격해오는 것이 공식이었다. 하지만 포레스트는 정면공격을 하는 척하면서 측면과 뒤에서 기습했다. 단순한 듯한 이 기습의 성공 비결은 속도였다. 그런데 이 전투를 속도만으로 이해하기는 힘들다. 사실 포레스트의 전투담을 보면포레스트가 영리한 것인지 상대방이 멍청한 것인지 판단이 서지 않는경우가 있다. 1863년 아벨 스트레이트Abel Streight 대령은 3,000명의 병력을 가지고 1,000명인 포레스트 군에 패배해 포로가 되었다. 포레스트는 파상적이고 겁 없는 공세로 북군으로 하여금 적군이 다수라고 믿게 했다. 실제로는 두 대밖에 없는 대포를 여기저기서 출몰시켜 훨씬많은 것처럼 보이게 했는데, 스트레이트는 여기에 감쪽같이 속아 넘어가 항복했다.

여기서 북군이 왜 그렇게 쉽게 속았는지 분석해볼 필요가 있다. 남북전쟁 당시 정규군 장교들은 귀족교육을 받았거나 세상 물정을 모르는 상류층 인사들이었다. 그들은 판에 박힌 사고를 따르고 관습을 존중했다. 정규군 장교들은 지형과 병력으로 전황을 판단하고, 전투 장면을 예상했다. 그것도 아무나 할 수 있는 일은 아니었기에 이 상상력이 군 지휘관의 능력이자 자부심이었다. 하지만 그 탓에 전투방식이나 상황 판단도 언제나 뻔했다. 귀족 장교들끼리 만났을 때는 스포츠 경기처럼 서로를 존중하며 자신들의 방식대로 싸웠다. 하지만 포레스트는 그것을 알고 적을 이용하고 조롱했다.

성공사례는 창조를 위한 훈련과정일 뿐이다

포레스트의 대담함과 상식 파괴의 전형을 보여준 전투가 1862년에 벌어진 파커스 크로스로즈 전투다. 그는 북군 총사령관 그랜트 장군의 특명을 받고 자신을 추격해온 북군 2개 연대에게 앞뒤로 포위당했다. 이들은 북군 기병대 중 최강 부대로 스튜어트의 기병대마저 격파해 북군의 자존심을 회복해준 셰리던Philip Henry Sheridan의 휘하 부대였다. 우연이었는지 계획적이었는지 모르지만, 처음에는 1개 연대가 포레스트 기병 여단의 진로를 막았다. 그러자 이번에는 포레스트도 정규전을 답습해, 양쪽이 평원에서 전통적인 전투를 벌였다. 동일한 지형 조건에서 비슷한 병력끼리 맞붙었을 때는 대체로 전투 경험이 앞서는 남군이 유리했다. 북군이 밀리기 시작하자 남군은 최후의 일격을 준비했다. 기병 돌격이었다. 그때 북군의 다른 연대가 뒤에서 나타났다. 포레스트의 노련한 병사들도 당황했다. 하지만 포레스트는 망설임 없이 기병대에게 명령했다. "양쪽으로 돌격해!"

남군 기병이 역으로 돌격해오자 놀란 북군은 당황했다. 그들이 주춤거리는 사이에 포레스트는 병력을 추슬러 옆으로 탈출했다. 이 전투는 전쟁사에 유례가 없는 전후방 동시 돌격이라는 기사로 매스컴을 탔다.

이 역시 포레스트의 빠르고 현실적인 판단력과 북군 지휘관의 뻔하고 빈약한 상상력이 만들어낸 결과였다. 포레스트의 장점은 항상 주어진 상황 대해 교본에 적힌 공식을 찾는 것이 아니라 최선의 방책을 찾는다는 것이다. 포레스트는 허를 찔려 앞뒤로 포위되었다. 교과서대로라면 항복하거나 병력 전체를 분할해서 양쪽을 상대해야 했다. 이때 전면을 향해 배치되어 있는 여단을 뒤로 돌려 적을 상대하기란 결코 쉽지 않다. 단순히 총구와 대포를 뒤로 돌린다고 해결되는 문제가 아니다. 병사와 대포를 하나하나 재배치해야 한다. 대부분의 경우이 과정에서 혼란이 발생하고, 심하면 자멸한다.

따라서 재배치는 불가능했다. 당장 활용할 수 있는 부대는 어디 있을까? 이때 남군 진영에서는 기병이 막 돌격 직전이었다. 사실은 그것이 천운이었다. 기병은 어느 쪽으로든 단독으로 빠르게 진격할 수 있고, 적을 무너트릴 수는 없지만 시간을 벌 수는 있다. 포레스트는 그렇게 판단했다. 판에 박힌 사고를 가진 지휘관들이었다면 재배치의 속도에 사활을 걸었을 것이다. 북군 지휘관도 그렇게 상상하면서 접근했음에 틀림없다. 그래서 그는 뒤를 물었을 때부터 승리를 확신했을 것이다. 하지만 포레스트가 북군 지휘관의 입장이었다면 전 부대를 적군의 뒤로 천천히 전진시키는 대신 기병으로 포대를 습격해서 파괴하고, 적을 동요시켰을 것이다. 후대에 롬멜Erwin Rommel과 패튼은 이런 작전으로 전설적인 승리를 거두었다.

리 장군이 만년에 굳이 포레스트를 최고의 지휘관을 추켜세운 이유는 귀족 장교들의 경직된 사고가 전쟁의 가장 큰 적이라는 사실을 알리고 싶었기 때문일지도 모른다. 전쟁이든 경영이든 최고의 효율과 기능성은 최상의 이론과 방법을 채용한다고 되는 것이 아니라 현실에 가장 적합한 방법을 창출하는 데서 나온다. 이론과 성공사례란 이 창조를 위한 훈련 과정에 불과하다. 하지만 적어도 남북전쟁 시기에 교육과 관습, 장교 집단의 신분적 특수성은 이 목적을 오히려 방해하고 있었다. 우리는 이런 위험에 빠져 있지 않은지 언제나 경계하고 점검해야 한다.

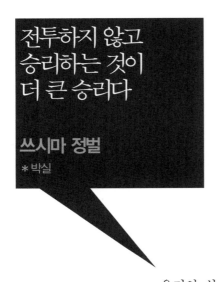

전투하지 않고
승리하는 것이
더 큰 승리다

쓰시마 정벌

＊박실

우리의 삶에는 언제나 너무 많은 진리가
돌아다닌다. 그리고 진리는 항상 상반된다. '과감해야 성공한다.' '신
중하지 못해서 실패했다.' '본때를 보여 기선을 제압해야 한다.' '섣불
리 힘자랑하지 마라.' 이 혼란을 바로 잡을 유일한 방법은 아니지만,
유효한 방법이 목적과 목표를 구분하는 능력을 키우는 것이다. 그것
을 전체로 묶는 것이 전략이다. 그런데 실제 현장에서는 장기적 목표
와 단기적 목표, 부서와 개개인의 이해가 뒤섞이면서 착란 상태가 발
생한다. 목적과 목표를 혼동했던 대표적인 사례가 조선군의 쓰시마
정벌이다.

1419년 6월 20일 쓰시마의 두지포 해안은 환영인파와 잔치를 준비
하는 일본인들로 북적거렸다. 중국으로 출동했던 왜구의 약탈 함대가
수평선에 모습을 드러낸 것이다. 해적 함대가 돌아오면 해변에서 바
로 약탈품의 매매와 거래가 시작되었다. 육지에 도착한 해적과 선원들

도 벌어온 돈을 빨리 쓰고 싶고, 쾌락에도 목이 말랐다. 해적단이 출
범한 이후로 쓰시마 섬에서 대기하고 있던 상인들이 바닷가로 몰려들
었다. 그들은 서로 좋은 자리에 좌판을 벌리고, 행상들도 빠르게 돌
아다니기 시작했다. 쓰시마는 이날이 최고의 장날이자 축제였다. 게
다가 이번 출정은 쓰시마 해적사에 유례가 없는 대규모 원정이었기에
상인과 주민들의 기대는 더욱 컸다.

그런데 수평선에 나타난 함대가 가까이 왔을 때, 누군가가 소리를
질렀다. "조선군이다!" 해안은 순식간에 아수라장이 되었다. 그 함대
는 이종무가 지휘하는 조선의 쓰시마 정벌군이었다. 1만 7,000여 명의
병력과 65일치 식량을 실은 275척의 함대가 쓰시마에 상륙했다.

현상을 잡느냐, 근원을 제거하느냐

쓰시마의 해적이 모두 쓰시마인은 아니었다. 하지만 조선이나 중국
으로 가는 해로의 한복판에 있는 쓰시마는 중요한 경유지이자 집결
지였다. 일본에서 보면 조선으로 가는 항로의 마지막 기항지로, 여기
서 조선 해안까지 하루 거리였다. 그래서 일본 본토나 해안의 섬에 살
던 해적들은 쓰시마로 집결해서 바람을 기다리다가 출발했다. 쓰시마
정부는 이들로부터 세금까지 받았는데 해적 함대가 떨구고 가는 조세
와 체류비용은 빈한한 쓰시마 경제에 소중한 수입원이었다.

14세기 후반부터 15세기까지는 왜구의 전성기였다. 고려, 중국, 대
만, 멀리 필리핀과 말레이시아까지 왜구로 몸살을 앓았다. 왜구가 일

본 해적만 있었던 것은 아니다. 중국 상인, 밀수업자도 가세한 집단이었고, 중국 해적들이 왜구로 가장하기도 했다. 하지만 어쨌든 왜구는 왜구였다. 왜구의 근거지는 일본 근해의 이키, 쓰시마 같은 섬과 해안 지방이었다. 멀리 오키나와 왜구도 유명했다. 14세기 왜구의 진정한 위험은 이들이 점차 기업화, 대규모화했다는 것이다. 처음에는 20명 미만이 대부분이던 해적단이 몇 개씩 모여 연합 함대를 구성하면서, 많을 때는 수백 척, 1만에서 3만 명에 달하는 대군을 형성하기도 했다. 당연히 피해 규모나 피해액도 커졌다. 고깃배를 훔쳐가고 해안가의 빈집을 털던 해적이 항구에 정박해 있던 전함을 모조리 빼앗고 성과 도시를 함락시키는 수준으로 발전했다. 도시나 섬을 아예 점령한 뒤 거주하기도 했다.

1419년 5월 1만 명이 넘는 왜구의 선단이 요동을 향해 출발했다. 조선 해역을 지나던 중에 일부 부대가 풍랑으로 낙오했다. 식량과 물이 떨어진 배들이 급수를 위해 상륙했다가 조선군에 붙잡혔다. 이미 낌새를 채고 있던 조선 정부는 요동에 왜구 습격을 통보하는 한편, 이를 왜구 소탕의 기회로 삼고자 했다.

태종이 급히 소집한 어전회의에서 의견이 갈렸다. 서남해의 해상에 수군을 매복시켰다가 요동에서 귀환하는 왜구 함대를 요격하자는 안과 비어 있는 쓰시마를 공략하자는 안이 대립했다. 이 논의는 전형적인 전술목표와 전략목표의 갈등이다. 왜구의 병사와 전함을 직접 타격해서 소진시키는 것은 전술목표다. 쓰시마를 공격해 쓰시마가 더 이상 해적들의 집결지가 되지 않고, 주민들이 왜구를 지원하지 못하도록 하는 것은 전략적 행동이다. 쓰시마인들은 해적활동에도 많이 가담하고, 해적들로부터 큰 수입을 얻고 있었다. 척박한 쓰시마의 환경을 볼 때(쓰시마는 지금도 일본에서 가장 가난한 지역이다) 왜구 함대와의 단절은 끊기 어려운 유혹이었다. 하지만 조선군이 침공해 초토화 작전을 벌인다면 그 피해액은 해적들로부터 얻는 수익에 비할 바가 아니었다. 나아가 조선은 쓰시마가 해적과 관계를 끊겠다고 하면 일정한 경제적 지원까지 하려는 계획도 있었다

현상을 제거할 것이냐, 근원을 제거할 것이냐? 이렇게 화두를 던지면 보통 사람들은 '근원 제거'란 말에 매력을 느낀다. 하지만 사회에서 근원을 제거한다는 것은 수술해서 병든 부위를 싹 도려내는 것과는 달랐다. 마치 간접광고처럼 비용과 시간은 많이 드는 반면 효과가 애매모호한 것이 전략목표의 난제였다. 또한 피해가 아무리 커도 인간은 망각의 동물이다. 집을 다시 짓고 농토를 개간하면 피해도 잊고 눈앞의 이익에 탐닉할 수 있다. 조선이 경제적 지원을 해주면 해적질을 그만둘 수도 있지만, 구호품도 타고 해적질도 하면 수익이 2배가 된다고 생각할 수도 있다. 그러면 조선이 준 쌀로 병사도 더 고용하고 배도 더 크게 만들지도 모른다. 이런 이유들이 전략목표가 실패하거나 환영받지 못하는 이유다.

반면 전술행동은 타깃과 결과가 확실하다. 전술행동이라고 해서 전략적 효과가 없는 것도 아니다. 해적활동이 참극으로 끝난다면 적어도 그 세대 동안에는 해적활동이 잠잠해지고, 쓰시마인들도 해적활동의 위험성을 충분히 인식할 수도 있다.

논리적으로 답이 나오지 않을 때, 중요한 판단 근거가 실현 가능성이다. 왜구 함대의 요격은 꽤 그럴듯해 보이지만, 실현 가능성이 극히

낮다. 조선군의 전술은 왜선을 포위망에 가두거나 통로를 봉쇄해서 왜구의 적극적인 선제공격을 유도할 때 효과적이다. 하지만 왜구가 조선군의 매복을 눈치채고 원양으로 우회하거나 적극적인 전투를 회피하면 요격 작전의 성공 확률은 제로에 가깝다. 왜선이 조선의 전함보다 빠르고 원양 항해능력이 뛰어나기 때문이다.

하지만 쓰시마는 어디로 도망갈 수도 없고 군사는 아주 소수만 남아 있다. 또 왜구 함대의 격멸은 굳이 조선이 아니라 요동의 중국군에게 맡겨도 된다. 조선의 통보를 받은 중국군이 충분한 대비를 했다면 왜구 함대는 호랑이 굴로 들어가는 것이나 다름없다(실제로 왜구는 요동에 상륙하자마자 중국군의 습격을 받아 대패했다. 이 전투는 중국의 왜구 토벌사에서도 손에 꼽는 승리였다). 따라서 조선은 쓰시마 정벌을 목표로 세웠다.

첫째도 목적, 둘째도 목적을 생각하라

쓰시마 섬은 꽤 크지만 대부분이 산지에 경사가 가팔라서 평지가 거의 없다. 산과 산 사이 좁은 평지에 읍이 세워졌는데, 지금도 읍이라는 명칭이 붙은 진짜 읍 규모의 마을이 여섯 개밖에 되지 않는다. 나머지 마을은 거의 바닷가 산비탈을 깎아, 한 줄에서 많게는 세 줄 정도로 집을 세웠다. 쓰시마에 상륙한 조선군은 즉시 전략적 행동을 시작했다. 구체적으로는, 마을과 집, 항구와 선박을 보는 족족이 파괴하거나 나포했다. 다행히 민간인 피해는 거의 없었다. 주민들이 모조리 산속으로 도망쳐버렸기 때문이다. 산곡이 너무 많고 좁아서 주민들을 추적하기는 거의 불가능했고, 그럴 필요도 없었다. 주민이 없으니 조선군은 더 편하게 작전을 수행할 수 있었다.

현재의 전쟁에서 이런 전략적 행동은 비난의 대상이다. 하지만 20세기까지도 초토화 전술은 일상적인 전략이었다. 사실 경영에서도 마찬가지다. 무차별적 흡수합병, 독과점, 대리점 매수 등 소위 반독점과 공정거래법 위반에 해당하는 행동이 '(전략적) 비즈니스가 아니라 폭력'이라는 진단을 받은 것은 20세기 이후의 일이다.

그래도 쓰시마 전역은 상당히 특별한 상황이었다. 아무리 전략목표를 추진한다고 해도 그 시행 과정 안에 전술행동이 없을 수는 없다. 그런데 쓰시마의 군대란 군대는 거의 모조리 요동으로 출병한 상황이었다. 극히 약간의 병력이 있었지만 상대가 되지 않았다. 조선군의 전술적 행동, 즉 전투가 필요한 상황 자체가 형성되지 않았던 것이다. 고려 말에 이미 두 번이나 쓰시마 원정을 한 경험이 있고, 인적 교류도 활발해 쓰시마의 지리도 잘 알았던 조선군은 자신들을 가로막는 군대도 없던 덕분에 계획대로 척척 작전을 수행해 나갔다.

이 작전의 진수는 훈내곶 차단이었다. 쓰시마는 남북으로 두 개의 고구마가 연결된 형태의 길쭉한 섬인데, 이 두 섬은 실처럼 가느다란 지협으로 연결된다. 그 지협이 훈내곶으로 조선군의 1차 목표였다. 조선군이 신속하게 훈내곶의 지협을 점령하고 목책을 세워 남북을 차단하자, 얼마 없는 왜구의 병력은 그나마 남북으로 분리되었다.

여기에 낭보가 또 전해졌다. 쓰시마 주민들이 급하게 산속으로 도망치는 바람에 식량을 가져가지 못했다는 것이다. 그들이 버틸 수 있

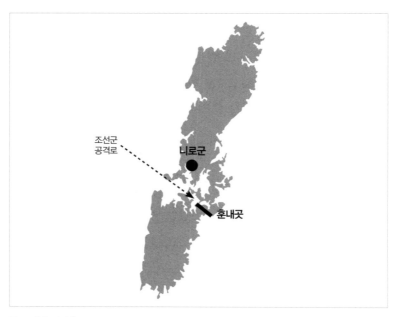

조선군
공격로

니로군

훈내곶

■ 쓰시마 정벌 | 남쪽과 북쪽 두 개의 섬이 지협으로 연결된 쓰시마에서 조선군은 훈내곶을 점령함으로써 쓰시마의 얼마 되지 않은 병력을 둘로 분리했다.

는 시간은 길어야 열흘이었다. 조선군이 무인지경을 휩쓰는 이 작전을 2주만 계속하면 쓰시마 주민들은 굶어죽을 판이었다.

　그런데 이때 조선군 수뇌부가 묘한 결정을 내렸다. '대군이 출동했는데, 전투를 단 한 번도 하지 않았다? 조선으로 돌아가 전투를 기피했다고 비난받으면 어떡하지?' 이런 생각을 하게 된 것이다. 누구의 제안이었는지는 알려지지 않았지만, 지휘부는 보고서에 쓸 수 있는 가시적인 전투가 필요하다는 결론을 내렸다. 공격 목표는 산속에 숨어 있는 쓰시마의 잔존 병력이었다. 이종무는 함대를 이동시켜 니로군이란 지역에 상륙해서 적을 찾아 산으로 들어간다.

니로군은 현재 지명으로는 니이라는 곳이다. 14세기 이후 쓰시마의 수도가 세 번 바뀌었는데, 그 중 첫 번째 수도가 있던 곳으로 지금도 쓰시마에서 가장 번화한 곳의 하나다. 조선군은 니이로 바로 진입하지 않고 조금 떨어진 작은 포구로 상륙했다. 상륙지 바로 앞에 쌍무지개처럼 두 개의 산이 걸친 좁은 협곡의 입구가 있었다. 도망친 사람들이 숨어 있을 만한 곳이었다. 지금도 2열 종대 정도가 걸어갈 수 있는 좁은 길이 나 있을 뿐, 좌우의 산비탈의 경사는 가히 70도에 육박했다. 그 입구 앞에 선 조선군 가운데 어느 누구도 그곳으로 들어가고 싶은 이는 없었을 것이다. 이는 조선군 지휘부도 마찬가지였다. 결국 제비뽑기 끝에 박실의 좌군이 공격부대로 정해졌다.

좁은 골짜기에서 박실의 군대는 그만 매복에 걸리고 말았다. 쓰시마군은 소수였지만, 조선군의 약점과 심리를 제대로 찔렀다. 일부 부대가 괴성을 지르며 비탈을 달려 내려와 조선군에게 사납게 부딪쳤다. 조선군은 일본도를 휘두르는 왜구와 백병전으로 대적하는 것을 두려워했다. 이는 중국군도 마찬가지였다. 조선군은 즉시 반대편 비탈로 올라갔다. 비탈을 이용해 길게 방어선을 치고, 조선군의 장기인 화살 공격을 퍼부으려는 의도였다. 하지만 비탈에 진을 치자 이번에는 비탈의 위쪽에 매복해 있던 쓰시마군이 돌격해왔다. 두 번이나 예측하지 못한 기습에 당한 조선군은 공황에 빠졌다. 전투 의지를 상실하고 항구를 향해 도주하기 시작했다.

쓰시마군은 소수였지만 항구까지 조선군을 추격해 배에 승선하려고 아수라장 상태가 된 조선군을 등 뒤에서 마구 찍었다. 보다 못한 우군 절제사 이순몽이 용감하게 하선했다. 그는 항구 옆의 비탈로 올

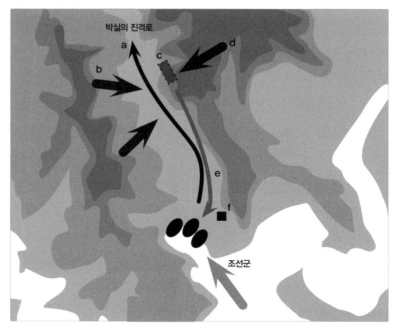

🚩 **니이 전투** | a. 조선군이 상륙해서 박실 부대가 골짜기로 진격한다. b. 산비탈에서 매복한 왜구가 공격한다. c. 조선군은 우측 산비탈로 올라가 진형을 갖춘다. d. 조선군 진지 뒤쪽 위에서 왜구가 2차 매복공격을 가한다. e. 조선군이 무질서 하게 항구로 도주하고 왜구가 추격한다. f. 하선한 이순몽이 고지로 올라가 왜구를 공격해 배로 승선하는 조선군을 엄호한다.

라가 활로 쓰시마군을 공격했다. 그제야 적군은 전투를 포기하고 협곡으로 철수했다. 참극은 막았지만 전황은 무참했다.

《조선왕조실록》에서는 이 전투의 전사자가 180명이라고 했는데, 좀 축소된 감이 있다. 반대로 일본 측의 기록에는 과장이 심해서 수천 명을 몰살시켰다고 되어 있다. 그때 조선군 측에는 쓰시마에서 포로 생활을 하다가 조선군에 구출된 중국인이 몇 명 있었다. 조선군의 전투 양상이 너무나 창피해서 이 전투를 목격한 이들을 중국으로 송환시키기 말자는 건의까지 나올 정도였다.

사기가 떨어진 조선군은 쓰시마 고사 작전마저 포기하고 귀국하고 만다. 니이 전투로 인해 쓰시마 원정은 절반의 성공이 되어버렸다. 그 절반도 적지 않은 성과이지만, 놓친 고기가 아쉽다고 니이의 패전이 두고두고 아쉬움으로 남게 된다.

형식과 절차는 신속하고 합리적 행동을 위한 제어장치

니이의 패전은 전략과 전술의 관계를 무시한 것이 일차적 원인이다. 쓰시마 원정 자체가 전략적 행동이었다. 전술목표를 향해 위험한 전투를 벌일 이유가 없었다. 이런 위험을 방지하기 위해서 리더는 언제나 자기 행동의 목적을 분명히 인식하고 그것을 판단의 기준으로 삼아야 한다.

그런데 조선군이 전투를 전혀 하지 않고 돌아가면 쓰시마 사람들은 싸울 대상, 즉 쓰시마에 군대가 없었기 때문이라고 생각하거나 조선군이 겁쟁이 군대라고 인식할 수도 있었다. 따라서 조선군 지휘부의 니이 공격이 완전히 잘못된 결정은 아니었다. 다만 전투를 벌이려면 제대로 해야 했는데, 형편없이 패배하고 말았다는 점이다.

사실 조선군이 그렇게 형편없는 군대는 아니었다. 왜구가 백병전에서 강하다고는 하지만 전술적 기준에서 조선군과 왜구의 전투력 차이가 가장 적었던 때가 이때였을 것이다. 조선은 한창 성장하는 나라였고, 고려 말에 워낙 전투를 많이 경험한 덕분에 좋은 장군과 무사도 많았으며 특히 실전에 강했다. 군사들의 훈련도 충실했다. 문제는 좌군 리더의 엉성한 지휘와 용병술이었다.

쓰시마군이 조선군의 대응방식을 예상하고 매복 작전을 폈듯이, 조선군도 왜구의 장단점과 전술을 잘 알고 있었다. 좁은 산곡은 왜구에게 유리한 곳이지만, 깨는 요령만 알면 철옹성은 아니었다. 예를 들어 좁은 산곡을 통과할 때는 먼저 부대를 분할한다. 항구에 단단한 방어진을 치고, 먼저 작게 분할한 일개 부대를 들여보낸다. 이 부대가 기습을 받으면 즉시 본대로 돌아오고, 본대는 이들을 엄호하고 반격한다. 만약 선발부대가 산곡을 통과하면 도착지점에서 방어 대형을 구축한다. 두 번째 부대가 산곡을 통과하다 왜군의 습격을 받으면 후발부대와 선발부대가 협공을 통해 물리친다.

그 외에도 몇 가지 표준전술이 있다. 하지만 박실의 군대는 이런 준비를 전혀 하지 않았다. 심지어 산곡 입구에 진지를 구축하지도 않았다. 방어진지가 있었다면 산곡에서 도망쳐 나온 조선군이 죽기살기로 배에 올라타려고 하지 않았을 것이다.

지휘관인 박실이 이처럼 무능했다고 하더라도 총사령부에서 전술을 검토하고 간여할 수 있었다. 하지만 이조차 생략되어 초보적인 패전을 당하고 말았다. 그 이유는 전략에 없던 전술을 갑자기 채용했기 때문이다. 니이에 상륙할지 말지, 진짜 전투를 치를지 여부를 결정하는 일에 지나치게 많은 시간을 쓰는 바람에, 막상 전투를 결정하자 시간이 촉박했다. 심지어 전투부대는 제비를 뽑아 결정했다. 여기까지만 했는데 벌써 타임아웃이 된 셈이다.

이런 실수를 방지하기 위해 조직에는 형식과 절차가 필요하다. 형식과 절차라고 하면 우리는 말 그대로 형식적인 절차라고 생각하기 쉽다. 전술을 결정하고 검토할 시간을 주기는커녕 시간을 더 빼앗는 절차라고 생각할 수도 있다. 이는 수많은 조직에서 형식과 절차가 다른 용도, 형식적 행정, 책임 회피, 리더의 무능함을 감추기 위한 수단으로 악용되고 있기 때문이다. 총사령부를 기준으로 보면 형식과 절차는 전술을 더 빠르고 효율적으로 실행하기 위한 구체적인 준비 과정이 되어야 한다. 전술을 결정하고 실행하기까지의 사이에 실용적이고 필수적인 '형식과 절차'의 준비과정이 있었다면 어땠을까? 그리고 조선군이 그런 과정에 잘 훈련되고 숙달되어 있었다면? 아무리 돌발적으로 결정된 사안이었다고 하더라도, 아무런 대비책도 없이 싸움 자체가 불가능한 사지로 병사들을 밀어넣는 실수는 방지할 수 있었을 것이다.

Part 2

약점 없는 전쟁은 없다

강점과 약점, 장점과 단점 중 어느 것이 더 중요하느냐는 물음은 우문이다. 약점과 단점을 고치면 되지 않으냐고 말할 수도 있지만, 현실적으로 단점을 없애는 것은 불가능하다. '사막의 여우' 롬멜도 몽고메리가 지휘하는 영국군에 패했고, 카이사르Julius Caeser 역시 갈리아 전쟁 중에 계속되는 반란으로 위기를 겪기도 했다. 이런 것은 모두 상대가 그들의 약점을 찾아냈기 때문이다. 단점을 개선하면 새로운 단점이 나타날 수밖에 없다. 따라서 현장과 상황, 목표, 상대와 결합해서 발생하는 화학적 변화를 먼저 예측하고 단점을 최소화할 방법을 찾는 것이 현명한 대처법이다. 그런 가운데서 진정한 혁신이 탄생한다.

이번 장에서는 버마 전쟁 당시 일본군에게 유리했던 정글을 정복함으로써 일본군 전술의 근저를 흔든 특수부대 친디트와, 제국을 이루며 번영하기까지 군대의 단점을 오랜 세월에 걸쳐 하나하나 극복한 로마군을 살펴보면서 단점을 있는 그대로 받아들이고 이를 최소화한 전쟁의 사례를 살펴본다. 그 밖에 태생적으로 유목민의 기동력을 따라잡을 수 없는 당의 약점을 발달한 조직문화의 힘으로 극복한 이정의 사례 등도 함께 살펴볼 것이다.

호랑이를 잡으려면 굴에서 나오게 하라

버마 전쟁
* 오드 윈게이트

발을 디디면 땅이 발을 받쳐주지 못하고 밑으로 꺼졌다. 그러면 다시 발을 빼내기 위해 발목과 무릎의 관절과 인대가 모두 늘어나는 고통을 참으며 발을 비틀어 뽑아내야 했다. 간혹 발이 더 깊이 또는 섬뜩한 공동으로 빠져들 때가 있었다. 그러면 영락없이 죽음의 가스, 죽은 동물의 시체나 나뭇잎이 부패하면서 생긴 유독가스가 솟아났다. 정글은 수만 년이 넘은 거대한 쓰레기장이었다. 원시림의 바닥은 진흙과 부식토, 그리고 오래전에 묻힌 시체와 가스로 가득 차 있었다.

더위와 습기는 숨을 쉴 수 없을 정도이고, 끔찍한 진흙탕은 마를 새가 없었다. 우기에는 비가 매일 오고 건기에는 비가 이삼 일에 한 번씩 왔다. 비가 오면 부식토는 썩은 진흙탕으로 변했다. 가죽 군화도 썩어 들어가고, 습기에 절은 몸은 하얗게 떴다. 정글에서 자라는 코끼리 풀과 나뭇잎은 불어터진 피부를 손쉽게 갈라놓고 군복까지 베어버렸다. 그 속에서 온종일 허우적거려도 하루에 800미터를 전진하지 못할 때도 있었다. 때로는 70도가 넘는 경사지에서 미끄러져지는 몸을 지탱하기 위해 무슨 짓이든 해야 했다. 비탈의 끝은 으레 절벽이었다.

비와 부식토에서 활발하게 활동하는 생명도 있었다. 거머리, 흡혈파리, 모기가 우글거렸고. 상처 사이로 벌레와 거머리가 파고들었다. 살과 뼈가 썩어 들어갔고, 열병, 말라리아를 피해갈 수 있는 사람이 없었다. 이곳에 온 지 열흘이 되기 전에 누구나 한 번쯤은 고열에 시달리며 의식의 저편까지 여행을 하고 와야 했다. 더구나 이 병은 결코 면역이 없었다.

버마_{현재의 미얀마} 전선에서 싸웠던 병사들은 연합군이든 일본군이든, 원주민조차 들어오지 않고 짐승조차 드문 땅에서 왜 싸워야 하는지 묻고 또 물었을 것이다. 이 험한 오지에 일본인과 조선인, 영국, 미국, 인도인 병사까지 들어오게 된 이유는 버마가 아니라 중국 때문이었다.

버마 탈환에 소극적인 중국

중화민국 장제스_{蔣介石} 정부는 일본군에 밀려 쓰촨성으로 들어가 있었다. 《삼국지》에 나오는 촉_蜀의 땅인 이곳은 중국에서 내전이 벌어질 때마다 최후의 피난처가 되었다. 하지만 현대전에서 승리하기 위해서는 산업시설이 필요했다. 장제스 정부는 저항에 필요한 포탄과 군수품을 생산할 능력이 없었다. 문제는 중국이 굴복하면서 중국의 광대한 인력과 자원이 일본으로 넘어가는 데다 일본이 중국에 투입했던 병력이 태평양으로 쏟아져 나온다는 것이었다.

연합군으로서는 어떻게 해서든 중국이 일본을 해치우거나 최소한 붙들고 있어야 했다. 그것이 연합군 장병 수십만 명의 생명을 구하는 길이었다. 중국을 싸우게 하는 법은 물자 지원뿐이었다. 하지만 일본이 이미 태평양과 동중국해를 석권한 상황에서 충칭으로 가는 통로는 인도에서 버마를 거쳐, 중국의 윈난성을 지나 쓰촨으로 들어가는 루트뿐이었다. 연합군은 인도에 포탄공장을 세우고, 버마에서 중국 윈난성 쿤밍으로 이어지는 산악도로를 개통했다. 버마공로로 불린 1,050킬로미터의 이 길은 현대의 운전자라면 절대로 달리지 않을 끔찍한 도로였다. 하지만 당시 중국에게는 생명줄이었다. 일본군이 이를 가만둘 리 없었다.

중국에게 생명과도 같은 버마공로였음에도 장제스는 이를 보호할 병력을 내놓지 않으려고 했다. 언제고 다시 벌어질 국공내전을 위해 병력과 군수물자를 아끼고 싶었던 것이다. 마지못해 3개 사단을 투입했지만, 가능하면 전투를 피하라는 비밀명령이 떨어졌다. 장제스의 이러한 방침은 나중에 커다란 부메랑이 된다. 중국군이 실전 경험을 쌓을 기회를 놓쳤기 때문이다. 실전 경험은 전투력을 향상시키는 데 중요할 뿐만 아니라, 인재를 발굴하고 '고인 물'을 걷어내는 데도 중요하다. 전투를 회피한 탓에 유능한 인재들이 성장하지 못하고, 중국군 지휘부는 부패한 장교들로 가득 채워졌다.

한편 연합군 측도 버마에 투입할 병력이 많지 않아서 일본군의 공세가 몰아치자 버마는 쉽게 점령당했다.

일본군은 버마의 험한 산악지형과 정글을 이용해 철벽 방어선을 구축했다. 연합군은 정글로 들어가자니 엄두가 나지 않고 고지로 공격하자니 너무 큰 손실이 예상되었다. 버마공로가 폐쇄되자 남은 수송수단은 항공뿐이었다. 수송 코만도라고 불린 수송기 조종사들은 필사적으로 히말라야 산맥을 넘나들며 수송 작전을 폈다. 날씨가 급변하는 이 산악지대는 금세 수송기들의 무덤이 되었다. 그들은 영웅적인 노력을 했지만 항공 수송은 한계가 있었다. 중국을 살릴 수 있는 길은 버마를 탈환해서 육로를 개척하는 수밖에 없었다.

기인 윈게이트와 전설의 특수부대 친디트

정글을 벗어나자 홍수로 물이 누렇게 불어난 강이 연합군의 앞을 막았다. 강 건너에 분명 일본군이 잠복해 있겠지만 정글에 숨어 있는 그들을 찾아내기란 불가능했다. 마찬가지로 일본군도 연합군을 찾기는 쉽지 않을 것이었다. 일본군의 박격포는 계속 그들이 조금 전에 있던 지역을 강타하고 있었다. 포격지대는 벗어났지만 아직 안전한 것은 아니었다. 강을 건너갈 탈출로를 확보해야 했다.

연합군 병사와 부상당한 환자들이 서로 뒤엉켜 질질 끌다시피 이동했다. 피와 땀과 진흙, 더러움으로 범벅이 된 그들은 육안으로는 누가 성한 사람인지 구분할 수가 없었다. 일찌감치 쓰러져 수송기로 이송된 친구를 부러워하는 병사도 있었고, 차라리 원주민 마을에 버려지는 게 나을 뻔했다고 투덜거리는 병사도 있었다. 잠깐 쉬는 동안 몇

몇은 주머니를 뒤져 마지막 남은 말린 뱀고기 조각을 입에 털어 넣었다. 끔찍한 비린내가 올라왔다. 뱀고기를 먹는 요령은 가능한 한 침을 만들지 않고 대충 씹어서 삼키는 것이었다.

부대장 오드 윈게이트Orde Wingate 대령이 몰래 강을 건너 안전지대를 확보할 자원자를 찾았다. 대담하다는 특공대원들도 기겁했다. 물살이 헤엄쳐서 건널 수준이 아니었다.

"곧바로 건너가라는 것이 아니야. 건너편에는 일본군이 있을 테니 천천히 힘을 빼고 떠내려가는 거야. 조금씩 앞으로 가면서 안전지대를 찾으면 돼. 물에 떠서 유람하는 거지. 일단 내가 먼저 갈 테니 날 보고 따라하라고."

이젠 그의 말에 속을 사람이 아무도 없었지만, 그래도 몇몇이 손을 들었다. 다른 방법이 없었기 때문이다. 대령의 입에서 나오는 이야기는 언제나 말이 안 되는 소리거나 알 수 없는 소리였지만, 어쨌거나 여기까지 온 것도 그의 덕이었다.

정글모를 쓰고 걸어오는 그는 겉모습만 봐서는 직업을 알기 어려웠다. 키는 크지 않지만 어깨는 다부지고, 눈빛은 총명했다. 하지만 더부룩한 수염은 그가 며칠이나 씻지 않았다는 사실을 말해주고 있었다. 옆에는 커다란 책을 끼고 손목에는 알람시계를 달고 있었다. 가끔 큰 솔을 들고 있는 그의 모습을 본 사람들은 질겁했다. 사람들과 이야기를 하면서 그는 솔로 팔과 몸을 계속 긁었는데, 솔 사이로 새까맣고 동글동글하게 말린 것이 계속 떨어졌다. 윈게이트는 몸을 깨끗하게 하는 데는 샤워보다 이것이 더 좋다고 주장했지만, 사람들은 빨리 그의 손목에 달려 있는 시계의 알람이 울리기를 바랐다. 윈게이트는 사람을 만날 때면 알람을 맞춰놓고, 종이 울리면 남은 이야기가 있어도 바로 그치고 떠났다. '너에게 할당된 시간을 다 썼다'는 식이었다. 처음에는 말도 못하게 기분이 나빴지만, 이제는 많은 병사들이 바라는 바가 되었다.

윈게이트는 잘생기고 학자풍의 외모를 지닌 인물이었다. 실제로 언어학자인 그는 성경과 고전을 달달 외웠다. 유명한 '아라비아의 로렌스'의 먼 친척이었고, 전 영국군을 통틀어 둘째가라면 서러울 괴짜였다. 상관에게는 대들고 명령도 잘 듣지 않았다.

이런 성격 못지않게 그를 유명하게 만든 것은 그의 기행이었다. 정글에서도 플라톤과 아리스토텔레스의 책을 끼고 다니며 언어학과 철학에 대해 끝없이 토론했다. 대화할 사람이 없으면 혼자 밤새도록 중얼거리기도 했다. 부하들에게 명령을 내릴 때면 꼭 성경 구절을 인용했다. 더럽고 지저분하기란 말로 할 수 없을 정도였다. 목욕은 거의 하지 않았고, 차를 끓인 뒤에 양말로 걸러서 내놓기도 했다.

그의 기행은 괴짜를 넘어 정신적인 불안을 의심할 수준이었다. 버마로 오기 전, 그는 로렌스의 전통을 이었는지 에티오피아에서 독일군을 몰아내고 에티오피아 왕가를 복위시키는 공을 세웠다. 하지만 정당한 포상을 받지 못하자 자살을 시도하기도 했다. 그가 기행으로 전쟁이 주는 긴장을 해소하고 있었을 수도 있지만, 반대로 전쟁이 주는 특별한 긴장감과 위기감이 그의 불안정한 정신을 붙들어주고 있었는지도 모른다.

따돌림을 당하던 윈게이트를 버마로 호출한 사람은 아프리카 전선에서 롬멜에게 당했던 웨이블Archibald Wavell 장군이었다. 웨이블은 중동과 아프리카에서 벌인 윈게이트의 활약을 보면서, 그가 단순히 게릴라전 전문가를 넘어선 비상하고 도전적인 기상의 소유자라는 사실을 간파했다.

버마에 온 윈게이트는 정글로 들어가 게릴라전을 벌이는 '원거리 침투 작전'이라는 새로운 개념을 고안했다. 그리고 영국, 인도, 구르카 족의 혼성부대를 편성해서 살인적인 정글 적응 훈련을 시켰다. 정글 생활 최대의 고통이 달려드는 수백 마리의 모기떼인데, 맨몸으로 여기에 대응해 저항력과 참을성을 기르는 훈련도 윈게이트의 창안이었다. 너무 힘들어서 실신하는 병사가 속출했지만 윈게이트는 중단하지 않았다. 그렇게 탄생한 부대가 '친디트'다. 친디트는 버마 사원의 수호신인 친테chinthe라는 괴수의 이름이 와전된 것이었다.

1943년 2월 3,000명의 친디트가 정글로 침투했다. 처음에 일본군은 이들의 게릴라전을 심각하게 받아들이지 않았다. 정글은 온갖 고통을 안겨주지만 가장 심각한 문제는 보급, 그 중에서도 식량이다. 일반인의 상상과 달리 정글에는 먹을 것이 거의 없다. 일본군은 친디트가 오래 버틸 수 없을 것이라고 생각했다. 하지만 친디트는 정글에서 항공기로 보급을 받는다는 무모한 아이디어로 정글에 도전했다. 받은 물자는 노새에 싣고 이동했다.

항공 보급이 생각처럼 쉽지 않았고 끝내 중단되었지만, 항공 보급을 믿고 일단 정글에 뛰어든 친디트는 역경을 이겨냈다. 두 달 동안 교량과 철도를 파괴하고 일본군 소부대를 기습하며 돌아다니다가 일본군의 포위망을 뚫고 생환했다. 냉정하게 따져보면 성공이라고 할 수는 없었다. 뱀, 박쥐, 벌레까지 먹을 수 있는 것은 모두 잡아먹었지만,

전 부대원이 영양실조로 고생했다. 말라리아에 걸리면 윈게이트식 처방을 사용했는데, 이는 계속 걷는 것이었다. 대원이 쓰러지면 버리거나 원주민에게 맡겼다. 부대원 3분의 1이 전사하고, 살아남은 자도 전투 불가능 판정을 받을 정도로 허약해졌다. 고생과 희생에 비하면 전과는 보잘것없었다. 하지만 이 고통 속에서도 윈게이트는 언제나 솔선수범했고, 강인하면서도 완고한 리더십, 불굴의 의지로 부하들을 이끌었다. 친디트의 모험담은 영국군과 국민에게 용기와 감동을 주었다.

내 곤경을 적의 곤경으로 바꾸다

준장으로 승진한 윈게이트는 더욱 혁신적인 계획을 내놓았다. 8개 여단을 정글에 침투시켜 일본군 배후에 영구적인 작전기지를 건설하고 일본군의 주요 거점을 공격한다는 것이었다. 기지에 활주로를 건설해서 항공 지원으로 보급을 유지한다는, 아무도 신뢰하지 않을 구상에 영국의 수상 처칠Winston Churchill이 매료되었다. 그는 윈게이트의 열렬한 지지자가 되었다.

처칠은 기발하고 대담한 모험의 예찬가였다. 갈리폴리 습격, 코만도 창설과 같이 두 번의 세계대전 동안 가장 대담하고 기습적이며 무모했던 작전의 배후에는 처칠이 있었다. 갈리폴리 습격 작전은 큰 참사로 끝났고, 코만도는 일회일비를 거듭하고 있었지만, 처칠은 자신의 태도를 꺾지 않았다. 윈게이트의 활약을 보고 받은 처칠은 그가 버마 전선의 난국을 타개할 수 있는 '대담하고 기발하며, 싸움을 할 줄 아는 적임자'라고 믿었다.

처칠의 지원으로 윈게이트의 계획은 착수되었다. 1만 2,000명의 병력을 정글과 일본군을 가로질러 배후에 침투시킬 방법이 가장 문제였다. 하지만 도전이 창의를 낳고, 창의는 또 다시 창의를 낳는 법이다. 전투기 에이스였던 코크런 대령이 글라이더 착륙이란 아이디어를 내놓았다. 수송기가 글라이더를 몇 대씩 매달고 수송하는 것이다. 당시의 글라이더는 파이프와 천으로 만든 단순한 것으로 캠핑용 텐트에 실려 하늘을 나는 격이었다. 그때까지 정글에서는 아무도 시도해본 적 없는 모험이었지만, 윈게이트와 코크런은 배포가 맞았다. 코크런은 단 일주일 만에 전 병력의 70퍼센트를 정글에 투하하는 데 성공했다. 일부 사고가 있었지만, 정글 횡단의 고통과 희생에 비하면 훨씬 적은 피해였다.

1943년 3월부터 8월까지 친디트는 '브로드웨이'라고 불린 정글 기지에서 일본군과 격전을 벌였다. 일본군이 공격해오면 격퇴하고, 일본군이 물러가면 진격해서 일본군 기지, 병참, 모든 공격목표를 닥치는 대로 파괴했다. 일본군 입장에서 친디트는 난데없이 신체 중심부에서 돋아난 암과 같았다. 일본군은 이제 거꾸로 그들이 정글이란 장벽을 뚫고 영국군을 공격해야 하는 처지가 되어버렸다.

이것이 윈게이트의 대단한 발상이다. 전술의 중요한 원칙은 적의 단점을 공략하는 것이다. 이때 보통은 적의 단점을 찾아내거나 적의 단점이 잘 드러나는 지형으로 적을 끌어내려고 한다. 그런데 버마처럼 적이 지리적 우위를 차지하고 웅크리고 있을 때는 어떻게 해야 할까? 그는 항공이라는 신기술과 인간의 한계에 대한 도전이라는 고전적 용기를 결합시켜 적의 정글을 내 정글로 바꾸어버렸다. 어처구니없게 정글이라는 장벽과 마주하게 된 일본군은 11개 연대가 궤멸하는 엄청난 피해를 입었다. 하지만 윈게이트는 이 승리를 보지 못했다. 1944년 3월 24일, 브로드웨이를 순찰하고 돌아오던 길에 비행기가 추락해 사망했다.

대차대조표의 숫자보다 상징적 의미를 담은 승리가 있다

친디트 부대의 활약에 대해서는 지금까지도 상반된 평가가 존재한다. 도전과 모험심을 좋아하는 사람은 친디트를 찬양하는 반면, 친디트의 활약이 언론에서 만들어낸 허상이라고 비판하는 견해도 있다. 일본군에게 큰 피해를 주었지만, 친디트 역시 참극에 가까운 희생을 냈다. 8월에 철수할 때는 1개 연대가 1개 소대로 줄어든 곳도 있었다. 무엇보다도 부대원에 대한 지독한 훈련과 혹사가 비판의 대상이 되었다.

친디트가 성공을 거두자 미군도 유사한 침투부대를 창설했다. 지휘관 메릴Frank Merrill 준장의 이름을 따서 메릴의 머로더스Merrill's Marauders라고 불리게 되는 이 부대의 대원 3,000명은 윈게이트 휘하에서 위탁훈련을 받았다. 윈게이트는 이들도 브로드웨이로 투입하려고 했지만, 정작 미군은 브로드웨이 행을 거부했다. 미군에게는 다른 구상이 있었다.

머로더스의 전술은 특공대에 의한 이중포위전술의 변형이다. 정규군이 정면을 압박하는 동안 머로더스는 정글과 산악을 넘어 행군해서 적의 측면과 뒤를 친다. 미군은 버마의 험한 지형에서 이런 우회기동이 불가능하다고 생각했는데 친디트의 정글 행군에서 가능성을 본 것이었다. 하지만 너무 고된 장거리 행군 탓에 머로더스는 협공의 타이밍을 맞추지 못했다. 따라서 섬멸전에는 실패했지만, 측면을 위협해서 일본군이 후퇴하게 하는 데는 성공했다. 그리고 일본군보다 더 멀리, 더 험한 길을 우회해서 다시 그들의 뒤와 후면을 노렸다. 머로더스의 입장에서는 가혹하고, 일본군에게는 끈질긴 머로더스의 행군은, 버마 북부 산악의 거점인 미치다 비행장을 점령하면서 끝났다. 마지막 전투를 마쳤을 때 전투 가능한 병력은 200명뿐이었다.

절반의 성공이었고, 대차대조표로 보면 이런 희생을 하며 얻을 가치가 있었는지 의문이 들기도 한다. 하지만 친디트와 머로더스의 습격은 버마 전쟁에 결정적 전기를 제공했다. 친디트와 머로더스는 연합군도 정글을 극복할 수 있음을 증명했다. 그것은 일본군 사령부의 버마 전술 근저를 흔들었다.

버마의 험한 지형은 수비에 큰 효과를 발휘해주었다. 하지만 연합군이 이를 극복했다면 그들이 또 다시 정글과 산악에 침투해서 일본군과 공방전을 벌일 수도 있었다. 수비가 어려워졌다고 판단한 일본군은 1944년 2월 무타구치 렌야牟田口廉也 중장이 지휘하는 15군을 이끌고 인팔인도 마니풀 주의 수도 공세를 시도한다. 버마 국경을 넘어 영국군의 배후기지인 인팔의 평원까지 들어가 영국군 주력을 섬멸하고, 인도인의 봉기를 유발한다는 구상이었다. 작전에 참여하는 병력은 12만 명이며, 이 공세의 핵심은 인팔로 진격하는 주력 3개 사단이었다. 그들은 정글을 가로질러 영국군을 3개 사단을 공격할 계획이었다.

하지만 아무리 일본군이라도 항공 지원을 받을 수 없고, 사실상 물자 보급이 불가능한 정글에서 영국군과 일대일 승부를 한다는 것은 애초에 무리한 작전이었다. 일본군도 이런 점을 예상하고 양동과 기습을 버무린 정교한 작전을 짰다. 일본군은 곳곳에서 영국군 수비대를 포위하고 거의 절망 직전의 상황까지 몰아붙이는 가공할 능력을 보여주었지만, 영국군도 위기에 몰리자 사력을 다해 싸웠다. 일본군은 마지막에 거의 일주일을 굶은 채로 싸웠다. 그리고 소멸했다. 절반이 전사했는데, 그 가운데 절반이 아사자였다. 아사가 아니라도 정글에 낙오한 병사는 포로가 되는 것을 수치로 여겨 자결했다. 인팔 공세의 좌절로 일본군의 버마 방어선이 자멸해버렸다.

우리는 '호랑이를 잡으려면 호랑이굴로 들어가야 한다'는 속담을 즐겨 쓴다. 그런데 이 말은 용기와 실천력을 분발하기 위한 수사적 표현일 뿐이다. 사냥꾼은 호랑이를 잡기 위해 호랑이 굴로 들어가지 않는다. 동굴 밖으로 나오게끔 유인해서 잡는다. 전술의 원칙은 적이 원하는 장소가 아니라 내가 원하는 장소에서 싸우는 것이다. 물론 전쟁사에서는 가끔 알렉산더처럼 적이 원하는 장소에 들어가서 승리한 경우도 있다. 하지만 그런 경우도 그곳에서 싸우는 것이 장점이 되는 요인을 발견하고 이용했기 때문에 가능했다. 같은 이유로 적이 유리한 장소에서 나오게 하려면 적이 유리하다고 판단하는 근거를 허물어야 한다. 수비에 지나치게 의존하는 적의 약점을 파고들어 수비의 상징적인 부분을 흔든다면, 작은 균열로도 적을 동요시킬 수 있다.

단점을 고치면 다른 단점이 나타난다

살라미스 해전
＊크세르크세스

그리스는 人자 형태의 땅이다. 갈라진 우측 끝이 아테네이고 좌측 가지가 스파르타가 위치한 펠로폰네소스 반도다. 펠로폰네소스로 뻗은 가지는 한 줄 낭떠러지인 얇은 코린트 지협으로 연결되어 있다. 그리스 연합군은 모두 우측 가지의 서쪽 해변인 살라미스에 모여 있었다. 그들은 함대에 전력을 기울여 바다에서 페르시아군과 대적할 것인지, 육지에서 싸울 것인지를 두고 격론을 벌이고 있었다. 아테네는 이미 페르시아군에게 함락되어 불바다가 된 이후였다. 아테네에서 피난한 군인과 주민들은 모두 배에 올라 있었다. 그들은 자신들의 두 번째 육지, 즉 배에서 싸우기를 원했다.

반면 스파르타와 펠로폰네소스 주변의 국가들은 펠로폰네소스로 후퇴해서 코린트 지협을 막고 저항하자고 했다. 이 전술은 꽤 가능성이 있어 보였다. 바로 얼마 전에 끝난 테르모필레 전투에서 스파르타의 300 용사가 수십 배가 넘는 페르시아군을 맞아 사흘이 넘도록 싸웠다. 페르시아군이 산 뒤쪽으로 난 우회로를 발견하고 스파르타군의 뒤로 들어오는 바람에 전멸하고 말았지만, 페르시아군이 기병을 사용할 수 없는 좁은 길에서 보병전으로 맞서면 그리스의 중장보병이 투구도 쓰지 않은 페르시아 경보병을 상대로 10배 이상의 전투력을 발휘한다는 사실은 확실히 증명했다.

의외로 많은 도시들이 스파르타를 지지했다. 이전의 전쟁에서도 그리스군은 마라톤 전투에서 승리했다. 해전보다는 육전이 그들에게 유리한 것 같았다. 그러자 아테네의 지도자 테미스토클레스Themistocles는 군대가 펠로폰네소스로 후퇴하면 아테네는 배를 타고 타국으로 집단 망명해 버리겠다는 생떼까지 동원했다.

한편 페르시아 진영에서도 똑같은 논쟁이 벌어지고 있었다. 황제인 크세르크세스Xerxes는 해전을 주장했다. 하지만 소수가 해전에 반대했다. 그리스의 양대 축인 아테네와 스파르타만 없애면 다른 도시는 저항하지 않을 것이 분명한데, 아테네가 이미 불탔으니 펠로폰데소스로 진격해 스파르타를 점령하면 그리스 전체가 항복할 것이라는 주장이었다. 펠로폰네소스 인구의 90퍼센트는 스파르타의 농노들이었다. 그들이 페르시아 황제를 해방자로 맞이할 수도 있었다. 또한 전황이 페르시아에 유리해지면 아르고스처럼 스파르타와 철천지원수인 도시들이 스파르타를 배신할 수도 있다. 이런 상황에서 터전을 잃은 아테네 백성과 싸울 필요는 더더욱 없었다.

몇 가지 현실적인 이유도 더해졌다. 육군이 패전하면 부분적인 패전에 불과하지만 해군이 패전하면 육군에게도 치명적인 영향을 미친다. 그리스와의 싸움은 육전보다 해전이 더 불리했다. 이것은 그리스만이 아니라 다른 모든 국가에서 마찬가지였다. 노와 돛에 의지하는 전근대의 함선은 조류와 바람의 영향을 크게 받는다. 육지의 지형과 달리 이것은 보이지 않기 때문에 해전에서는 홈그라운드가 훨씬 유리한 것이다. 반대하는 이들은 얼마 전에 벌어진 에우보이아 앞바다 전투에서도 페르시아가 패했던 사실을 상기시켰다.

이 의견은 충분히 합리적이었다. 하지만 크세르크세스는 해전에 대한 미련을 버리지 못했다. 그 이유는 분명하지 않은데, 테르모필레의 격전을 치르고 나서 육전에 대한 자신감을 잃었기 때문일 수도 있다. 더욱이 코린트 지협을 통과해야 하는데, 그리스인들이 이미 방벽을 쌓고 이 길을 요새화하고 있었다. 크세르크세스는 스파르타인 3,000명과 테르모필레의 혈전을 다시 벌이고 싶지 않았을 것이다. 더욱이 코린트 지협은 뒤로 돌아갈 우회로도 없었다.

결과론적으로 보면 양측 다 잘못된 결론을 내리고 있었다. 그 이유도 전혀 달랐다. 전제 국가였던 페르시아는 황제 크세르크세스의 눈치를 보느라 신하들이 적극적으로 반대 의견을 내세우지 못했다. 그리스는 집단 이기주의가 그들을 잘못된 길로 몰아갔다. 아테네와 스파르타의 권위는 팽팽했지만, 아테네가 페르시아에 점령당해 불타버린 반면 스파르타는 멀쩡했다. 많은 도시들이 스파르타에 붙었다.

이 해괴한 상황을 정리해준 것은 속도였다. 전제국가가 말 많은 민주국가보다는 결정 및 실행 과정이 빨랐다. 그리스 도시들이 열띤 논쟁을 벌이고 있을 때, 해전을 벌인다는 결심을 굳힌 페르시아 함대가 살라미스 해협을 포위했다.

배 378척으로 600척을 물리치다

그리스와 페르시아 해군의 전함은 거의 똑같았다. 페르시아는 육상국가여서 해전에는 약했지만 부족분을 해안의 그리스 식민도시를 점령함으로써 보충했다. 페르시아 해군의 거의 절반이 여기에서 보충한 그리스, 혹은 반 그리스인이었다. 순수한 동맹국으로는 이집트 수군이 가장 뛰어난 병사들이었다.

해전은 가늘고 좁은 형태의 배가 끝에 충각衝角: 적의 배를 들이받아 파괴하기 위해 뱃머리에 단 뾰족한 쇠붙이을 달고 상대의 배에 충돌하는 방식이었다. 이 충돌에도 요령이 있었다. 양쪽이 마주보고 달려와 충돌하는 것이 아니라 서로 정면으로 달려오다가 충돌 직전에 급회전하면서 적의 옆구리를 들이받는 것이 고난도 기술이었다. 급회전하는 방식은 자동차 스턴트맨들이 차를 옆으로 미끄러뜨리며 회전하는 방식과 유사했다. 빠른 속도로 전진하다가 한쪽 노의 속도를 줄이면서 배를 회전시킨다.

이 고난도 회전이 어려우면 좀 더 쉬운 방법도 있다. 적의 횡렬보다 아군의 횡렬을 길게 해서 좌우로 적을 감싸면서 적선의 드러난 측면을 공격하는 것이다. 이 방법은 함선의 수가 많을 때만 가능하다. 배와 배의 간격을 넓혀 횡렬을 늘리면 넓어진 틈 사이로 적선이 침투하기가 쉬워지기 때문이다.

적의 대형이 촘촘해서 침투도 안되고 아군의 병력이 적어 측면 포위도 곤란하다면 난전을 벌이면서, 적의 측면을 포착해 들이받는 수밖에 없다. 하지만 이 경우라도 충돌이 효과를 보려면 속도가 생명이었다. 전투 중에는 돛보다 노가 속도를 좌우한다. 전함들은 배에 노를

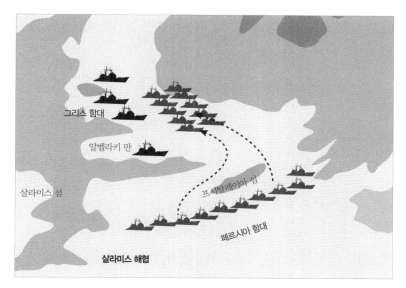

그리스 함대

알벨라키 만

살라미스 섬

프시탈레이아 섬

페르시아 함대

살라미스 해협

█ 살라미스 해전 | 아테네와 스파르타를 중심으로 한 그리스 함대는 2배에 가까운 페르시아 함대를 물리치기 위해 그들을 좁은 해협으로 유인했다. 그리고 반원형 방진을 펴자 원의 안쪽에 자리 잡은 꼴이 되어버린 페르시아 함선은 그 수가 아무리 많아도 그리스 함대보다 더 넓은 진을 펴지 못했다. 단순 숫자는 페르시아가 더 많지만 지형을 이용해 순간적으로 그리스가 수적인 우위를 차지한 전술이다.

더 많이 장착하려고 애썼다. 그렇다고 배를 무한정 크게 할 수는 없었다. 결국 노를 층층이 배치하는 방법을 개발했다. 이것을 2단노선, 3단노선이라고 한다. 3단노선은 노잡이만 150명에서 최대 170명이나 되었다. 노잡이는 엄청난 체력과 고도의 테크닉을 필요로 하며, 위험을 수반하는 직책이었다. 적과 스치거나 충돌할 때 특히 위험한데, 만약 적선의 노나 선체와 교차하면서 노가 부러지면 지렛대 원리로 그 충격이 노잡이에게 그대로 전해져서 갈비뼈나 복장뼈가 부러졌다.

살라미스 해전에서 그리스의 전함은 378척이었다. 페르시아군은 2배에 가까운 600척이었다. 그리스 함대 중 다수는 이 압도적 전력의 차이에 놀라 도망칠 생각이었다. 그러자 테미스토클레스가 이 정보를 페르시아군에게 흘렸다. 페르시아 함대는 탈주로로 진입해 좁은 해협을 가로막았다. 이를 위해 페르시아 해군은 밤새도록 노를 저어야 했다.

탈출로가 봉쇄되자 그리스군도 싸우는 수밖에 없었다. 그리스군은 좁은 해협으로 페르시아군을 유인한 뒤 반원형의 진을 쳤다. 이 진은 아주 교묘한 것으로 그리스군은 원의 바깥쪽에 페르시아군은 원의 안쪽에 위치하게 된다. 외선의 길이가 내선의 길이보다 길기 때문에 전함의 수에서 그리스군이 더 많아진다. 페르시아군은 함선의 수가 2배였지만 좁은 해협이라 적을 포위할 수가 없고 반원진半圓陣에 걸려 오히려 수적 열세에 몰렸다.

페르시아군의 유일한 장점인 수적 우위가 무력화되었다. 그뿐 아니었다. 같은 그리스인이라도 아테네 수군의 실력은 최고였다. 그 이유는 훈련도 한몫했지만 아테네 수군의 보수가 최고였기 때문이다. 비싸고 유능한 스턴트맨들은 모두 아테네로 왔다. 그들은 능숙하게 적선을 부쉈다. 이 시기의 전함은 목선으로, 선체에 구멍이 나고 파괴되어도 완전히 침몰하지 않는다. 좁은 해협은 금세 둥둥 뜬 목선의 시체로 가득 찼다. 이것은 숫자만 많은 페르시아군의 기동을 더 어렵게 했다. 난전이 되자 그리스 전함들은 더욱 기세등등해졌다.

고대의 해전에는 충돌 작전 외에 또 하나의 전술이 있었다. 보딩boarding이라고, 무장 전투병이 적선에 승선해서 백병전을 벌이는 바다 위의 지상전이었다. 충각으로 한 번에 배를 침몰시키면 좋겠지만, 선체를 두 쪽 내는 경우는 아주 특별하게 운이 좋은 경우이고 보통은 기동불능으로 만드는 정도였다. 따라서 그 다음은 보병 전투로 진행된다. 해협에 배와 난파선의 잔해가 엉키면서 충격보다는 보딩의 더 중요해졌다. 배들은 속도를 낼 수 없었고, 나중에는 거의 기동 불능이 되었다.

이는 그리스군에게 더 유리한 상황을 제공했다. 전투함에는 보딩을 대비해 보병이 승선해 있었는데, 그리스군은 중장보병이 주력이었고, 페르시아는 경보병이었다. 투구도 갑옷도 쓰지 않은 경보병은 기병의 엄호를 받거나 중장보병이 따라 잡을 수 없는 넓은 지형에서는 유리하지만 좁은 배에서는 중장보병을 당할 방법이 없었다. 하물며 파선하고 기울어진 배에서는 말할 것도 없다. 테르모필레보다 더한 살육전이 벌어졌다. 살라미스의 바다는 순식간에 페르시아군의 무덤이 되었다.

장점을 살릴까, 단점을 보완할까?

전쟁과 경영에서 가장 어리석은 질문이 장점을 살릴 것인지, 단점을 보완할 것인지 묻는 것이다. 단점을 보완하기보다는 장점을 살려서 성공했다는 사례와 반대로 자기도취에 빠져 단점을 경시하다가 패망했다는 사례가 동시에 존재한다. 어느 쪽이 옳을까?

살라미스 해전은 이 질문에 좋은 대답이 된다. 장점이든 단점이든 전투가 벌어지는 지형, 목적, 상대에 따라 정도가 달라진다. 페르시아의 장점은 수적 우위와 기병 및 궁병이었다. 그런데 좁은 해협에서 수적 우위는 의미가 없었다. 해군의 실력은 큰 차이가 나지 않았다고 해도 페르시아 해군은 완전히 탈진한 상태였고, 바다는 그리스군의 홈그라운드였다. 기병과 궁병은 해전에서는 전혀 쓸모가 없었다. 반면 그들의 단점인 중장보병의 결여는 치명적이었다.

단점을 고치면 되지 않으냐고 말할 수도 있지만, 단점은 항상 존재한다. 장점을 극대화하는 데는 한계가 있고 단점은 아무리 고쳐도 완전히 고칠 수 없다. 장점을 개량하면 새로운 단점이 나타난다. 그러므로 현장과 상황, 목표, 상대와 결합해서 발생하는 화학적 변화를 먼저 예측하고 방법을 선택하는 것이 최상이다.

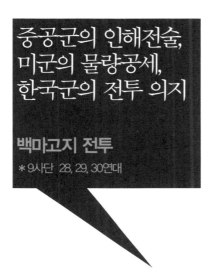

중공군의 인해전술,
미군의 물량공세,
한국군의 전투 의지

백마고지 전투
＊9사단 28, 29, 30연대

가능하면 상황을 단순화하려고 하는 것은 인간의 본능이다. 이는 전쟁에서도 예외 없이 적용되어 'A는 B에게 이긴다' '이 지형은 A에게 유리하다'라고 말하고는 한다. 하지만 실상은 그렇지 않다. 모든 지형은 누구에게나 단점과 장점을 함께 제공한다.

단순함은 분명 중요하다. 작전계획은 단순해야 한다는 철칙도 있다. 하지만 계획이 단순명료한 것과 상황을 단순하게 보는 것은 다르다. 작전계획이 고속도로라면 상황은 지형이다. 고속도로는 산을 뚫고 강을 건너 차를 시원하게 내달리게 만들지만, 그 도로를 건설하기 위해서는 복잡한 지형을 세밀하게 분석하고 극복해야 한다.

전투는 물론 비즈니스에서도 너무 많은 문제들이 상황판 위에 올라온다. 그러면 사람들은 자기에게 익숙한 것, 보고 싶은 것만 보고, 과거의 성공, 필승 전법에 기대기 시작한다.

제2차 세계대전과 한국 전쟁 때 미군에게도 필승의 전법이 있었다.

소모전이다. 이 세상에 미국의 물량공세에 필적할 나라가 없었다. 그러다가 호적수를 만났다. 한국 전쟁에서 미군은 포탄으로, 중공군은 병사의 수로 소모전을 펼쳤다. 세상에 유례가 없던 이 소모전은 일진일퇴를 거듭했다. 양쪽 다 성공의 추억에 사로잡혀 필승의 전술에 매달렸다. 그런데 같은 소모전이라고 해도 중공군 참전 초기의 전투, 즉 장진호 전투와 이어지는 미군의 삼팔선 탈환 작전은 전술적 의미가 있었다. 전장에서 목표와 도달점이 분명했기 때문이다. 하지만 1951년 그 유명한 고지전이 시작되면서 소모전은 악몽이 되었다.

1951년 6월 휴전 회담이 열리자 유엔군은 확전을 방지하기 위해 더 이상 공격하지 말고 전선을 유지하라는 명령을 내린다. 중공군과 북한군은 이 명령을 교묘하게 이용했다. 그들은 준비를 충분히 한 뒤 주요 고지를 기습해서 뺏고는 했다.

미군은 전선을 안정시키기 위해 중공군을 멀리 밀어내고 싶었지만 그럴 수 없었다. 당시의 전선이 형성된 철의 삼각지대_{평강·철원·김화를 잇는 삼각} _{지대로 한국 전쟁 당시의 전략적 요충지}는 첩첩산중으로 적의 공격거점인 고지를 뺏으면 고지 너머에 또 산이 있고, 왼쪽과 오른쪽에서 이어지는 봉우리가 있었다. 그야말로 '산 넘어 산'이었다. 미군이 고지를 기습한 중공군을 쫓아내도 북진이 불가능하니 중공군은 힘을 추스르고 다시 기습했다. 한반도 전체를 점령하기 전에는 소모전의 악몽이 끝날 것 같지 않았다.

경영에서도 종종 이런 일이 벌어진다. 라이벌 관계의 회사들 간에, 특히 둘 이외에 감히 필적할 회사가 없다고 자만하는 기업들 간에 종종 수렁 속의 고지전을 벌이곤 한다. 전쟁은 피와 생명을 담보로 하지만, 경영은 그 정도까지는 아니어서 이런 소모전이 더 자주 벌어지는 듯하다. 명심해야 할 것은 전략목표와 전략지점이 없는 전투는 벌여서는 안 된다는 점이다. 그리고 전술적 의미가 분명한 지역, 전투가 벌어질 수밖에 없는 지역에 역량을 모아 전투를 대비해야 한다. 한국 전쟁에서도 1년간의 소모전 끝에 다시 진정한 전투가 시작되었다.

제대로 된 군대의 자격－장비, 훈련, 그리고 절실함

전쟁 중에 북한이 절실히 차지하고자 했던 지역이 평강·철원의 고원평야였다. 이곳을 장악하면 남쪽에는 마땅히 방어선을 칠 만한 요지가 없어 국군의 방어선이 크게 후퇴할 수밖에 없다. 한국에서 비옥한 평야로 손꼽히는 철원평야는 경제적으로도 소중했다. 북한이 점령 중인 평강고원은 더 넓지만 쌀농사를 지을 수 없다. 용암이 굳어서 된 평강고원은 토질이 모두 현무암이다. 그 탓에 이곳에 내린 비는 모두 구멍이 숭숭 뚫린 현무암 사이로 흘러들어가 아래쪽의 철원평야에서 솟아난다.

지형적으로 철원평야의 전투는 북한이 유리하다. 북쪽으로 가파른 산맥이 빈틈없이 담장처럼 솟아 있다. 북쪽으로 진격하려면 수십 킬로미터의 산맥 전체를 점령해야 한다. 어느 고지를 점령해도 산과 산이 이어져 중공군은 증원 병력의 지속적인 투입이 가능하다. 반면에 철원 남쪽은 봉우리들이 섬처럼 군데군데 돌출해 있다. 고지는 고립되어 있고, 남쪽은 고지 하나만 빼앗겨도 주변의 감제 지역을 모두 내주고 철수해야 한다.

한국군으로서는 눈 뜨고 철원평야를 내주어야 할 판인데, 기적과도 같은 고지가 하나 이를 막아주고 있었다. 이곳이 백마고지다. 한국군은 이 작은 거점에 진을 치고 버팀으로써 철원평야가 북한에 넘어가는 것을 막고 있었다. 더구나 이곳은 철원평야를 십자로 교차하는 도로망이 지나는 교통의 요지여서 반드시 지켜내야 했다.

한편 중공군은 북한을 위해 상당한 희생을 감수하고 이 땅을 빼앗아주기로 했다. 중공군 중에서도 최정예로 꼽히는 38군의 114사단을 차출해서 3개월 동안 철저하게 훈련시켰다. 중공군은 미군과 싸우면서 군 현대화의 필요성을 깨달았다. 소련에게서 대규모 장비를 지원받았고, 만주에서 훈련을 실시했다. 그 성과를 시험할 때가 되었다. 백마고지 전투에 참가한 중공군은 미군보다 화력이 떨어졌지만 포병대에 전차까지 갖추었고, 보병들도 방독면까지 완비한 제대로 된 군대였다.

하지만 그 사이에 한국군도 변화하고 있었다. 한국 전쟁에 참전한 미군의 회고록을 보면 한국군의 능력에 대한 회의적인 서술이 가득하다. 한국군과 개인적인 교감이 있던 장병들은 한국군의 의지와 끈기, 감투정신을 높이 평가했다. 하지만 전투 규모가 커지거나 중공군을 상대할 때면 공황에 쉽게 빠졌다. 미군은 이런 한국군을 이해할 수 없었다.

여기에는 몇 가지 원인이 있었다. 첫째 중공군의 수준이다. 그들이 장비는 부실해도 결코 병력 수로만 밀어붙이는 야만적인 군대는 아니었다. 그들은 1920년대부터 전쟁을 해왔고, 보병들은 세계적 수준의 베테랑 전사들이었다. 여기에 온통 산악인 한국의 지형은, 흔히 인해전술이라고 불린 전술의 위력을 배가시켜 주었다. 굴곡이 많은 산악지형은 특정 지역에 대한 지속적인 집중공격을 가능하게 했다. 주변에 병력이 있어도 측면 지원이 불가능한 경우가 많았기 때문이다. 이 점을 이용해 1, 2개 대대가 1개 중대, 1개 소대의 방어구역으로 쇄도했다.

이런 공격에 대처하려면 소총이나 기관총으로는 어림도 없었다. 강력한 포격으로 적의 공격대열을 끊어 병력 투입을 저지하고, 그 틈에 방어선에서 수류탄과 기관총으로 적을 소탕해야 했다. 하지만 한국군은 포병이 부족했고, 중공군의 공격이 워낙 집요하고 방어 전투가 근접전 및 백병전으로 치러졌기 때문에 수비대가 빨리 지쳤다. 전투의 대부분이 야간 전투로 진행되는 데다 산악의 특성상 방어선 주변 상황을 잘 알 수 없었기 때문이다. 주변 방어선이 동요하거나 탄약이 부족해지면 병사들은 금세 공포에 빠졌다.

이 위기를 극복하려면 통솔력과 신속한 판단력을 가진 지휘관, 단결력과 희생정신을 갖춘 병사들, 예비대 및 물자의 효과적인 지원체제가 필요했다. 초기의 한국군은 이 모든 부분에서 노련한 군대와 싸우기에는 열세였다. 의지가 있어도 능력과 경험이 부족했다. 백마고지 전투를 지휘한 9사단장 김종오 장군은 이때 겨우 31세였다.

하지만 한국군도 이 약점을 개선 중이었다. 초급 장교와 병사들에 대한 체계적인 훈련이 시행되었다. 155밀리미터 포는 갖추지 못했지만, 9사단은 이전보다 훨씬 잘 훈련된 3개 포병대대를 갖추었고, 전차중대도 보유했다. 포병을 효과적으로 운영하기 위한 화력지원통제소도 설치했는데, 이는 한국 전쟁 중 최초였다.

장점과 단점은 언제나 함께 있다

1952년 10월 6일 중공군 114단 340연대의 공격으로 백마고지 전투가 시작되었다. 이날부터 10월 15일까지 거의 하루도 쉬지 않고 격전이 반복되었다. 아군은 9사단 예하의 28, 29, 30연대 병력 2만 명과 51, 52, 53 포병대대, 53 전차중대가 참전했다. 미군은 213 자주포병대대, 955 중포병대대, 73 전차대대가 참전했다. 중공군은 38군단 소속의 6개 연대에 지원부대를 더해 총병력 4만 4,056명이었다.

중공군은 이전과 달리 강력한 사전포격을 시행했는데, 2미터를 넘게 판 참호의 반이 깎여나갈 정도였다. 한국군과 미군은 즉각 대응포격을 실시했지만, 중공군이 사전에 동굴 진지를 강화하고 그 안에 포대를 설치한 탓에, 끝내 포대를 파괴하지 못했다. 이것이 고지전 내내 한국군에게 큰 부담이 되었다.

백마고지는 좁은 구릉이라 한국군, 중공군 모두 1개 연대를 교대로 투입하며 공격과 방어를 반복했다. 특히 중공군은 완전하게 엄폐된 북쪽 산지에 공격군과 예비대를 배치해두었다가 고지로 빠르게 접근할 수 있었다. 중공군이 개활지를 횡단해오면 한국군의 포격에 심한 타격을 입을 수 있었다. 중공군도 이를 알아차리고 개활지 대신 북쪽 산맥과 이어지는 백마고지의 북쪽 능선인 화랑고지를 주 공격루트로 삼았다.

반면 한국군은 지형상 백마고지에서 좀 떨어진 남쪽 구릉에 예비대를 두어야 했다. 이 예비대가 고지로 투입될 때는 개활지와 하천을 건너야 했다. 이동거리가 길어서 예비대의 투입 시기가 항상 중공군보

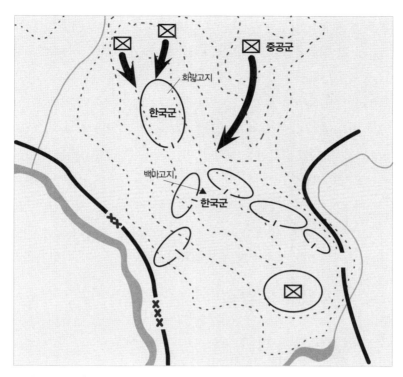

■ 백마고지 전투 | 중공군은 예비대를 백마고지로 바로 투입하지 않고 북쪽 능선인 화랑고지를 주 공격 루트로 삼아 백마고지로 공격해왔다.

다 한 박자 늦었다. 첫 공세는 거의 막아냈지만, 중공군은 어떤 때는 30분 만에 예비대를 투입해 지친 한국군을 몰아냈다. 한국군은 수비 단계에서 예비대를 투입하지 못해, 다시 힘들게 고지 탈환전을 벌이는 악순환을 계속했다.

하지만 백마고지의 지형이 중공군에게만 유리했던 것은 아니다. 중공군의 병력을 경험한 사람은 산의 모든 사면과 봉우리에 중공군이 가득하면 겹겹이 늘어선 산들이 파도가 되어 덮쳐오는 것 같다고 말했다. 하지만 백마고지처럼 좁은 지역은 공격로 역시 제한된다. 한국군과 미군은 강력한 화력으로 좁은 통로를 강타했다. 중공군이 15일 동안 발사한 포탄이 5만 5,000발인 데 비해 한국군과 미군은 21만 9,954발이었다. 여기에 공군과 전차대의 포격이 더해졌다. 공군은 주야로 하루에 수십 차례씩 출격해서 낮에는 네이팜탄과 로켓탄으로 공격하고, 밤이면 조명탄을 밝혔다. 이 조명 덕분에 중공군의 장기인 야간공격의 위력이 죽었다.

백마고지 전투는 매일 주인이 바뀌며 뺏고 빼앗기는 격전이 이어졌다. 이처럼 혼전이 계속된 이유는 지형과 장비라는 기술적 조건을 따져볼 때 서로간에 장점과 단점을 정확히 나누어 가졌기 때문이라고 할 수 있다.

마지막 순간에 승부를 결정하는 요소는 의지

고대의 병서에서 전투의 승패를 좌우하는 요소로 중시했던 것이 기세다. 기세는 현대어로 표현하면 사기에 정신력, 전투 의지 등을 포함한 의미라고 할 수 있다. 현대에 들어서 이 기세를 잘못 이해해서 현대화된 무기 앞에서 기대는 그다지 중요하지 않다고 간과하는 경향이 나타났다. 일본군의 만세돌격처럼 과신하는 것도 안 되지만, 기세와 정신력은 확실히 현대전에서도 전투의 결정적 요소다. 특히 양측의 전력이 유사하고 전술적 효용성이 한계에 달했을 때는 승리에 대한 의지와 단결력이 승부를 결정한다.

백마고지 전투에서 한국군의 전투 의지는 비장했다. 전투에 참전했던 지휘관들은 병사들의 군기와 지휘관에 대한 신뢰가 달랐다고 회고한다. 이런 사기는 비장한 전투를 이끌었다. 잘 훈련된 관측병들은 목숨을 걸고 정확한 포격을 이끌어냈다. 어떤 병사는 고지가 함락된 후에도 참호에 남아 자기 머리 위로 포격을 유도했다. 최선을 다하다 보니 전투 역량도 하루가 다르게 향상되었다. 처음에는 껄끄럽던 보급 지원과 식사추진_{야외에서 실시하는 배식} 체제도 날이 갈수록 원활해졌다.

하지만 중공군은 정말로 끈질겼다. 연대가 와해될 때까지 공격을 쉬지 않았다. 9사단의 전 연대가 기진맥진하자 10월 9일 백마고지를 방문한 밴플리트_{James Alward Van Fleet} 장군은 김종오 장군에게 은근히 미 3사단으로 교대해주겠다는 언질을 주었다. 하지만 김종오 장군은 여기서 전멸하더라도 우리 힘으로 사수하겠다고 말했다.

후반으로 갈수록 전투는 더욱 처절해졌다. 9사단은 보충병을 거의 받지 못했다. 첫 보충병 889명은 10월 10일에야 도착했는데, 장교는 한 명뿐이었다. 병사의 희생도 그렇지만 장교가 보충되지 않아 지휘력과 통제력이 계속 약화되어 갔다. 장교와 고참병사가 부족하니 전투 능력 또한 급속히 약화되었다.

엄청난 포격으로 참호고 대피호고 남아나지 않았다. 포격이 시작되면 즉석에서 호를 파고 숨어들어야 했다. 불행 중 다행으로 산 전체가 돌가루와 흙으로 뒤덮여 개인호 정도는 철모와 손으로도 쉽게 팔 수 있었다고 한다.

사단의 전투력이 크게 약화되자 정상적인 방법으로 고지를 탈환하는 것이 불가능했다. 10월 11일, 전 중대에서 특공대를 뽑아 수류탄을 들고 적의 기관총 진지로 돌격시켰다. 하지만 이렇게 빼앗은 고지를 또 다시 빼앗기고 말았다.

9사단의 극적인 방어전

일주일째 똑같은 전투가 반복되고, 희생자가 증가하면서 9사단의 전력과 사기에 위기가 닥쳤다. 많은 희생자를 내기는 중공군도 마찬가지였지만 그들은 대체병력이 풍성했다. 114사단이 소진되자 112사단 335연대를 끌어들였다. 이런 소모전으로는 한국군이 먼저 탈진할 가능성이 높았다. 이에 사단 지휘부는 지금처럼 백마고지 주봉을 사수하는 전술을 버리고 과감하게 북진해서 화랑고지와 북쪽 산맥의 장송고지까지 장악해서 중공군의 공격루트를 차단하는 작전을 구상했다. 과감한 만큼 위험도 컸다. 만약 중공군이 다시 새 부대를 동원해 화랑고지와 백마고지 사이로 밀고 들어오면 화랑고지로 진출한 부대는 와해되어버린다. 첫날 전투에서 화랑고지에 주둔했던 중대가 바로 이런 상황에 빠져 거의 전멸했었다. 하지만 여기서 포기하면 백마고지 전투는 이전처럼 미군에게 양도해야 하고, 한국군은 아직 자신의 나라를 지킬 능력이 없다는 평을 또다시 들어야 할 것이었다. 9사단은 과감한 진격을 결정했다.

10월 12일, 먼저 백마고지 주봉인 395고지의 탈환에 나섰다. 30연대 3개 대대를 투입했지만 전황이 여의치 않았다. 그러자 1대대 1중대 3소대장 강봉우 소위와 오귀봉, 안영권 하사가 수류탄을 들고 기관총 진지에 돌입해서 자폭했다. 이들의 희생으로 백마고지의 주봉을 다시 탈환할 수 있었다.

여기서 한국군은 서둘지 않고, 신속히 공격부대 일부를 교체하는 등 야간역습을 대비했다. 예상대로 중공군이 맹공을 퍼부었지만, 체력과 경험을 비축한 한국군 병사들은 이것이 승리의 분수령임을 깨닫고는 중대 병력이 3분의 1도 남지 않을 만큼의 손실을 입으면서도 물러서지 않았다. 백마고지 전투 가운데 가장 성공적이고 극적인 방어전이었다.

이날 밤 30연대가 방어에 성공함으로써 28연대를 화랑고지와 장송고지 공격에 투입할 수 있었다. 28연대는 지친 중공군 335연대를 몰아내고, 성공적으로 목표를 장악했다. 그러자 설마 했던 악몽이 닥쳤다. 중공군 112사단 336연대가 전선에 새롭게 등장했다. 이날 밤 장송고지를 지키던 28연대 1대대의 각 중대는 신병이 3분의 1 이상인 상황에서 남은 장교들마저 거의 다 쓰러졌다. 하지만 장교가 쓰러지면 하사관이, 하사관이 쓰러지면 사병이 지휘하며 물러서지 않았다. 며칠간의 전투가 병사들을 강인한 승부사로 바꾸었던 것이다.

이 격전으로 28연대는 장송고지를 사수했지만, 화랑고지의 거점 세 곳을 다시 빼앗겼다. 10월 14일 교대한 29연대가 화랑고지 탈환에 나섰다. 9사단으로서도 마지막 공세였다. 여기서 실패하면 더 이상 여력이 없었다. 15일 오전까지 지속된 사투 끝에 29연대는 화랑고지의 거점을 차례로 탈환하는 데 성공했다. 마침내 중공군 112사단은 주저앉았고 38군 전체가 공격력을 상실했다.

백마고지 전투에서 한국군은 3,428명이 전사했다. 중공군은 8,234

명이 전사하고 5,097명이 포로가 되었다. 미군의 화력 지원에 큰 도움을 받았지만 지형이 불리한 상황에서 중공군과 맞대결을 펼쳐 이런 승리를 거두기는 미군이라도 쉽지 않았을 것이다.

최근 한국 전쟁 시의 한국군에 대한 비판적인 시각이 자주 표출되고 있다. 무모한 전술로 병사들을 희생시켰다거나 정치가와 지휘부의 욕심으로, 심지어는 미국의 조종을 받아 무의미한 전투를 반복했다는 식의 주장이 그것이다. 하지만 이런 비판은 전쟁 당시 한국군이 처한 상황을 감안하지 않은 채, 현상만을 꼬집고 현재의 관점에서 재단하는 데서 나타나는 오류다. 역사든 경영과 개인의 경험에 대한 회고든, 잘못은 적출해야 하지만 잘못을 지적하기만 해서는 안 된다. 왜 그런 행동이 발생했고, 어떤 과정과 요소에 의해 문제가 어떻게 해소되어 갔는지 파악하는 것이 중요하다.

초기 한국군은 개별적으로 훌륭한 병사들은 많았지만, 잘 숙련된 군대나 중공군 같은 거대한 군대와 맞서기에는 전술, 훈련, 장비, 장교들의 리더십 등에 문제가 있었다. 하지만 백마고지 전투 당시 한국군은 개전 초에 비해 훨씬 잘 훈련되고, 잘 준비되어 있었다. 여기에 국토를 사수해야 한다는 의지와 더 이상 중공군의 만만한 표적이 될 수 없다는 각오가, 한국군에 만연해 있던 중공군 공포를 이겨냈다. 무엇보다 중요한 점은 조직이 제대로 구성되고 합리적으로 운영되자 지휘관과 병사 사이의 신뢰와 유대가 크게 증가했다. 이로 인해 장병들의 경험도 쌓이고 자기 성장의 속도 역시 확연히 달라졌다. 전투 후반에 객관적인 전력이 크게 약화된 상태에서도 신규 투입된 중공군 112사단의 공세를 격파할 수 있었던 것은 어제까지 신병이던 병사가 고참의 역할을 대신하고, 일병이 병장, 병장이 부사관의 역할을 대신하며 물러서지 않았던 결과였다.

모든 조직이 고심하는 문제는 구성원의 다양한 능력을 상대보다 빠르게 향상시키는 것이다. 이를 위해 교육과 훈련에 투자하는 비용도 적지 않다. 백마고지의 사례처럼 훈련과 사기가 중요하며, 이런 요소를 갖추지 못한 채 조직이 효율적으로 운영되고 발전하기를 기대하는 것은 넌센스다. 다만 훈련은 일종의 토양일 뿐, 이것이 구성원의 성장으로 연결되려면 조직의 전술과 운영방식 또한 개선되고 발전해야 한다.

흔히 경영의 전략과 전술이라고 하면 목표를 달성하고, 수익을 올리기 위한 효과적인 방법을 생각하는 경향이 있다. 피를 흘리며 고지로 돌격하는 병사들처럼, 힘들고 어렵고 불합리한 상황에서도 우리는 목표를 달성해야 한다. 그래서 경영현장은 곧 전쟁터이고 훈련은 그 고통과 불합리한 상황을 견뎌내게 하는 힘이다. 하지만 그것이 전부가 되어서는 안 된다. 이는 훈련을 전체적인 그림보다 개개인의 현재에만 국한하는 오류를 낳을 수 있기 때문이다. 따라서 조직원의 훈련은 지금 당장의 업무보다 더 큰 그림에서 수행되어야 한다.

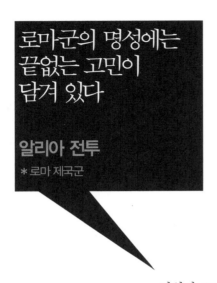

로마군의 명성에는 끝없는 고민이 담겨 있다

알리아 전투
＊로마 제국군

     기원전 390년(387년이라는 설도 있다) 로마 북방 알리아 강가에서 2만 4,000명의 로마군단이 곧 있을 전투를 기다리고 있었다. 로마군은 로마로 흘러가는 테베레 강과 작은 지류인 알리아 강이 Y자 형태로 흐르는 사이의 들판에 포진했다. 알리아 강을 건너면 로마로 가는 도로가 있고, 도로를 건너면 바로 경사진 언덕이 시작되었다. 긴 일자형인 로마군의 횡대는 알리아 강과 도로를 넘어 언덕 위까지 뻗어 있었다. 번쩍이는 투구, 잘 제련된 강철이 뿜어내는 차가운 광택, 질서정연한 사각 대형은 믿음직하고 굳건했다.

    로마군의 북쪽에 포진한 상대는 골족갈리아족인 세노네 족이었다. 그들은 알프스를 넘어 이탈리아로 들어와서는 이탈리아 북쪽의 에트루리아인을 몰아냈다. 체격이 크고 거칠었지만 갑옷을 입은 사람은 별로 없었다. 일부는 아예 상의도 입지 않았다. 방패와 무기는 조잡하고 투박했다.

긴장 속에서 로마군 병사들은 차라리 전투가 빨리 벌어졌으면 하는 심정이었다. 강철로 만든 투구와 갑옷은 따가운 지중해의 햇살에 너무 빨리 뜨거워지고, 알프스의 바람에는 한없이 차가워졌다. 투구는 무겁고 나무에 황소 가죽을 덧댄 둥근 방패는 골족의 방패와는 비교도 안 될 정도로 고급스러웠지만, 무게가 8킬로그램이나 되었다. 조금만 오래 서 있으면 팔의 힘이 다 빠져버렸다.

병력이 우세하고 갑옷을 입지 않아 기동성이 좋은 골족에게 측면이 포위당하는 것을 우려한 로마군은 배수진을 쳤다. 강을 사이에 두고 있어서 적이 측면을 우회할 우려가 없었다. 정면대결은 밀집 중장 보병대 최고의 장기였다. 특히 저렇게 힘만 믿고 덤비는 야만족에게 강철덩어리 밀집 대형은 무서운 타격을 입힐 것이었다.

갑자기 골족이 엄청난 함성을 지르며 돌격해오기 시작했다. 로마의 기준으로 그들은 야만족이지만 전투감각은 남달랐다. 그들은 먼저 우익의 언덕에 있는 분견대를 공격했다. 강과 도로로 분리되어 있던 분견대는 힘을 쓰지 못하고 쓸려나갔다. 갑작스런 사태에 로마군은 당황했다. 이제 골족이 언덕 위에서 로마군의 측면을 내려다보고 있다. 알리아 강은 너무 작아서 충분한 장애물이 되어주지 못했다.

그때 골족의 주력이 테베레 강에 붙어 있는 로마군 좌익의 끝으로 몰려왔다. 그들은 대형을 이루지도 않고 마구잡이로 달려들었는데, 가까이 접근해서 투창을 던진 다음, 칼과 도끼를 들고 육탄으로 로마군에게 달려들었다. 거구들의 육탄공격에 밀집 대형이 힘을 쓰지 못하고 병사들이 튕겨 나갔다. 병사들을 모아놓는 쪽보다 풀어놓은 쪽의 병력이 더욱 많아 보인다. 벌판은 온통 사납게 뛰어다니는 골족과 그들의 함성으로 가득 찼다. 오합지졸로 여겼던 골족의 마구잡이 공격이 웅크린 양떼에게 달려드는 늑대들과 같은 양상으로 바뀌어버렸다. 밀집 대형이 저들의 공격에 쉽게 부서진다는 생각이 들자 로마 병사들은 공황에 빠졌다. 그들은 뒤도 돌아보지 않고 달아나기 시작했다. 로마군은 대패했고, 로마 시까지 함락 당했다.

골족이 조금만 덜 야만스럽거나 조금 더 현명했다면 로마는 그날로 역사에서 사라졌을 것이다. 하지만 골족은 로마를 해체하는 대신, 황금 1,000파운드와 이탈리아의 미녀를 강탈하고 신이 나서 고향으로 돌아갔다. 그나마 로마는 저울눈을 좀 속여보려고 했지만, 야만족인 줄 알았던 세노네의 족장은 그 속임수마저 알아차렸다. 아마 그들은 주기적으로 미녀와 공물을 뜯어낼 수 있는 좋은 목장을 찾았다고 생각했을 것이다. 하지만 로마인들은 살찐 암소가 될 마음이 전혀 없었다. 그들은 골족의 위협에서 벗어나기 위해 그때까지 아무도 이룩하지 못했던 놀라운 군사 개혁에 착수했다.

이론으로는 완벽해도 실전에는 반드시 약점이 생긴다

이때까지 로마군은 그리스군의 체제를 모방한 조잡한 군대였다. 그리스처럼 시민과 자영농이 중장보병이 되었고, 정치적으로 권력과 영예를 얻었다. 좀 더 부유한 사람은 말을 탄 기사가 되었다. 하지만 말을 탔을 뿐, 전술적으로는 무용지물에 가까웠다.

일반적으로 중장보병전술은 무모하게 싸우는 야만족에겐 월등한 전술적 우위를 자랑한다. 하지만 골족의 강한 힘 앞에는 상대가 되지 않았다. 전술이 육체적 힘과 용기에 굴복한 것이다. 로마인은 먼저 강한 훈련이 강한 군대를 만든다는 사실을 깨달았다.

《로마 제국 쇠망사》를 지은 에드워드 기번Edward Gibbon에 따르면 '로마인은 용맹이란 기술과 훈련 없이는 불완전하다는 점을 잘 알고 있었다'고 한다. 라틴어로 군대라는 말을 훈련을 의미하는 단어에서 따올 정도였다. 평소에는 생업에 종사하다가 잠시 훈련을 받고 군에 복무하는 병농일치의 군대 편성을 과감하게 폐기하고 주력군단을 직업군인으로 대체했다. 군에 지원한 병사는 기본 훈련만 4개월이 걸리는 철저한 훈련을 받았다. 훈련은 실전을 방불케 했으며, 힘과 체력, 기술, 전술능력, 행군을 감당할 수 없는 병사는 바로 도태되었다.

하지만 병사 개인의 능력을 아무리 신장시켜도 골족의 힘을 당할 수는 없었다. 이 힘의 차이는 전술로 해결해야 했다. 중장보병의 힘의 원천은 밀집 대형, 즉 팔랑크스였다. 팔랑크스의 치명적인 약점은 대형의 균열이다. 팔랑크스 간의 전투는 한쪽 팔랑크스가 다른 쪽 팔랑크스를 잡아먹거나 분쇄하는 것이 아니라 균열을 먼저 내는 쪽이 이기는 것이었다. 가장 자연스러운 방법은 서로 상대방의 좌측면으로 전개해서 우익을 늘려 적을 감싸는 것이지만, 전면이든 좌측면이든 충돌과 접전이 벌어졌다고 할 때, 결국은 충돌지점에서 균열을 내는 것이 승부의 관건이었다. 대형에 균열이 생기면 그 벌어진 틈은 곧 측면의 노출을 의미했다. 상대는 쐐기를 박듯이 그 틈으로 파고들어 균열을 확장하고 병사들의 측면을 공격한다.

균열과 측면 노출에 대한 공포는 상당히 컸다. 노련한 병사일수록 눈치가 더욱 빨라서 균열이 발생할 조짐만 보여도 사기가 저하되었다. 이처럼 균열은 팔랑크스의 치명적 약점이었다. 문제는 이 균열이 항상 발생할 수밖에 없다는 것이었다. 적을 향해 걸어가는 중에도 자연스럽게 쏠림과 벌어짐이 발생했다. 잘 훈련된 의장대의 제식 대형처럼 엄청난 훈련으로 이를 해소할 수 있을지도 모르지만, 그것도 연병장에서나 가능하다. 지형이 만들어내는 쏠림은 방지할 방법이 없다. 울퉁불퉁하다거나 경사가 일정하지 않다거나 장애물이 있을 때도 그렇고, 화살과 투창이 날아오거나 전선 일부에서 충돌이 일어난다면 쏠림과 균열은 필연적으로 찾아온다. 사선 대형을 사용하게 되면서 이 문제는 더 커졌다. 최고의 의장대라도 열과 오를 맞추기는 불가능할 것이다.

어딘가에서 쏠림과 균열이 발생하면 주변의 병사들이 메워야 한다. 이것은 연쇄반응을 일으켜 대형이 점점 더 흐트러져 커다란 균열이나 구멍이 생긴다. 그리고 결국은 부실 건축물이 무너지듯이 팔랑크스가 무너진다. 그래도 팔랑크스 간의 충돌에서는 결국 약한 쪽이 먼저 무너지므로, 이것이 자연스러운 파괴의 메커니즘으로 이해되었다. 하지만 팔랑크스를 형성하지 않는 골족과의 전투에서 이 메커니즘은 치명적인 약점이 되었다. 과거 그리스의 팔랑크스가 상대했던 경보병이나 야만족들은 투창과 빠른 움직임을 무기로 거리를 두고 싸웠다. 하지만 골족은 육탄으로 충돌을 감행하는 경보병이었다.

로마군은 고심하기 시작했다. 그리고 어떤 경우에도 팔랑크스는 쏠림과 균열을 방지할 수 없다는 사실을 발견했다. 그것은 불치의 약점이었다. 그렇다면 어떻게 해야 할까? 그것을 장점으로 활용하는 것이

정답이다.

초기 그리스의 팔랑크스는 횡대 여덟 명이 8열로 구성된 64명 단위가 기본이었다(스파르타는 네 명씩 8열을 최소의 단위로 했다고 한다). 다만 실제 전투에서는 이 64명이 반드시 한 개의 팔랑크스를 만드는 것은 아니고, 상황에 따라 여러 소대들이 모여 팔랑크스를 만들었던 것 같다. 에파미논다스Epaminondas와 알렉산더를 거치면서 대형은 점점 커졌다. 알렉산더의 중장보병대는 16열×16열로 256명이 하나의 팔랑크스가 되었다. 이것을 '산티그마'라고 했다.

로마는 '센튜리'를 기본단위로 했는데, 기존 100명에서 60명으로 축소했다. 이 센튜리 2개를 묶어 전투 단위인 팔랑크스를 만들었는데 이것을 '마니플' 팔랑크스라고 한다.

30개의 마니플이 한 개의 '레기온'이 되는데, 이 구성이 독특하다. 마니플은 열 개 단위로 '하스타티'와 '프린시페스' '트리아리'라는 세 개의 독특한 전대를 구성한다. 이 구분의 기준은 나이였다. 하스타티가 가장 젊은 병사들이고, 트리아리에는 최고참 병사가 배속되었다. 단 트리아리는 전쟁의 경험이 많고 거기서 살아남은 고참이므로 병력의 수는 적었다. 그래서 하스타티와 프린시페스는 두 개의 센튜리가 한 개의 마니플이 되지만 트리아리는 한 개의 센튜리가 한 개의 마니플이 되었다. 따라서 한 개의 레기온 병력은 하스타티 1,200명, 프린시페스 1,200명, 트리아리 600명으로 총 3,000명이었다. 여기에 비장갑 경보병 1,200명이 더해지는데, 이들은 마니플당 40명씩 배속되었다.

전투 대형은 각 마니플을 횡렬 20명 6열 종대로 편성하고, 전위에는 하스타티, 중위에는 프린시페스, 후위에 트리아리를 두었다. 특징적인 것이 이 3위의 배치방식이다. 그리스는 팔랑크스 간의 간격을 가능한 한 좁혀 한 덩어리로 하지만, 로마는 마니플과 마니플 사이에 거의 한 개 마니플의 폭보다 조금 좁은 크기의 공간을 두었다. 그리고 중위의 마니플을 마치 체스판처럼 그 간격의 뒤에 배치했다. 후위의 트리아리는 다시 프린시페스의 뒤에 같은 방식으로 섰다.

실제 전투에서 마니플의 배열방식이나 공간은 상황에 따라 융통성 있게 조절했지만 중요한 원칙은 마니플 간에 충분한 간격을 둔다는 것이었다. 그 이유는 공간을 두려워하지 않고 활용하기 위해서였다. 공간으로 적이 침투하거나 위험할 정도로 벌어지면 뒤에 있던 마니플 이 즉시 공간을 메웠다. 이 공간을 메우는 기술과 타이밍이 중요한데, 나이순으로 전대를 나눈 것은 경험과 체력을 효율적으로 사용하려는 배려였다. 베테랑 병사들은 전투 경험은 많지만, 체력적으로는 떨어진 다. 일단 힘이 넘치는 하스타티가 적의 기세를 꺾고, 노련한 병사들이 공간을 메우거나 지친 적을 상대한다. 노련한 병사들은 전투 중에 특 히 상대가 약화되고 지쳤을 때 더 자주 발생하는 돌발상황, 즉 방어 에서 공격으로 전환해 역습을 한다거나 적의 약한 곳을 파고드는 그 런 역할을 맡았다.

마니플 사이의 충분한 간격은 방진 간의 교대, 부상병의 인출, 기 타 여러 가지 로테이션을 원활하게 했다. 전위의 방진이 싸우다가 지 치면 후위의 방진이 교대하고, 방진이 무너지거나 사망자가 생기면 바로 뒤의 병사로 교체했다. 로마군은 그 어떤 군대보다도 이 대형의 움직임이 뛰어났다. 적절한 로테이션은 체력 절감에도 큰 도움을 주 었다. 기초 체력은 골족이 좋았지만, 이 로테이션 방식 덕분에 로마군은 압도적 다수의 적과 부딪혀서도 더 강하게 더 오랫동안 싸울 수 있게 되었다.

투창 필룸과 사각 방패, 글라디우스의 탄생

새로운 로마군은 싸움의 방식도 달라졌다. 골족이 접근하면 먼저 투창을 던졌다. 필룸이라고 불린 투창의 위력은 강했다. 제대로 맞으면 몸통이 뚫리고 말에 탄 병사는 말에서 떨어졌다. 방패로 막아낸 병사가 방패와 함께 뒤로 나가떨어지는 경우도 있었다.

하지만 대부분의 투창은 골족의 방패에 저지되어 효과가 생각보다 적었다. 보통은 투창을 방패로 막아내면 창을 뽑아서 되던진다. 그런데 필룸은 창날을 연철로 만들었다. 이 창은 날아가 방패에 꽂히면 바로 구부러져 적이 다시 사용할 수 없다. 창 앞부분에 추를 달아 멀리 나가게 하는 효과를 냈고, 동시에 창의 무게를 증가시켜 타격력을 높였다. 체력이 달렸던 로마군은 창의 투척법도 개량했다. 창 뒤에 가죽끈을 달아 창 몸에 감아서 던졌다. 팽이를 돌리듯이 가죽끈이 창을 회전시켰으므로 더 멀리, 더 정확하게 날아갔다.

하지만 필룸의 진짜 목적은 다른 곳에 있었다. 살상이 아니라 적의 방패 해제였다. 필룸이 두세 개 박히면 골족은 창 때문에 거추장스러워진 방패를 버려야 했다. 창이 박힌 방패는 불편하고 들 수도 없을 정도로 무거웠다. 갑옷도 입지 않은 골족에게 방패가 없다는 것은 무방비 상태가 되었음을 의미했다. 공격의 함성과 돌진의 기세가 당장

수그러들었다. 보호구가 없는 병사들은 순식간에 전의를 상실했다. 그래도 용감한 전사들은 로마군 대형으로 달려들었다. 민첩한 병사는 방패의 보호벽이 없는 측면으로 돌았다. 하지만 이전보다 훨씬 커진 로마군의 방패 덕에 그들의 일격은 거의 차단되었다. 측면으로 돌아간 전사도 후위의 로마군이 너무나 신속하게 방패를 돌려 측면 방어막을 형성하는 것에 놀랐다. 이전의 팔랑크스는 이런 전환이 불가능했다.

팔랑크스의 힘도 몇 배나 강해져서 골족의 거구를 튕겨냈다. 심지어 방패 앞에 달린 돌기를 이용해 육탄으로 들어오는 골족을 강타했다. 쓰러지고 밀리는 골족을 향해 날카로운 검이 어김없이 튀어나와 벌거벗은 몸을 찔렀다. 로마군의 찌르기는 정교하고 빨라서 정확하게 뼈가 없는 지점을 노렸다. 양쪽에 날이 있는 뾰쪽한 검은 미끄러지듯이 피부와 살을 가르고 몸속으로 파고들었다.

이 가공할 찌르기는 특히 어디서 튀어나올지 알 수 없어서 두려움의 대상이 되었다. 로마군의 어깨와 팔은 방패에 가려 공격 방향을 예측할 수가 없었다. 오직 검만이 방패와 방패 사이에서 혹은 방패 위나 아래에서 불쑥 튀어나왔고, 그때마다 어김없이 가볍고 날렵하게 혈관을 자르거나 인대를 끊어놓았다.

갑자기 단단해진 팔랑크스의 비결은 방패였다. 그리스군의 방패는 원형이었다. 이 방패는 자신의 몸의 반, 좌측만을 가렸다. 우측은 옆 동료의 방패에 의존했다. 이렇게 서로 의지하게 만들어야 동료애가 생기고, 팔랑크스를 탄탄하게 유지할 수 있다고 믿었다. 또 자기 방패를 가운데로 두고, 자기만을 가리면 검을 휘두르기 어려웠다. 방패의 모양을 원형으로 고수한 것도 같은 이유였는데, 사각방패는 시야를 가리는 데다 적을 찌르려면 방패 전체를 내려야 했다.

그런데 원형 방패도 약점이 있었다. 원형이 공격을 허락하는 공간은 적에게도 공격할 수 있는 틈이 되었다. 골족은 로마군보다 체격이 컸다. 그들이 머리 위에서 내려치면 방패를 들어서 막아야 하는데, 그렇게 하면 자신의 하체는 물론이고 좌측병사도 방패의 엄호가 사라졌다. 골족이 2인 1조가 되어 한 명이 머리 위로 칼을 내리치고 방패가 들린 틈을 타서 다른 한 명이 방패의 엄호가 사라진 하체나 좌측병사를 공격하면 속수무책이었다. 더욱이 동료의 방패에 의존하는 방식은 실제 전투상황에서는 병사를 불안하게 하고, 팔랑크스의 결속력을 약화시켰다. 옆 사람과의 간격에 신경을 써야 했기 때문에 주의가 분산되고, 난전상황에서는 대형이 흐트러지거나 틈이 벌어지기 쉬웠다. 전진할 때도 그리스 군 대형은 똑바로 전진하지 못하고 항상 우측으로 비스듬히 움직이는 경향을 보였는데, 우측 병사의 방패에 의지해야 했기 때문이다.

로마군은 방패를 사각으로 만들어 병사 개개인이 옆 사람의 눈치를 볼 필요 없이 자신의 방패로 스스로를 엄호하도록 만들었다. 방패의 개량에는 시간이 좀 걸려서, 완전한 사각 방패로 변한 것은 1세기경이었다. 오랜 시간이 걸린 만큼 효과도 대단했다. 사각 방패의 도입은 혁신적인 변화를 야기했다. 방패와 방패가 아귀가 딱 들어맞아 바둑판처럼 완벽한 방패진을 형성할 수 있게 된 것이다. 이로써 팔랑크스가 벌어질 우려가 사라졌다. 로마군 방패진의 단합된 힘은 황소처럼 덤벼드는 골족의 충격을 충분히 막아냈다.

방패를 평판이 아닌 유선형으로 도안한 것도 걸작이었다. 방패가 몸을 감싸므로 폭은 좁고 몸을 보호하는 범위는 넓었다. 이로써 팔랑크스를 더욱 촘촘하게 할 수 있었다. 또 돌출해 있는 방패 중앙부는 적의 공격을 미끄러트렸으며, 공격용으로도 사용할 수 있었다. 로마군은 방패의 중앙에 쇠로 만든 공 모양의 추를 붙여서 적을 가격했다. 방패의 강도를 높이기 위해 두 겹의 목재를 아교로 붙였고, 겉에는 아마포와 가죽을 씌웠다.

그런데 사각의 방패는 원형과 달리 전면이 사각으로 막혀 막상 로마군이 공격할 공간도 없앴다. 이 약점을 해결한 것이 그 유명한 글라디우스다. 60센티미터 길이의 이 양날단검은 그리스군의 검과 길이는 비슷하지만, 그리스의 검이 찌르기와 휘두르기에 모두 중점을 둔 반면 글라디우스는 훨씬 얇고 끝을 뾰쪽하게 해서 찌르기의 위력을 높였다. 팔랑크스 전투에서 로마군은 검을 방패 위로 휘두르기보다는 방패와 방패 사이로 내밀어 찌르도록 개량함으로써 사각 방패의 약점을 해결했다. 휘두르는 검은 적이 볼 수 있지만, 글라디우스는 사각 방패의 어느 부위에서 튀어나올지 알 수 없었다. 글라디우스의 공격은 얄밉도록 치명적이고 위력적이었다.

한편 마니플 팔랑크스가 이룩한 유연한 대형을 활용하는 전술을 사용하려면 장교들의 호령과 신호를 신속하게 알아들어야 했다. 그런데 그리스식 투구는 눈 부분에만 구멍이 뚫리고, 코와 얼굴 전체를 감싸는 일체형이었다. 방패와 갑옷으로 중무장한 팔랑크스가 공격받기 쉬운 부분이 머리였기 때문에 투구는 무엇보다 강력해야 했다. 골족은 찌르기보다는 긴 칼을 휘두르는 공격을 선호했다. 이 칼은 상단이 아래로 15도 정도 꺾였는데, 방패로 막아도 방패 너머 적의 머리를 칼로 찍을 수 있었다. 이를 막기 위한 일체형 투구는 모든 투구 형태 중에서 가장 튼튼하지만, 좌우가 보이지 않고, 소리도 잘 들리지 않는 단점이 있었다. 이것은 팀워크와 통제가 생명인 로마군 신형 팔랑크스의 전술 원칙과 크게 어긋나는 것이었다.

로마군은 일체형 투구를 포기하고 오늘날의 철모처럼 머리만 감싸는 투구에 측면에 귀마개 같은 쇠를 붙였다. 얼굴 전체에 대한 방호기능은 떨어지지만 좌우가 보이고, 소리가 확실히 들렸다. 개인의 안전보다는 팀워크가 더 중요했고, 실제로는 그것이 개인의 생명을 보호하는 데도 효과적이었음을 깨달았기 때문이다.

재미난 사실은 이 수많은 개량 중에 로마인의 독창은 별로 없다는 것이다. 대부분이 그들이 싸운 타국에서 배운 것이다. 필룸이나 로마군의 상징이 된 글라디우스도 수입품이었다. 필룸은 정말 독특한 무기인데, 야만족의 문명에서 얻은 아이디어였다는 전설이 있다. 골족 중에 강철제련술을 모르는 종족이 있었다. 그들의 칼과 창은 너무 약해서 로마군의 방패나 투구를 타격하면 바로 휘었다. 그러면 이들은 칼을 땅에 내려놓고 발로 밟아 편 뒤에 다시 공격했다고 한다. 여기서 연철의 아이디어를 얻었다는 것이다. 갈리아와 게르만의 후손인 서유럽 역사가들은 말도 안 되는 이야기라고 반박한다. 갈리아와 게르만족의 유물 중에 훌륭한 강철제품이 발견된다는 것이다. 하지만 부족의 문명은 편차가 커서 그런 부족이 없었다고 할 수도 없다.

열린 마음으로 적의 장점을 수용하고 적보다 더 멋지게, 적이 생각지 못한 용도로 발전시키는 능력, 이것이 로마의 위대한 능력이고 그들이 제국을 건설할 수 있었던 바탕이 되었다. 역사적으로 보면 이런 개방성과 융통성은 정말 희귀한 것이다. 다른 나라의 예를 들 것도 없다. 조선의 경우 17, 18세기에도 외래문물인 총을 버리고 전통의 활로 돌아가자고 주장하는 사람이 많았다. 한말에 서양의 철선과 함포, 기관총이 나타나자 이미 현격하게 차이가 나버린 무기 수준을 따라갈 수 없으니 무기 경쟁은 포기하고 《손자병법》에 의지해서 나라를 지켜야 한다는 주장도 있었다. 이것도 꽉 막힌 시골 유생이 아니라 중견 무장들의 견해였다.

이것이 옛날이야기에 불과하고 현재의 우리는 그렇지 않다고 생각하는 사람도 있을 것이다. 하지만 현재는 포용의 양과 속도가 문제가 된다. 우리는 세계를 압도할 만큼 충분히 열려 있는가? 찾아내고 수용하고 개량할 수 있는 마인드와 능력을 갖추고 있는가? 이것은 기업과 경영자는 물론 개인 역시 고민해야 할 과제다.

실용문화의 힘

지금까지 언급한 로마군의 개혁은 한 번에 이루어진 것은 아니다. 특히 마니플과 방패의 개량은 꽤 오랜 시간이 걸렸다. 하지만 이런 개혁이 주는 교훈과 의미는 분명하다. 로마군 개량의 특징은 한마디로 정의하자면 팔랑크스의 단결력과 힘의 결집을 최대화하는 시스템 구축이었다. 이것이 작은 로마인이 체격과 인구에서 월등한 적을 제압할 수 있는 유일한 길이었다. 그 결과는 엄청났다. 로마군의 팔랑크스는 강철의 요새로 둔갑해서 골족과 게르만족의 돌격을 처참하게 분쇄했다. 카이사르는 겨우 15개 군단, 4만에서 7만 명의 병력으로 3,500만 인구의 갈리아를 정복했다. 카이사르 외에도 로마의 전성기에 로마군은 10배가 넘는 갈리아, 게르만족과 싸워서도 학살에 가까운 승리를 수도 없이 거두었다.

이러한 저력을 만들어낸 힘이 로마인의 실용적 사고, 현상을 과학적으로 분석하고 기술적 해답을 찾으며, 기술의 수용과 개발에 적극적인 그들의 독특한 능력이었다. 로마인들이 어떻게 해서 이런 실용적 사고를 지니게 되었는지는 어떤 역사가도 설명하지 못하고 있다. 다만 분명한 것은 이것이 주변 문화에서는 쉽게 발현되지 않은 독특한 능력이었으며, 로마 제국의 동력이었다는 사실이다.

우리는 로마의 문화를 실용문화라고 한다. 그런데 우리나라에서는 실용문화라는 용어 자체에 부정적 의미를 담는다. 그리스의 철학과 정신은 수준 높고 우아한 것이었지만, 로마는 모방에 법학과 공학 같은 사무적이고 기술적인 분야에서 성취를 보았다는 식으로 가르친다.

그리고 이런 교육 탓에 우리 사회에는 아직도 우리 주변에서 발생하는 현상과 문제를 관념이나 이념으로 포장하기를 좋아하고, 기능적으로 사고하고 해결하려는 노력을 부차적인 것으로 경시하는 경향이 만연하다. 문제의 해결책은 원론이 아니라 현장의 과학적인 분석 속에 있다. 원론은 해답이 아니라 방향을 제시하거나, 현실의 문제에 너무 집착해서 큰 그림을 보지 못할 때 필요한 것이다.

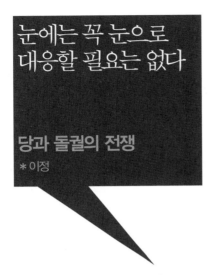

눈에는 꼭 눈으로 대응할 필요는 없다

당과 돌궐의 전쟁
*이정

'오늘도 우리는 전선을 굳건히 사수했다.'

전방 연대로부터 이런 보고가 왔다. 사령부가 기뻐할 만한 소식이었다. 하지만 이것이 진정 기쁜 소식이 되기 위해서는 다음 행동을 위한 계획, 승리를 위한 궁극적인 방안이 있어야 했다. 다음 계획이 없는 현상유지는 승리일 수 없다. 궁극적 승리와 승리의 가능성에 대한 포기의 선언일 뿐이다.

공격과 방어는 언제나 한 세트이며, 함께 존재해야 한다. 방어가 위험한 전술이 되는 이유는 방어가 지닌 잘못 때문이 아니라 '현실 안주' '현상유지'가 수많은 리더를 파멸에 빠트린 마녀의 유혹이기 때문이다. 이 유혹에 빠진 사람들이 곧잘 채택하는 전술이 '목적이 빠진 방어' '공격이 빠진 방어' '모험과 도전을 대체하는 방어' 전술이다.

역사적으로 보면 중국의 역대 왕조가 늘 이런 위험에 빠졌다. 중국 같은 대제국은 국내에서 막대한 부가 운용된다. 그룹의 자체 수요

만으로도 충분히 먹고 사는 계열사 같은 구조다. 그러므로 정치만 안정되면 위험하고 모험적인 공격을 자제하고, 방어에 치중하는 경향이 생긴다. 게다가 중국 국경 밖의 종족들은 하나같이 호전적인 기마민족이 많다. 생활여건도 나쁘고, 정복하기는 더 어려운 험지에 산다. 공격하고 정복해도 메리트가 없으니 방어에 치중하는 것이다.

수동적인 방어정책의 단점은 비효율이다. 국경 방어에는 엄청난 비용이 든다. 반대로 국경 밖의 약탈자는 소규모 부대로 기회를 봐서 침공하고 빠져나오는 효율적인 전투를 할 수 있다. 그래도 방어하는 측은 위험부담이 큰 공격보다는 방어가 낫다고 생각한다. 국경을 지키기 위해 방대한 병력과 군수를 사용하니 약탈은 허용해도 전면전에서는 승리할 수 있다는 자신감이 있는 것이다. 이런 가치관의 산물이 만리장성이다.

1만 리나 된다는 과장에서 시작해서 달에서도 보인다는 허풍과, 이를 쉽게 믿는 사람들의 마음은 중국식 방어전술이 지닌 헛된 기대와 일치한다. 막상 만리장성에 가서 성벽을 보면 누구나(설사 만리장성이 적의 침공을 저지한 적이 한 번도 없다는 사실을 모르는 사람이라도) 이런 의문이 들 것이다. 이런 성을 왜 쌓았을까? 1만 리나 된다고 하지만 성벽은 낮고, 그리 대단한 구조물도 없다. 일단 너무 길어서 전 구역을 감시할 수도 없다.

이 거대한 낭비와 비효율의 덩어리는 사실 유목민족에 대한 중국인의 전투 포기와 자신감 상실을 대체하기 위한 것이다. 이것이 만리장성의 비극이다. 공격을 포기하고 현실에 안주하겠다는 방어전술처럼, 만리장성은 유목민족에 대한 전투력 열세를 인정하고 그 상태를 극복하려는 노력의 포기를 내포한 것이었다. 원래는 그런 뜻이 아니었다고 해도 유혹에 약한 인간은 결국 그런 결말에 다다랐다.

방어에만 치중하다 보면 매너리즘에 빠지고, 군대는 금세 타락하고 나태해진다. 반면 유목민족은 항상 초원에서 말을 달리고, 끊임없는 습격으로 전투력을 높인다. 결국에는 방어하는 쪽이 빈틈을 보이고, 공격하는 쪽은 거대한 적을 꺾는 전술을 개발하게 된다. 그래서 장성 밖의 유목민들은 기회만 잡으면 언제든지 장성을 넘었고, 중국의 몇 개 왕조를 멸망시켰다.

이정, 중국군의 표준전술을 만들다

중국군이 유목민족을 두려워한 이유는 기병 때문이다. 진시황秦始皇이 중국을 통일할 때만 해도 중국에는 기마술이 널리 보급되지 않아 기병보다는 전차를 애용했다. 전차는 지형의 제약을 많이 받고 선회가 어렵기 때문에 보병에게는 강하지만 기병의 기동력을 당할 수 없고 전술적 응용력이 크게 떨어졌다. 말도 문제였다. 진시황의 병마용에서 출토된 진나라의 군마를 보면 머리는 크고 몸통과 다리가 굵고 튼튼하게 생겼다. 이 말은 진나라와 가까운 중국 북서부 간쑤성 지역에서만 생산되는 품종으로 추정되는데, 중국 본토에서 생산되는 말보다 우수한 품종이라고 한다. 진나라가 중국을 통일하면서 누린 무적 군대의 명성에는 이 말도 한몫했을 것이다.

하지만 이 튼튼한 말이 전차를 끄는 데는 우수했겠지만, 기병전에서는 세계 최고 품종의 고향인 중앙아시아나 몽골의 말을 당할 수 없었다. 기병 개개인의 승마술과 전투력도 태어나서부터 말과 함께 사는 유목민의 실력을 당할 수 없었다. 한무제漢武帝가 흉노를 정벌할 때도 월등한 속도로 움직이며 활을 쏘아대는 흉노족 경기병 세 명에게 중국 기병 100명이 거의 전멸했던 적이 있었다.

하지만 중국군이 유목 기병에게 늘 당하기만 했던 것은 아니다. 빛나는 승리의 시기도 있었다. 그 대표적인 인물이 당태종唐太宗이다. 비록 고구려 원정의 실패로 체면을 구겼지만, 고구려에 패하기 전까지 당태종은 중국인들이 무척 두려워하던 투르크족과 티베트의 기병에게 대승을 거두었다. 이 승리의 비결이 당태종이 발굴한 명장 이정李靖의 새로운 전술이었다.

수나라의 관리였던 이정은 당태종이 장안을 점령한 뒤에 그의 부하가 되었다. 특히 돌궐 원정에서 돌궐의 왕 힐리가한頡利可汗에게 완벽한 승리를 거둠으로써 당나라 최고의 명장이 되었다. 그는 체계적인 병서를 남기지 않아서 오랫동안 제대로 된 평가를 받지 못했지만, 그의 개혁은 16세기 화약무기가 보편화되기 전까지 중국군의 표준전술이 되었다. 이정의 개혁안은 중국군의 장점을 활용한다는 것이 특징이었다.

전통적으로 유목민족은 기병이 뛰어났고, 중국군은 보병이다. 보병은 사실 뛰어났다기보다는 인구가 많아 숫자로 밀어붙이는 바람에 뛰어난 것처럼 보였다. 중국군에서 굳이 뛰어난 부분을 찾자면 노병이 있었다. 노병은 쇠뇌石弓를 사용하는 병사를 말하는데, 중국군은 활의 성능과 궁술이 유목민족에 뒤졌기 때문에 노병의 비중이 높았다. 반면 쇠뇌는 두 손, 때로는 발까지 사용해야 하고 무겁기 때문에 유목민족의 기병들은 쇠뇌보다 활을 애용했다.

그런데 활은 쇠뇌로 대체할 수 있지만, 기병은 없어서는 안 되는 병과였다. 그래서 중국군은 자신들의 단점, 즉 기병을 보완하는 방식을 채택할 수밖에 없었다. 하지만 아무리 노력해도 중국의 기병은 질이나 양으로 유목민의 기병을 능가할 수가 없었다. 이 단점을 다시 병력과 물량공세로 덮으려고 하니 재정 부담이 크고, 패하면 손실도 엄청났다.

따라서 중국군의 장점을 계발하는 방식을 사용하려면 먼저 중국군에게서 새로운 장점을 발굴해야 했다. 이정은 그 장점을 발굴하는 새로운 시각과 방법론을 찾아냈다.

아무도 감히 시험하지 못한 삼각형 진을 구상하다

유목민족의 기병과 중국의 노병이라는 서로의 장기는 외형적 현상이다. 그런데 유목민족의 기병이 강한 이유는 초원을 떠도는 그들의 생활에서 기인한다. 그렇다면 중국의 장점도 중국의 사회와 문화 속에서 찾아야 하지 않을까? 이정이 여기서 세 가지 장점을 뽑아냈다. 유목민족과 달리 체계적인 국가와 사회제도가 만들어내는 조직력, 교육 능력, 그리고 물자다. 그는 자신이 발견한 새로운 장점을 중국군의 편제와 전술에 적용시켰다.

먼저 그는 보병의 기본 대형을 사각형의 방진에서 삼각 대형으로 바꾸었다. 병력이라는 장점을 활용하는 방법이 무엇이냐고 물으면 대다수의 사람이 인해전술이라고 답한다. 하지만 실제로는 진의 크기를 늘리고 병력을 과도하게 투입하면 군대는 그만큼 둔해져서 기동성과 효율성이 떨어진다. 이것은 중국의 진정한 장기인 조직력과 교육 능력은 물론 병력과 물자라는 장점도 훼손시킨다. 수양제가 실패하고, 다리우스와 크세르크세스가 실패한 이유가 이것이다. 역사적으로 과도한 병력에 의존한 군대치고 성공한 사례가 없다.

이정은 병력이라는 자원을 전혀 다른 방식으로 이용한다. 그는 진을 크게 하는 것과는 정반대로 한 개의 방진을 두 개의 삼각형으로 나누었다. 기본 진형을 삼각형으로 한 것도 대단한 아이디어였다. 원래 모든 진형의 기본은 방진이다. 방진은 수비와 공격에 모두 사용할 수 있기 때문이다. 그 외의 형태인 삼각형, 원진, 장사진 등은 아주 특수한 상황에서나 사용하는 편법이다. 삼각형의 경우는 적진을 좁게 파고들 때 사용하는 진형인데 방어가 불가능하다는 치명적인 약점이 있다. 그러면 이정은 왜 삼각형 진형을 기초 대형으로 했을까?

사각형을 합치면 사각형 이외는 만들 수가 없다. 그 외의 도형은 억지로 만들면 모두 모자이크가 된다. 하지만 삼각형은 모든 도형의 원형이다. 사각, 원, 다각형 모든 것을 만들 수 있다. 이것이 이정이 낸 아이디어의 핵심이다. 삼각형 진의 인원은 기존 방진의 절반으로 줄었고 진의 수, 즉 단위부대의 수는 2배로 증가했다. 규모가 작아진 진은 더욱 민첩해지고 상황에 따른 대형 변경 능력과 속도 역시 크게 증가했다.

구조와 문화 속에 내재한 장점을 찾다

단순하게 병력을 늘리는 것과 병력의 단위 및 포메이션 능력을 증가시키는 것은 효율성에서 엄청난 차이가 있다. 방진을 크게 하고 병력을 늘려봤자 전투가 벌어지면 뒤에 있는 병력은 놀게 된다. 병력 효용성은 떨어지고 전술적 장점은 별로 없다. 하지만 상황에 따른 포메이션을 증가시키면 병력의 전술적 효율성은 크게 증가한다.

진법은 이전에도 있었지만 대형 변경이 곤란했기에 대체로 싸우기 전에 배치를 마치고 거의 방진을 기본 형태로 유지했다. 하지만 이정의 개혁으로 진법은 아주 현란하고 변화무쌍한 전술로 변했다.

이 전술은 유목민과의 전투에서 더욱 위력을 발휘했다. 유목 기병은 거칠고 야성적이지만 삶 자체가 자기중심적이고 교육 수준도 떨어졌다. 그러다 보니 복잡한 대형을 만들거나 습득하는 능력도 뒤쳐졌다. 더 큰 문제는 기병의 진형이 말의 지능이 감당할 수 있는 수준으로 한정되어 있다는 점이었다. 이정의 전술은 기병의 이 약점을 아프게 파고들었다. 유목 기병 중에서도 최강의 병종은 중장기병이다. 탱크처럼 밀고 들어오는 이들은 같은 병종이라도 맞상대하기가 어려울 정도였다. 그래서 이정은 중장기병대는 과감하게 줄이는 대신 값싸고 훈련도 쉬운 경기병대를 키웠다. 그 결과 경기병의 수도 유목민을 압도하게 되었다.

속도를 장점으로 하는 경기병대는 유목민족보다 개개인의 능력은 떨어져도 다양한 전술 운영 능력을 보유했다. 특히 기병과 보병의 혼용전술이 탁월했다. 일례로 이정은 공격할 때도 보병과 기병이 교대로 전진해서 적의 50보 앞까지 가서도 보병이 공격할 것인지, 기병이 공격할 것인지 적이 알 수 없게 했다. 이런 기동은 당시의 유목민족에게는 불가능했다. 경기병대는 매복, 후방기습, 추격과 섬멸에서 탁월한 능력을 발휘했다. 과거에 중국군이 유목민족에게 이기기 힘들었던 것은 전투에서 승리해도 도망가는 적을 쫓아가서 섬멸할 능력이 되지 않았기 때문이다. 그런데 증강된 경기병대는 이 일도 훌륭하게 해냈다. 이 경기병대 때문에 당과 벌인 전투에서 돌궐은 유례없는 엄청난 피해를 입고 서쪽 땅으로 떠나야 했다.

마지막으로 유목 기병의 주요 전력인 중장기병에 대해서는 사격으로 대응했다. 이 전술을 위해 전 보병의 3분의 1을 궁수와 노병으로 편제하기도 했다. 보통 이렇게 하면 보병의 백병전 능력이 떨어지는데, 이정은 이 문제도 간접하게 해결했다. 기병이 근접하면 활과 쇠뇌를 버리고 창병으로 전환했다. 활 하나가 보통 비싼 것이 아니었기 때문에 가난한 나라는 도저히 사용할 수 없는 전술이었다.

이정의 성공은 오늘날의 경영과 조직 운영에서 인문학적 소양이 왜 필요한가를 말해준다. 한 사회의 특징, 장점, 기호를 정확히 진단하고, 적용하기 위해서는 그 사회의 역사와 문화적 요인을 파악해야 한다. 유목민족의 사례처럼 그 연결고리를 쉽게 유추할 수 있는 경우도 있지만, 중국처럼 추상적 형태 속에 숨어 있는 경우도 있다. 더욱이 오늘날의 세계는 하루가 다르게 변하고, 기업은 다양한 국가와 문화를 상대해야 한다. 그저 과거의 경험을 외워서 적용하거나 '중국 사람은 붉은색을 좋아한다'는 것처럼 눈에 보이는 현상만을 따라다녀서는 결코 성공할 수 없다.

Part 3

쉬운 길의 유혹에 빠지지 말라

기발한 전략과 전술, 짜릿한 승리를 책으로 읽거나 영상으로 보면 한껏 흥미를 느끼지만, 실제 전투는 어떤 말로 미화해도 끔찍한 것이다. 전쟁이 휩쓸고 간 곳에는 파괴만 남고 수많은 생명과 안락한 삶이 일그러진다. 그러다 보니 막상 그 두려움 앞에 서게 되면 어떤 리더라도 가장 안전하게 승리하는 길, 가장 피를 적게 보는 전술을 찾게 마련이다. 문제는 이것이 더 큰 그림을 보지 못하게 하고 시야를 한정한다는 것이다. 예를 들어 가장 안전한 전술, 가장 쉬워 보이는 지점은 상대도 알고 있다. 따라서 그곳이 오히려 치열한 격전지가 될 수 있으며, 더 큰 희생을 불러올 수 있고 패배로 이어진다. 실제로 제2차 세계대전에서 전쟁이 본격화되기 전에 그 의욕을 꺾기 위해 시작된 민가와 물자공장을 포격하는 전술은 도쿄에서만 50만 명의 민간인 희생자를 냈다.

도쿄 대공습만큼 끔찍하지는 않지만, 아우스터리츠 전투에서 러시아군의 쿠투조프는 고지를 내준 나폴레옹의 전략을 읽지 못하고 가장 안전한 길을 택했다가 패했다. 우리는 쉬운 길에 빠져 패한 전투들을 살펴보고, 목표에 달성하기 위해 우리가 외면해서는 안 되는 난관을 마주하고 극복하는 법을 배울 것이다.

돌발상황,
잠재적 능력까지
지배한다

아우스터리츠 전투

＊나폴레옹

1805년 12월 2일 오전 8시 오스트리아의 아우스터리츠 평원현재 체코의 슬라프코프에 병사들의 힘찬 전진과 포성이 울려퍼지고 있었다. 10킬로미터에 육박하는 긴 전선에서 약 8만 5,000명의 병사가 자신이 명령받은 지점을 향해 행진하고 있었다. 그것은 전쟁터에서 가장 뿌듯한 순간이었다. 열을 지어 행진하는 보병들의 보무당당한 대열, 승리를 향해 행진하는 확고한 걸음걸이. 전선의 중앙 프라첸 언덕에 있던 동맹군 장군들은 마침 진하게 낀 아침 안개 때문에 위대한 순간을 보지 못하는 것을 아쉬워했다.

승리는 확실했다. 러시아-오스트리아 동맹군의 병력은 프랑스군의 2배나 되었다. 전선은 길고, 무대는 수비에 도움을 주는 지형도 거의 없는 평원이었다. 프랑스군은 아군의 수에 맞춰 무리하게 전선을 확장했으니 병력의 비율이 불균등했다. 중앙과 좌익은 그럭저럭 채웠지만, 우익은 형편없이 적은 병력을 배치했다. 우익에 유일한 장애물, 강과 마을이 있었기 때문이다. 게다가 프랑스군은 자국 내 사정으로 초조한 상황이었다. 동맹군의 승리는 확실했다. 맹수가 부상을 입고 주저앉은 동물을 사냥하는 격이었다. 맹수는 천천히 주위를 돌며 사냥감을 요리할 방법을 궁리한다. 어디를 어떻게 물어뜯을까?

동맹군이 찾아낸 방법은 적의 아킬레스건, 약한 우익을 물어뜯는 것이다. 이럴 때 세 가지 방법이 있다.

1안: 멀리 떨어진 적의 우익은 무시하거나 소수 병력을 보내 현 위치에 고착시킨다. 그 사이 남은 병력을 모두 동원해 중앙과 좌익을 친다. 승리하면 효과는 확실하다. 단순한 작전이지만 정면공격이라 아군의 희생도 클 것이다. 적군의 단위 전투력은 우리보다 강하다.

2안: 적의 중앙, 좌익, 우익에 적당한 병력을 보내 각각 교착시키고, 중앙과 우익의 사이의 빈 공간으로 주력부대를 투입한다. 이들은 적의 중군의 뒤로 돌아 포위해 섬멸한다. 그러면 좌익도 무너진다. 매우 좋은 방법 같지만, 아무래도 적의 우익이 불안하다. 혹시 그곳에 적의 대군이 매복해 있다면 중앙과 우익 사이로 들어간 아군 주력의 뒤를 습격할 것이다.

3안: 중앙과 좌익을 고착시키고, 최대한의 병력을 우익으로 보낸다. 우익을 섬멸하고, 중앙과 좌익을 친다. 최악의 경우 적의 우익이 필사적으로 저항해서 섬멸에 하루가 소모된다면 중앙과 좌익을 포위할 시간이 부족해진다. 그렇다고 해도 우익을 포위해서 섬멸하면 중앙과 좌익은 더 이상 버틸 수 없어 후퇴할 것이다. 승리가 보장되는 안전한 방법이다.

어떤 방법이 좋을까? 이 문제의 답은 뒤로 미루고 현장으로 가보자. 절반의 병력으로 적과 대치하고 있는 군대는 나폴레옹Napoleon Bonaparte이 지휘하는 프랑스군이다. 나폴레옹이 황제가 되고 유럽을 제패하려는 야심을 드러내자 전 유럽은 국가의 방어를 위해 혹은 나폴레옹이 전파하는 자유주의의 파도를 막기 위해 동맹을 결성했다. 1805년 오스트리아, 러시아, 영국이 주도하는 3차 대불동맹이 그것으로 그간의 대불동맹 중에서 가장 강력하고 위협적인 것이었다.

오스트리아와 러시아는 개별 병력만 해도 프랑스보다 많았다. 영국은 바다 건너에 있었지만 그들의 강력한 해군은 프랑스로서는 감히 넘볼 수 없는 것이었다. 여기에 유럽의 최강자 프로이센마저 대불동맹에 가담하려고 하고 있었다. 나폴레옹의 전략은 언제나 기동과 타격에 의한 속전속결이었다. 그래서 대불동맹군이 결집하기 전에 각개 격파를 시도했다.

초조한 나폴레옹과 여유 있는 쿠투조프

1805년 울름 전투에서 나폴레옹은 오스트리아군을 상대로 대승리를 거두었다. 오스트리아는 7만 2,000명의 병력 중 6,000명을 잃었다. 나폴레옹은 바로 러시아군을 향해 진격했다. 오스트리아군과 합류하기 위해 전진하던 러시아군의 리더는 톨스토이Lev Tolstoy의 《전쟁과 평화》에 주인공으로 등장하는 미하일 쿠투조프Mikhail Kutuzov 대공이었다. 그는 실전을 풀어가는 능력은 둔했지만 러시아군 장군 중에서는 나름 뛰어난 판단력과 전술적 혜안을 지닌 인물이었다. 나폴레옹 군의 진격을 보고받은 그는 후퇴를 명령했다. 쿠투조프는 교과서적인 후퇴를 거듭했는데 나중에 나폴레옹의 러시아 침공까지 보면, 후퇴에 일가견이 있었다. 하지만 그가 맹목적인 후퇴를 한 것은 아니었다. 러시아의 2차 지원군과 오스트리아의 나머지 병력이 그를 향해 다가오고 있었다. 조금만 더 버티면 프로이센도 가담할 것이었다. 쿠투조프는 여유가 있었다. 러시아와 오스트리아, 프로이센이 가세하면 천하의 나폴레옹도 당할 방법이 없을 테니 승리가 코앞이었다.

반면 나폴레옹은 초조했다. 트라팔가르 해전에서 프랑스 해군이 영국의 넬슨Horatio Nelson 제독에게 참패를 당한 것도 악재로 작용했다. 나폴레옹은 오직 군사적 영광에 의해 황제로 즉위한 인물이다. 단 한 번의 패전으로도 쿠데타가 발생할 수 있다는 사실은 나폴레옹 자신이 누구보다 잘 알았다. 여기에 육군마저 패하면 사태를 돌이킬 수 없었다.

웬만한 황제라면 즉시 전장을 이탈해서 후퇴할 것이다. 나폴레옹 휘하 장군들은 모두는 쿠데타가 나기 전에 파리로 돌아가야 한다고 생각했다. 하지만 나폴레옹은 인생을 건 모험을 하기로 한다. 많은 위대한 지휘관들의 승리 비법 중 하나는 '지금 이 순간'에 집중한다는 것이다. 경제적·사회적 요건, 자신의 인생과 미래 같은 여러 가지 것들을 생각하다 보면 전술은 어긋나게 된다. 집중력을 잃기 때문만이 아니다. 인간은 편안함, 안전함에 끌리는 본성이 있다. 전술 및 작전을 구상할 때 이런 간접·배후 요인을 개입시키면, 전쟁의 불안, 위기, 고통을 회피하는 변명으로 작동하기 때문이다. 그래서 결전의 상황에서는 현장의 논리에 집중할 필요가 있다. 그것만이 가장 합리적인 판단을 가능하게 해주기 때문이다.

나폴레옹은 적을 도발하기 위해 평원으로 이동해 진을 펼쳤다. 패배하면 달아날 곳이 없었다. 자신을 완전한 사지로 몰아넣음으로써 적이 증원되기 전에 싸움을 걸어오도록 유도할 생각이었다. 빈의 북쪽에 위치한 아우스터리츠 평원의 중앙에는 해발 12미터의 작은 언덕이 있었다. 프라첸 고지라고 불리는 이곳에 나폴레옹의 지휘소가 있었는데, 휴전을 제의하고 이곳에서 자진 철수한 것이다.

평원에 있는 유일한 고지이며 중앙의 강력한 진지를 스스로 포기하자 동맹군의 사기가 올랐다. 그럼에도 후퇴의 천재 쿠투조프는 이 미끼에 걸려들지 않았다. 이번에는 그가 확실히 옳았다. 시간은 그들의 편이었다. 쿠투조프는 차라리 더 후퇴하자고 했다. 병참兵站, 군사 작전에 필요한 인원과 물자를 관리, 보급, 지원하는 일이 길어질수록 프랑스군은 고통을 받을 것이었다. 12월에 접어들었으니, 굶주림과 추위 속에서 후퇴하는 군대처럼 좋은 먹이도 없다. 하지만 그것은 몇 년 후 러시아에서나 통할 이야기였다. 전장에 직접 도착한 러시아 황제 알렉산드르 1세Pavlovich Aleksandr I는 혈기 넘치는 28세의 젊은이였다. 그는 이 우세한 전장에서 나폴레옹을 격멸했다는 명성을 얻고 싶었다. 수도 빈을 빼앗긴 오스트리아군도 빠른 결전을 원했다.

결국 러시아군이 미끼를 물었다. 끝까지 공격을 반대했던 쿠투조프는 해임되다시피 하고 작전 수립에서 배제되었다. 황제는 오스트리아 출신 참모총장 프란츠 폰 바이로터Franz von Weyrother 백작에게 작전 수립을 일임했다.

최고의 부대만이 최고의 임무를 감당할 자격이 있다

　144쪽의 질문으로 돌아가자. 명장 롬멜이나 패튼이라면 2안을 사용했을 것이 틀림없다. 이때는 탱크가 없어 기병과 보병을 동원해야 했지만, 그래도 3안은 사용하지 않았을 것이다. 그러나 바이로터 백작이 채택한 전술은 3안이었다. 가장 덜 위험하고 덜 모험적이며, 확실한 승리를 얻을 수 있는 방안이었다. 물론 나폴레옹도 적이 그렇게 나올 줄 예상하고 있었다.

　《삼국지》 같은 소설에서 일부러 약점을 드러내는 전술은 적을 위험한 장소로 유인하기 위한 계략으로 자주 묘사된다. 그런데 약점을 드러내는 진짜 이유는 적을 느리고 보수적으로 만들 수 있기 때문이다. 상대의 약점을 전광석화처럼 낚아채는 장군은 의외로 드물다. 아우스터리츠 전투 같은 대전에서는 더더욱 소심해진다. 적이 확실한 약점을 보였다면 안전하고 덜 모험적인 방법으로 승리할 수 있다고 생각한다. 그래서 사업이나 전쟁에는 승부사가 필요하다. 아우스터리츠의 평원에서 유일한 승부사는 나폴레옹뿐이었다.

　탐스러운 먹잇감으로 보인 우익에는 프랑스군 3사단의 병력 5,000에서 6,000명이 배치되어 있었다. 러시아군은 2만 명이 넘었다. 프랑스군은 숫자에서 압도적으로 열세였지만, 텔리츠와 조콜니츠라고 불리는 두 개의 마을과 전면의 강이 방어에 큰 도움이 되었다. 이때의 전투는 보병들이 대형을 만들어 전진하는 형태였다. 그래서 평원을 선호했다. 마을이나 장애물을 만나면 대형을 유지할 수 없는데, 그 순간 부대의 조직력이 사라져버렸다. 즉 병력과 조직의 장점을 이용할 수 없게 되는 것이다. 이런 경향은 프랑스군도 마찬가지였지만 그들은 좀 더 융통성이 있었다. 소위 산병散兵전술이라고 해서 밀집 대형의 밀도를 이전 시대처럼 강하게 하지 않았고 때때로 분산해서 사격전을 전개했다. 총의 성능이 좋아지면서 밀집 대형은 그만큼 효율성이 떨어진다는 판단에 의한 것이었다.

하지만 유럽의 다른 군대는 여전히 밀집 대형을 선호했다. 근대세계의 필연적 특징인 기술의 발달과 전술 사이에 괴리가 발생한 것이다. 텔리츠와 조콜니츠의 전투에서 프랑스군의 산병전술은 대단한 위력을 발휘했다. 조콜니츠에 배치한 26 경보병연대와 코르시카·이탈리아 저격병연대는 프랑스군의 정예였다. 프랑스군이 격렬하게 저항하자 동맹군은 점점 더 많은 병력을 투입했다.

하지만 시간이 지나도 프랑스군은 약화되지 않았다. 오히려 비밀리에 증원되고 있었다. 빈에 주둔하고 있던 다부Louis Nicolas Davout 원수의 군대가 110킬로미터를 48시간에 주파하는 엄청난 속도로 달려와 전투 중인 마을에 투입되었다. 아무도 이렇게 빨리 이동할 수 있으리라고는 생각하지 못했다. 다부는 휘하 부대 중에서 행군 능력이 최고인 2보병사단과 용기병짧은 소총으로 무장한 경기병. 총의 개머리에 용 장식을 하는 데서 유래해서 용기병이라고 부른다만을 데리고 달려왔다. 이 증원군도 5,000명에 불과했다. 러시아군은 다시 1만 5,000명을 투입했다. 병력은 여전히 열세였지만 공격해온 러시아군을 붙잡아놓는 데는 성공했다.

우익의 전황이 무르익자 나폴레옹은 비장의 카드를 뽑았다. 중앙에 매복해두었던 생틸레르Saint-Hilaire 사단과 반담Vandamme 사단을 며칠 전에 양도한 프라첸 언덕과 그 북쪽의 슈타레 니노흐라디를 향해 출격시켰다. 반담과 생틸레르 사단은 나폴레옹의 부대 중에서도 최정예였다. 그들은 프라첸 고지를 향해 신속하게 전진했다. 러시아군은 프랑스군의 접근을 전혀 알아차리지 못했다. 아침마다 프라첸 언덕 주변으로 짙은 안개가 피어올랐는데, 나폴레옹이 이곳에 주둔할 당시 지형을 면밀히 관찰해 이 사실을 간파했던 것이다.

얼마 후 안개가 걷히고 해가 평원을 밝게 비추었다. 유명한 아우스터리츠의 태양이다. 그 순간 프라첸을 향해 정연하게 걸어오는 프랑스군의 군복과 총검이 태양을 받아 찬연하게 빛났다. 그들은 이미 언덕을 오르고 있었다.

러시아군은 그제야 나폴레옹의 계략을 알아차렸다. 싸우지 않고 프라첸 고지를 양도한 이유까지도 말이다. 이때 이 고지에 있던 쿠투조프의 놀라움은 상상을 초월했을 것이다. 전선의 한복판 유일하게 솟아 있는 고지를 프랑스군이 점령한다. 그 순간 동맹군은 완벽하게 좌우로 절단된다.

러시아는 급히 증원부대를 찾았지만 가까이 있는 부대는 겨우 두세 개 대대밖에 없었다. 게다가 언덕이 좁아 병력을 한 번에 밀어넣을 수도 없었다. 나폴레옹은 이것도 계산에 두고 있었다. 실제 나폴레옹군은 동맹군의 절반이 아니었다. 3분의 2는 되었지만 멋지게 속인 것이다. 하지만 결정적인 중앙공격에는 최정예 2개 사단만을 파견했다. 공간이 좁아 많은 병력은 오히려 방해가 된다고 생각했기 때문이다.

양군의 운명을 건 혈전이 작은 언덕에서 벌어졌다. 양군 다 이 전투가 승부를 결정한다는 사실을 알았기 때문에 결사적으로 싸웠다. 양쪽 다 결사적이면 결국은 강한 쪽이 승리할 수밖에 없다. 생틸레르 사

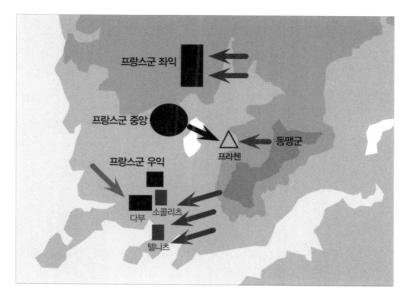

프랑스군 좌익

프랑스군 중앙

프라첸 · 동맹군

프랑스군 우익

다부 · 소콜리츠

텔니츠

🔲 **아우스터리츠 전투** | 나폴레옹은 지형상 방어에 유리한 우익에 최소의 병력을 배치해 적을 유인하는 전술을 펼쳤는데, 러시아가 전쟁에서 안전하게 승리하고 싶은 욕심에 그 작전에 걸려들었다. 나폴레옹이 우익에 정예 부대를 배치했기 때문에 프랑스군은 러시아군의 생각만큼 쉽게 꺾이지 않았다. 전황이 우익에 집중된 사이에 나폴레옹은 프라첸 언덕으로 최정예 사단인 생틸레르와 반담 사단을 보냄으로써 승기를 거머쥐었다.

단은 2배가 넘는 병력을 맞아 격렬하게 싸웠고, 마침내 프라첸을 점령했다.

이때 어이없는 사건이 벌어진다. 결정적 순간에 어디선가 오스트리아군이 나타난 것이다. 나폴레옹의 계산에 없는 부대였다. 사실 이들은 우익 쪽으로 갈 예정이었는데 길을 잃고 헤매다가 프라첸으로 온 것이다. 그야말로 동맹군에게 떨어진 행운이었다. 생틸레르 사단은 격렬한 전투를 마친 터라 서 있기도 힘들 정도로 탈진한 상태였다. 60발이 들어가는 탄약 주머니도 다 비었다.

그런데 서 있지도 못할 것 같던 생틸레르의 병사들이 빈총에 검을 장착하고 오스트리아군을 향해 돌진했다. 신병 부대였던 오스트리아 군은 겁에 질려서 잠시 저항하다가 도망치고 말았다. 이것이 나폴레옹이 수적 열세에도 생틸레르에게 프라첸을 맡긴 이유였다. 생틸레르 외에 다른 부대가 거기에 있었다면 그들은 아마도 후퇴했을 것이다. 전투는 예기치 못한 상황의 연속이다. 그래서 가장 중요한 전투는 최고의 부대원만이 참여할 자격이 있다. 그들만이 인간 한계를 넘어서는 돌발상황과 위기에서도 무너지지 않을 정신과 투지를 보유하고 있기 때문이다.

러시아 황제는 자신에게 남은 유일한 예비대이자 최고 부대인 황실 근위대를 투입했다. 하지만 반담의 병사들 역시 포도밭이란 장애물을 이용해 산병전술로 대응하면서 러시아군을 밀어냈다. 반담의 분전을 지켜보던 나폴레옹은 자신의 근위기병을 출동시켜 러시아 근위기병에 대적했다.

이때 베르나도트Jean-Baptiste Jules Bernadotte의 1군단 소속인 2사단이 나폴레옹의 밀령을 받고 전쟁에 나타났다. 그들은 러시아군의 좌측을 향해 진격했다. 거의 정면대결을 펼친 프랑스군 좌익에서도 프랑스군이 진격하기 시작했다. 전세는 완전히 역전되었다. 러시아군은 동강났고, 각 측면으로 프랑스군이 포위를 시작했다. 러시아군의 대부분은 탈출하지 못했다. 이 전투에서 동맹군의 전사자는 2만 7,000명이었고 프랑스군은 7,000명을 잃었다.

제1원칙과 제2원칙

　전투는 두려운 것이다. 피와 희생을 요구하고, 수많은 젊은 생명과 그 가족의 삶이 일그러진다. 어느 정도 이기적인 지휘관이라도 자신의 생명보다 그들이 받을 고통이 더 무섭고 무겁다. 누가 평생토록 밤마다 자신의 실수를 원망하며 울부짖는 원혼을 만나는 고통을 태연하게 넘길 수 있을까? 감정이라는 차원에서 말하면 승리를 해도 고통이 따르고, 패전하면 치욕과 몇 배는 더 가혹한 희생이 따른다. 이 엄청난 부담감은 클라우제비츠Carl von Clausewitz의 말을 빌리면, '어떤 언어로도 표현할 수 없고 전쟁터에 가보지 않은 사람은 이해할 수도 없다.' 그래서 어떤 이는 승자와 패자라는 구분법도 부정한다. 죽은 자와 고통받는 자만이 남을 뿐이다.

　전투계획을 수립하는 사람은 이런 압박 속에서 작전을 짜야 한다. 두려움과 불확실성은 창의적이고 실험적인 사고를 저해한다. 그가 알고 있는 원칙과 당위에 의존하는 경향이 높아지는 것이다. 나폴레옹이 벌려놓은 판을 보면서 동맹군이 붙잡은 전술원리는 적의 측방으로 돌아 측면과 후방을 포위한다는 것이다. 칸네의 섬멸전에서 사용한 이중포위의 전략과 유사하다. 포위가 완성되었다면 나폴레옹의 중군은 전면에서 압박하는 군단과 후방으로 돌아서 접근한 군단 사이에 꼼짝 못하고 갇혔을 것이다.

　동맹군이 전술의 고전적인 원칙에 충실하고 있을 때, 나폴레옹은 그들이 그 원칙을 따를 것이라는 사실을 예측하고 있었다. 그러면 나폴레옹은 원칙을 파괴하고 역발상의 논리를 전개했을까? 그렇지 않다. 나폴레옹도 원칙으로 대응했다. 나폴레옹은 소수가 다수를 상대하는 법, 《손자병법》에도 나오는 적을 분열시키고 각개 격파한다는 원칙을 붙들었다. 양자의 차이라면 나폴레옹이 적의 원칙을 예측한 반면 동맹군은 나폴레옹이 내세운 원칙을 예측하지 못했다는 데 있다. 심지어 가장 뛰어난 쿠투조프조차 이를 예상하지 못했다.

수많은 전술가들이 아우스터리츠 전투에 감탄하는 이유는 마치 컴퓨터 전략게임을 보는 듯한 정밀성 때문이다. 적의 전투력, 아군의 전투력, 전투 예상 시간, 이동 거리, 이 모든 것이 게임처럼 맞아 들어갔다. 전투 시공간의 디테일한 분석에 의해 나폴레옹은 전력의 낭비 없이 자신이 지닌 전투력을 최대한 효과적으로 사용했다.

그런데 나폴레옹의 귀신같은 계산은 객관적인 전력표에만 의존한 것이 아니다. 정예부대가 지닌 명예심, 단결력, 위기에 대처하는 자세, 지휘관의 헌신과 투지, 이런 부분까지 맞아 들어갔다. 총알이 떨어지자 검을 부착하고 돌격한 생틸레르 사단의 행동이 나폴레옹의 예상은 아니겠지만, 최고의 용사들이 초인적인 능력과 헌신을 보여줄 것이라는 계산은 정확했다. 그들의 이런 명예심과 자부심 역시 나폴레옹이 공들여 육성한 정책 중 하나였다. 유명한 프랑스의 레종드뇌르 훈장은 나폴레옹이 매년 최우수 부대를 표창하던 데서 시작된 것이다. 이것이 나폴레옹의 승리와 군사적 천재성의 숨겨진 비밀이며, 이 세상에 지금까지 없던 전략게임과 같은 전투를 가능하게 한 진정한 원인이었다.

목적의 공유가
반목도 누른다

사르후 전투
＊누루하치

　　　　　전쟁을 경험한 사람은 전쟁을 혐오하면서
도 사회에 적응하지 못하고 전쟁터로 떠도는 경우가 종종 있다. 임진
왜란에 참전했던 명나라 장병들 중에서도 그런 사람들이 있었을 것이
다. 임진왜란이 끝난 지 11년이 된 1619년 역전의 용사들에게 다시 한
번 만주로 출동하라는 명령서가 날아왔다.

　임진왜란 당시 명나라군 총사령관이었던 양호楊鎬도 출전 명령을 받
았다. 양호와 그의 주력 부대는 최강의 군대라는 자부심이 충만했다.
그들은 명나라 최고의 명장 척계광戚繼光이 양성한 절강군의 직계 후손
이다. 임진왜란에 참전한 이유도 왜군과 싸우는 데는 그들이 최고라
는 명성 때문이었다. 실제로 조선에서 그들은 동북아시아에서 가장
사납고 강한 군대와 막상막하의 일전을 벌였다. 다른 군대라면 왜군
과 이렇게 싸우지 못하고 패전했을 것이다.

　총병관 유정劉綎도 명령서를 받았다. 그 역시 임진왜란 참전용사였

다. 유정은 명나라 최대 군벌을 배출한 산시성 출신이다. 열세 살 때부터 부친을 따라 전쟁터를 돌아다닌 그는 관운장처럼 수십 근이 넘는 대도를 휘두르는 용장으로 명성이 높았다. 임진왜란 때는 이여송 戚繼光과 함께 개전 초부터 참전해서 명나라 장군 중에서도 가장 오래 종군했다. 그는 요즘 식으로 말하면 군대와 전쟁밖에 모르는 강골 군인이었다. 남의 나라 전쟁인 임진왜란에서 대부분의 명나라 장군이 가능하면 전투를 피하려고 했고 명나라 조정도 일본과 강화조약을 맺으려고 노력했다. 하지만 유정은 전장에 나왔으면 전투를 피하지 말고 승부를 봐야 한다고 주장했다. 거기다 인격도 훌륭해서 선조와 조정 관료들이 가장 좋아한 장군 중 한 명이었다.

마음이 편치 못한 군대도 있었다. 같은 시간 약 1만 명의 조선군이 한양을 떠났다. 장비도 허술하고 보급품 수레도 짧았다. 전선으로 떠나는 날 그들에게 배급된 것은 막걸리 한 잔뿐이었다. 임진왜란에서 생환했던 병사와 그 가족들은 더 크게 오열했다. 아무리 명나라에 진 빚을 갚는다는 명분이었다고 해도, 남의 나라 전쟁터로 떠나는 것이었기 때문이다. 장수들의 마음가짐은 조금 달랐을 수도 있다. 총사령관 강홍립은 문관이지만, 부장인 김경서, 이계선, 김응하는 임진왜란에서 명성을 날린 실전형 지휘관이었다. 이들도 천생 무장인 강골형 장수들로 모두 호탕하고 대범했다. 전쟁 중에 왜군 장수를 단독으로 만나 회담하고 술친구로 삼기도 하고, 항복한 왜군을 구슬려 조선군에 편입시켜 싸우기도 했다. 이런 행동들은 문관들을 질겁하게 했다. 평화 시에는 문관들에게 찍혀 견뎌내지 못했을 텐데, 임진왜란을 겪은 뒤라 그런지 왕과 소수의 재상들이 이들을 보호했다. 전쟁에서는 이런 장수들이 최고라는 것을 깨달았기 때문이다. 또 임진왜란 후에 조선은 군을 개혁하고 강훈련을 쌓았는데, 이제 그 실력을 시험할 기회가 온 셈이었다.

누르하치를 떡잎부터 알아본 명이 견제를 시작하다

명군의 목표는 선양과 푸순 사이에 위치한 싱징이었다. 이곳에서 건주여진의 추장 누르하치가 1616년에 만주의 여진족을 통합해 독립을 선언하고 후금淸을 건국했다. 그 장소가 지금은 관광지가 된 혁도아랍성흥경노성이다. 후금이 만주를 석권하면 중국에는 큰 위협이 될 것이었다. 중국 조정에는 수백 년 된 격언이 하나 있는데, '여진족이 10만 군대를 동원할 수 있게 되면 천하에 당할 군대가 없다'는 말이 그것이다. 여진이 만주에 국가를 세우게 되면 중원은 만주에게 점령당한다는 의미였다.

그래서 명나라는 10만 대군을 동원해 토벌에 나섰다. 중국군의 전통인 인해전술을 사용하기에는 매우 소규모 군대였지만, 그럴 만한 이유가 있었다. 명군에게는 자신감이 있었다. 이들은 명장 척계광의 제자들이었다. 척계광은 전통 전술과 창의적 전술, 신무기인 화기를 적절히 조화시켜 왜구와 몽골 기병을 모두 격파했다. 유목 기병과 싸울 때는 수레로 원형진지를 만들고 화포를 배치했다. 화포는 기병에게 큰 타격을 줄 수 있었다. 화망을 뚫고 근접한 기병은 창병과 검차수레의 전면에 설치된 방패에 검을 꽂아 만든 무기 같은 전통적인 방어시설로 저지했다.

총사령관인 양호는 선양으로 진군해 주둔하고, 군대를 넷으로 나누어 동서남북의 네 방향에서 싱징을 향해 진격시켰다. 홍경을 확실하게 포위한다는 의도도 있었지만, 싱징으로 접근하는 네 개의 통로를 모두 차단함으로써 만주의 여진족이 싱징으로 결집하는 것을 방지하려는 의도였다. 서로군은 산하이관 총병 두송杜松이, 북로군은 카이위안 총병관 마림馬林이, 남로군은 랴오둥 총병 이여백李如栢이, 동로군은 총병관 유정이 지휘했다. 조선군은 유정의 동로군에 속했다. 포수 3,500명(조총병 및 각종 화기부대), 궁수 3,500명, 백병전을 할 살수 부대 3,000명이었다. 나중에 포수는 5,000명으로 증원된다. 네 방향에서 포위해 들어온 명나라 군대의 집결지는 소자하와 혼하가 만나는 사르후였다. 이곳에서 함께 싱징으로 진격할 계획이었다.

누르하치의 병력은 대략 2만 1,000명으로, 명군의 4분의 1에 불과했다. 정면대결은 승산이 없었다. 농성전은 더욱 불리했다. 명군은 화기를 보유하고 있어서 고정진지를 두고 싸우면 절대 불리했다. 전세가 불리해지면 만주의 부족들은 당장 누르하치를 배신할 것이었다. 하지만 기동과 불타는 전투의지를 장기로 하는 후금군은 단위전력에서는 확실히 앞섰다. 따라서 누르하치가 택할 수 있는 전술은 하나였다. 4개로 분리된 명군을 기동으로 각개 격파하는 것이다. 산술적으로 후금군이 명군의 4분의 1이니 병력을 모아서 하나씩 집중공격하면 승리할 수 있다.

하지만 실제로는 그렇게 간단하지 않다. 전투를 하다 보면 후금군도 병력이 줄어들 것이고, 모든 방향을 비워두고 한 지역으로 병력을 모을 수도 없다. 그러므로 여기에 또 하나의 기동이 필요하다. 일부 부대를 보내 각 방향에서 오는 명군을 견제하면서, 명군을 칠 때는 이동타격을 해야 한다. 네 방향에서 오는 명군보다 훨씬 복잡하고 빠르고 정교한 기동이 필요하다.

승리하는 군대는 기동에서 이긴다

산하이관을 나선 부대답게 최정예병으로 구성된 두송의 서로군이 사르후에 가장 먼저 도착했다. 가까운 부대는 이틀 거리 정도 떨어져 있었다. 누르하치는 쾌재를 불렀다. 두송은 혼하를 두고 사르후를 마주보는 지역에 있었는데, 사르후를 지키는 후금군이 소수인 것을 보고 공명심이 생겼다. 공명심 때문만이 아니라 적이 소수이니 강을 건널 수 있는 기회를 놓치지 말아야 한다는 생각도 했을 것이다. 그는 기지에 보급품과 소수의 부대를 남겨 지키게 하고, 강을 건너 사르후의 후금 진지를 점령했다. 하지만 두송이 진지를 점령하려는 순간 강 건너 보급기지 후방에서 후금의 대군이 나타났다. 그들은 단숨에 보급기지를 점거했고, 사기가 떨어진 두송의 부대를 포위해 섬멸했다. 두송은 혼하를 건너온 상태였기에 탈출조차 쉽지 않았다.

후금의 다음 먹이는 북로군이었다. 북로군의 지휘관 마림은 현명했다. 후금의 의도를 알아차린 그는 포진해서 수비를 갖추었다. 그리고 남로군에 지원을 요청했다. 하지만 남로군 지휘관은 지원을 거부했다. 기다리다 지친 마림은 단독으로 싸울 수밖에 없었지만, 평원에서 포위되는 바람에 오래 버티지 못했다. 결과는 전멸이었다. 마림군이 전

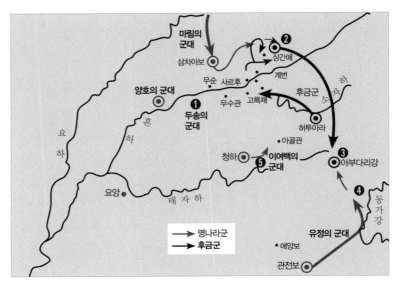

◀ 사르후 전투 | 1. 후금군은 먼저 두송을 유인해 분리한 뒤 궤멸시켰다. 2. 다음으로 마림의 군대를 평원에서 포위해 역시 궤멸시켰다. 3. 바로 남하해 유정의 군대를 포위해 섬멸한다. 살아남은 명군은 뒤에 처져 있던 조선군 진영으로 도주했다. 4. 후금군이 유정의 뒤에서 오던 조선군을 포위해 우군과 좌군은 전멸시키자 중군은 항복했다. 5. 이여백은 전투를 포기하고 후퇴했다.

멸하자 남로군은 겁이 나서 후퇴해버렸다. 2개 군이 전멸하자 총사령관 양호는 퇴각명령을 내렸다. 하지만 심양과 반대편에서 진격해오던 동로군에게 이 전갈은 전달되지 않았다.

동로군 병력은 2만 3,000명이었다. 그 가운데 명군은 1만 명도 되지 않았고 조선군이 1만 명에서 1만 3,000명 정도였다. 유정은 적을 얕본 데다 공명심까지 겹쳐 무모한 진격을 계속했다. 동로군은 이동거리도 가장 길었고, 겨울인 데다 강의 지류가 많아 병사들이 젖고 지쳤다. 보급도 제대로 되지 않아 사기도 저하되었다. 반면 후금군은 승전을 앞에 두고 용기백배한 상황이었다. 이번에도 후금은 일부 부대만 내보내 전투를 유도하고, 전투가 벌어지면 사방에서 원군이 나타나는 방식으로 명군을 포위해 섬멸했다. 이것은 매우 효과적이면서도 어려운 작전이었다. 여러 부대들이 특정 지역에 매복해 있던 것이 아니라 팔기八旗, 군대를 기의 빛깔에 따라 여덟으로 나눈 군제가 부대별로 이동해서 지정된 시간과 장소에 집결하면서 적을 혼동시키고 기습하는 이동타격전술을 사용했기 때문이다.

유정은 전투 중에 전사했다. 탈출한 일부 병력은 뒤쳐져 따라오던 조선군 진영으로 피신했다. 하지만 조선군이 진형을 갖추기도 전에 후금군이 몰려왔다. 도원수 강홍립은 병력이나 전투력에서 공격은 불리하다고 판단하고 수비 진형을 갖추게 했다. 원래 조선군은 공격보다 수비에 강한 군대였다. 진을 견고하게 하고, 돌격해 들어오는 기병을 화포로 공략하는 작전이었다. 그런데 중군과 우군은 언덕에 진을 쳤는데, 좌군은 미처 피하지 못하고 벌판에 진을 쳤다. 게다가 이동 중에 갑자기 전투에 휩쓸린 탓에 삼군이 각자 고립되었다. 좌군이 불안했던 강홍립은 진을 언덕으로 옮기라고 명령했다. 하지만 적의 눈앞에서 진을 이동시킨 것이 큰 실수였다. 좌군이 진을 옮기느라 허술해진 틈을 타서 후금군이 치고 들어온 것이다.

김응하가 지휘하는 좌군은 사격으로 후금군의 1차 공격을 격퇴했다. 하지만 서북풍이 갑자기 불면서 조총에 불을 붙일 수 없게 되었다. 화승총은 화약접시 위에 흑색 화약가루를 붓고 불을 붙여야 하는데 바람이 불면 화약가루가 날아가는 것이다. 기병이 코앞까지 치고들어오면 백병전이 불가능한 조총병은 속수무책이다. 좌군은 전멸하고 김응하는 끝까지 싸우다가 전사했다. 좌군이 위험에 빠지자 강홍립은 우군을 보내 지원하려 했다. 이것도 실수였다. 언덕에서 벌판으로 내려온 우군은 좌군에게 가기도 전에 후금군의 공격을 받았다. 후금군의 기동은 조선군의 2배가 넘는 속도였다. 일본군도 이처럼 빠르게 움직이지는 못했다. 이를 예측 못한 것이 실수였다.

진형을 갖출 틈도 없이 우군은 전멸하고 말았다. 남은 중군 5,000명은 항복할 수밖에 없었다. 조선군이 항복하려 하자 중군으로 피신했던 명나라 장병들은 자살했다.

전략은 좋았던 명군, 왜 제대로 싸우지도 못하고 패했는가?

사르후 전투의 패전으로 명은 후금을 제압할 기회를 완전히 상실한다. 이후로는 수세로 일관하다가 결국 청에 멸망하고 말았다. 대륙의 운명을 바꾼 이 전투에서 후금군이 승리한 비결은 무엇일까? 전술적으로 보면 후금군의 대응전술에 대한 예측 부족, 명군의 비협조를 들 수 있다. 명군은 군사를 네 방향으로 분리 운용함으로써 후금으로 하여금 각개 격파할 수 있는 기회를 제공했다. 명나라 장군들은 서로 반목이 심해서 잘 협조하지 않았다. 북로군은 내부 분열로 옆 부대가 위기에 처했는데도 도와주지 않았다. 동로군의 진격이 늦었던 것은 지형 탓이었다고 해도 서로군은 공명심에 너무 빨리 갔고, 남로군은 겁을 내고 천천히 행군했다. 이 거리와 불화의 간극 사이로 후금의 기병이 파고들었다.

전멸한 3로군 중 두송의 서로군만이 유인 작전에 걸려 군대를 분리했다가 패전했다. 다른 부대는 모두 행군 중에 후금군의 습격을 받아 제대로 싸우지도 못하고 당했다. 군대는 행군, 이동 중에는 완전한 전투 대형을 갖추지 못한다. 물과 식량, 지형의 차이로 부대가 분리되어 행군한다. 이런 상태에서 후금 기병의 공격을 받으니 제대로 싸울 수조차 없었다.

조선군의 경우는 더욱 치명적이었다. 조선군은 출발할 때 명군의 병력이 3만 명이라고 알고 있었다. 게다가 유정은 만주의 기병과 싸우는 데는 총포가 효과적이라고 생각해서 조선에 총병을 과도하게 요구했다. 조선군의 사격 솜씨가 상당히 뛰어났기 때문이다. 결국 조선군 자체로는 백병전을 담당할 창병이 절대 부족한 기형적인 구성이 되었다. 그 결과 바람이 불어 사격이 곤란해지자 기병의 돌격 앞에서 속수무책이 되었던 것이다. 여기에 조선군도 행군 중이었기 때문에 좌·우·중군이 협력해서 싸우지 못했다. 3군이 적절한 방어지형을 선택해서 포진하고, 충분한 창병과 바리케이드를 전방에 배치했더라면 조선군은 승패와 상관없이 후금군에게 심대한 타격을 입혔을 것이다.

하지만 이것은 표면적인 분석이다. 근본적 원인은 후금군의 열정과 능력을 이해하지 못한 것이다. 서로군으로 시작해서 조선군까지 4로군 중 3로군, 8만 명이 전사하는 데 걸린 시간은 불과 5일이었다. 단 5일 만에 명나라에서 훈련이 가장 잘된 군대가 소멸했다. 후금군은 팔기군 전부가 실제 이동거리 100킬로미터 이상을 질주하며 쉬지 않고 싸웠다. 실전 경험이 풍부한 명의 장군들조차도 이런 초인적인 기동과 전투가 가능하다고는 전혀 예상하지 못했을 것이다.

더 크고 중요한 목표가 반목도 협조로 변화시킨다

극한의 체력과 열정, 모험심을 담보로 하는 전술을 운영하면서 후금의 팔기군은 조금의 시차나 지연, 명군과 같은 반목으로 인한 태업이나 방해 행동이 없었다. 그렇다고 팔기가 의리와 우애로 똘똘 뭉친 집단도 아니었다. 팔기는 건주여진의 여러 부족으로 이루어졌는데, 모든 부족 집단이 그렇듯이 그들은 평상시에는 서로 시기하고 싸우고 갈등하는 관계였다. 하지만 전투에 임해서는 명나라 군대처럼 공명심에 단독행동을 하거나 훼방을 놓고 심지어 위해까지 가하는 행동은 일절 하지 않았다. 친형제처럼 서로 도와 사력을 다해 작전을 수행했다.

후금군이 이처럼 초인적이고 헌신적인 전술운영 능력을 발휘할 수 있었던 원인은 무엇일까? 그것이 사르후 전투의 진정한 교훈이다. 그 이유는 팔기의 모든 장병에게 심어준 분명한 목적과 그 목적의 공유였다. 누루하치는 건주여진 출신으로 그의 증조부는 세조의 여진 정벌 때 살해된 이만주李滿住다. 중국의 한족은 여진족에 대해 중원을 침공해서 정복할 위험이 가장 높은 종족이라고 간주했다. 그래서 조선과 협력해서 오랫동안 여진족을 압박하고 분열을 유도했다. 하지만 이런 탄압이 오히려 건주여진을 강하게 단결시켰다. 누르하치는 단순히 부당한 압제의 해소라는 목표가 아니라 중원 침공과 새로운 왕조 건설이라는 웅대한 목표를 후금의 여덟 부족에게 심어주는 데 성공했다. 더 크고 중요한 목표가 있었기에 팔기는 서로 반목하고 경쟁하면서도 전쟁에서는 의형제처럼 협조했다.

병사들에게 신뢰를 얻기 위해 훈련과 전쟁에는 반드시 보수를 지급했다. 지휘관들은 세습직이었지만, 세습의 단점보다는 사명감, 어린 시절부터의 훈육, 책임감과 강한 유대감이란 장점이 더 잘 발휘되었다. 심지어 후금의 지휘관들은 임무 완수를 위해서는 사비를 터는 일도 마다하지 않았다. 아마도 전 중국의 역사 속에서 가장 청렴하고 유능한 관리군을 보유했던 것이 후금과 초기의 청나라였을 것이다.

현대의 경영은 효율과 창의의 싸움이다. 1980년대까지 특히 한국과 일본의 기업에서 중앙집중식 경영이 큰 효과를 보았다. 그 효과가 완전히 사라진 것은 아니고, 일부에서는 아직도 유효하다. 하지만 효율과 창의를 획일적으로 구사하던 시대는 지났다. 현대 경제의 특징은 변화와 다양성이다. 어떤 기업이든 변화와 다양성에 적응해야 한다. 일사불란—絲不亂의 구조는 변화와 다양성의 적이다.

이제 변화와 창의를 위해 가장 중요한 요소는 구성원 개개인의 열정과 노력인 시대가 되었다. 이 부분을 살리기 위한 첫 번째 조건이 목적의 공유다. 목적의 공유가 막연하고 거창하게 느껴진다면, 모든 구성원이 공감하고 행동지침으로 삼을 수 있는 지향이라고 해두자. 다만 그것이 '1등 제품을 만들자' '최고가 되자'와 같은 막연함이 아니라, 기업의 가치와 상품 및 노력에 적용될 수 있는 구체성을 지닌 목적이어야 한다.

물론 이것은 기업의 사정에 따라 다르다. 성격과 상품이 뚜렷한 기업일수록 이런 정의를 창조하기가 쉽다. 거대 기업일수록 구체적인 지침을 정하기 어려울 것이다. 그렇더라도 목적을 공유하는 집단이 최대한의 창의와 도전, 모험을 경영할 수 있다는 사실을 명심해야 한다.

페르시아, 로마, 중국의 역대 왕조와 같이 세상에서 경쟁자를 찾을 수 없던 거대 제국은 하나같이 그들보다 더 크고 강한 제국이 아니라 (그런 제국은 존재하지도 않았다) 마케도니아, 게르만족, 몽골같이 목적과 열정을 공유한 소수 집단에 의해 멸망했다.

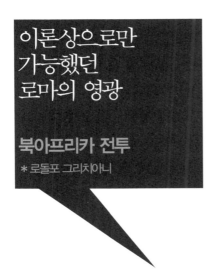

이론상으로만
가능했던
로마의 영광

북아프리카 전투

＊ 로돌포 그리치아니

　　　　　1940년 9월 13일 북아프리카의 리비아에
서 이집트로 가는 국경도로. 영국군 국경수비대의 진영으로 포탄이
날아오기 시작했다. 포격의 주인공은 히틀러보다도 더 기괴하고, 큰
소리만 치는 독재자 무솔리니Benito Mussolini가 지배하는 검은 이탈리아
의 군대였다.

　영국군은 이탈리아의 공격을 예상했었지만, 별다른 대응책을 마련
하지 못하고 있었다. 그런데 포연과 모래먼지가 걷힌 뒤 참호에서 고
개를 든 영국군의 눈에 비친 풍경은 전혀 예상하지 못한 것이었다. 제
2차 세계대전에 참전했던 그 어떤 병사도 이런 광경은 보지 못했을
것이다.

　이탈리아군이 소수의 국경수비대는 안중에도 없다는 듯 드넓은 사
막에 거대한 퍼레이드를 펼치며 진격하고 있었다. 맨 앞줄에는 검은
셔츠를 입고 단검과 수류탄으로 무장한 이탈리아군 최정예 아르디티

연대가 서고, 다음으로 전차 대열, 그 뒤에는 자동차부대가 뒤따랐다. 트럭의 적재함에는 과거 로마군의 밀집 대형처럼 사막모를 쓰고 소총을 든 병사들이 빽빽하게 타고 있었다. 트럭들 역시 간격과 오를 맞춰 거대한 밀집 대형을 이루었다. 마치 고대 로마의 방진을 재현한 것 같았다. 장교들은 오픈카 모양의 승용차를 타고 트럭의 측면에 붙어 달리면서 대형을 관리했다. 맨 뒤의 트럭에는 승전비로 세울 대리석이 실려 있었다. 다시 그 뒤로 긴 보병 대열이 도보로 뒤따랐다.

로돌포 그라치아니Rodolfo Graziani 원수가 지휘하는 이탈리아군의 총 병력은 12개 사단이었다. 이날 전투에는 보병 5개 사단과 탱크 7개 대대, 총 8만 명이 투입되었다. 이탈리아군은 기세등등했지만 이것은 로마의 밀집 대형과 달리 전투를 할 수 있는 대형이 아니었다. 아니, 영국군 포병이나 공군이 즉시 반격하면 몰살당할 판이었다. 영국 본토인 브리튼 섬이 독일의 침공 위협을 받고 있었지만, 영국의 저력은 만만치 않았다. 침공을 예견한 영국은 인도 사단, 남아프리카, 호주군 사단을 신속하게 이집트로 집결시켰다. 덕분에 이집트 주둔군 사령관 웨이블Archibald Wavell 장군은 6만 명의 병력을 거느릴 수 있었다. 하지만 여전히 이탈리아군의 4분의 1에 불과했다.

병력은 모았지만 영국군은 이들을 최전선에 배치할 준비가 아직 되지 않았다. 영국군은 전투를 포기하고 즉시 물러섰다. 덕분에 이 시대착오적 진군 대형은 고난을 면하고 영광을 안았다. 이탈리아군은 지중해 연안을 따라 100킬로미터를 막힘없이 전진해 작은 마을인 시디바라니까지 진격했다. 그럼에도 이탈리아군은 3,500명이란 희생자를 냈다. 영국군 사망자는 150명에 불과했다. 시디바라니에서 일단 진격을 멈춘 이탈리아군은 참호를 파고 방어진지를 구축했다. 영국군도 그제야 그곳에서 130킬로미터 떨어진 어촌 메르사마트루에 진지를 구축하고 장기전 태세를 갖추었다.

이탈리아의 국영방송들은 이날의 승전 소식을 한껏 흥분한 목소리로 전했다. 이탈리아 주요 도시의 광장에는 이탈리아와 북아프리카 주변을 그린 거대한 지도가 걸렸다. 시민들은 그 지도에서 이탈리아 영토를 의미하는 색이 시시각각으로 퍼져나가는 것을 보았다. 지도상에서 포에니 전쟁, 카르타고와 소아시아를 정복한 스키피오Publius Cornelius Scipio의 영광이 재현되고 있었다. 일부 이탈리아인들은 오랫동안 잊혔던 로마인의 힘과 기상이 되살아나는 것을 느꼈다. 그들은 소리쳤다. "이탈리아가 되살아났다. 우리는 다시 싸울 수 있는 민족이 되었다."

푸른 지중해, 진정한 블루오션

1940년 독일군의 기세는 욱일승천 그 자체였다. 프랑스를 단박에 떨어뜨리고, 거대한 러시아를 향해 거침없는 진격을 시작했다. 독일의 영국 침공 시도는 끝내 무산되기는 하지만, 적어도 1940년 내내 브리튼 섬은 독일 공군의 맹폭에 시달리며, 함락 일보 직전의 공포에 떨었다. 처칠이 고백한 것처럼 독일군이 상륙하면 당시 영국 육군의 군사력으로는 막을 방법이 없었다.

그런데 공포와 당혹감에 떨어야 했던 영국인들은 브리튼 섬 밖에도 잔뜩 있었다. 영국은 히틀러가 정복한 서유럽보다 더 넓은 식민지를 전 세계에 보유하고 있었다. 식민지가 너무 많아서 각 나라에 주둔 중인 영국군은 비참할 정도로 적었다. 케냐와 수단, 소말리아에 있는 영국군은 현지인 부대를 포함해도 4만 명밖에 되지 않았다. 이집트에도 겨우 3만 6,000명뿐이었다.

이런 사정은 프랑스도 마찬가지였다. 프랑스는 북아프리카의 중심부인 튀니지와 알제리, 중동의 시리아를 식민지로 소유하고 있었다. 튀니지와 알제리에 배치한 부대는 프랑스군 최강의 부대였다. 유명한 외인부대도 이곳에 있었다. 하지만 프랑스가 독일에 항복하고 비시 정권독일의 괴뢰 국가이 성립하면서 아프리카의 프랑스군은 졸지에 독일의 동맹군이 되어버렸다. 프랑스군 일부는 탈출해서 연합군에 가담했지만 대부분이 이러지도 저러지도 못하고 현지에 머무르는 애매한 상태가 되었다.

조금만 영리한 사람이라면 영국과 독일, 프랑스가 전쟁을 벌이는 바람에 아프리카와 중동의 거대한 땅이 거의 무방비 상태로 방치되고 있다는 사실을 깨달을 수 있었다. 그야말로 먼저 줍는 사람이 임자였다. 이 사실을 가장 먼저 깨달은 사람이 누구인지는 알 수 없지만, 가장 먼저 행동에 옮긴 나라는 무솔리니의 이탈리아였다.

파시즘의 창시자 무솔리니는 정치이론에서 히틀러의 형님 격이었다. 정치적 사촌인 두 독재자는 우호를 유지했지만, 군사적으로 히틀러는 이탈리아에 별 기대를 하지 않았다. 독일이 전쟁을 시작했을 때도 이탈리아는 상황을 지켜보고만 있었다. 그러다가 유럽의 바깥에서 무주공산을 발견했다. 이탈리아는 독일을 도와주는 대신 이 땅을 줍기로 했다.

1939년 이탈리아는 알바니아를 침공해 손쉽게 점령했다. 그럴 만도 한 것이 알바니아는 군대가 전혀 없다시피 했다. 하지만 이탈리아는 의기양양했다. 그들은 어느새 아프리카에서 최강자가 되어 있음을 발견했다. 이탈리아는 리비아를 식민지로 거느리고 있었고, 1930년대에 에티오피아를 정복했다. 리비아 주둔 이탈리아군만 20만 명이었고, 에티오피아와 에트루리아에는 이탈리아군 9만 2,000명과 토착민 부대 25만 명이 있었다. 병력으로 보면 전 아프리카에 있는 유럽 군대를 축출하고도 남았다.

동맹국인 독일은 아프리카에 신경을 쓸 여력도 필요도 없었다. 독일의 아프리카 식민지는 토고와 동아프리카에 불과했고, 그곳이 침공을 받아도 방치할 셈이었다.

1940년 6월 20일 연합국을 향해 선전포고를 한 무솔리니는 즉시 동아프리카의 영국 식민지인 케냐와 수단, 소말리아를 침공해서 파죽지세로 점령했다. 중동의 시리아도 침공했다. 하지만 최대의 전쟁이 예견된 곳은 무솔리니가 "아프리카의 빛나는 전리품"이라고 말한 이집트였다. 무솔리니는 리비아에서 이집트, 시리아로 이어지는 지중해 연안의 북아프리카와 중동을 정복하고자 했다. 그곳은 옛 카르타고의 땅이고 로마 제국의 든든한 밑거름이 된 곳이었다. 하지만 힘차게 진군한 로마군단은 시디바라니에서 정지하더니 꼼짝도 하지 않았다. 여기에는 이유가 있었다.

숫자만 믿은 이탈리아군의 오산

이탈리아군은 전쟁을 치를 준비가 전혀 되어 있지 않았다. 탱크와 장갑차는 제1차 세계대전에서 사용하던 것으로, 경전차 수준도 되지 못했다. 대포와 고사포 역시 마찬가지였다. 총과 기관총도 19세기 수준에 불과한 것이 대부분이어서 파괴력이 형편없고, 장사정포와 고사포는 없다시피 했다.

병사의 훈련 역시 전혀 되어 있지 않았다. 사병은 물론 장교조차 전술 훈련이 되지 않아 현대 전쟁을 치를 줄 몰랐다. 나중에 북아프리카로 와서 이탈리아군과 합류한 롬멜은 이탈리아 포병은 포를 쏠 줄만 알지, 포격 지원을 어떻게 해야 하는지 등의 전술에 대해서는 문외한에 가까웠다고 회고했다.

바다와 하늘에서도 불길한 징조가 나타났다. 이집트 침공이 시작되자 영국 육군은 일단 물러섰다. 하지만 영국의 지중해 함대가 당장 반격을 가해 사르데냐 근처에서 이탈리아의 지중해 함대 전체를 격파했다. 11월에는 영국 항공모함에서 발진한 뇌격기가 이탈리아의 타란토 항구에 숨어 있던 이탈리아 해군 전함 네 척을 격파했다. 결국 이탈리아 해군은 제해권을 완전히 빼앗겼고 시칠리아·리비아 사이의 좁은 항로만 간신히 유지했다. 그 바람에 이탈리아군은 바다를 끼고 이집트로 진군하면서도 인근 항구로부터 보급품을 하역할 수 없게 되었다. 모든 보급품은 트리폴리 같은 리비아 후방의 항구에 하역한 뒤 해안도로를 따라 이집트까지 4,300킬로미터를 차량으로 수송해야 했다. 기름 소모량이 엄청난 데다 해안 가까이 정박한 영국 군함들이 수송트럭을 보는 족족 포격을 가해 위험하기도 했다. 여기에 전쟁을 시작할 때 보여준 이탈리아군의 트럭 대형도 허세였다. 이탈리아군은 차량이 절대적으로 부족했다. 전쟁을 개시할 때 이탈리아군의 수송 능력은 4개 대대를 수송할 능력밖에 없었다. 사막에서 이탈리아 병사들은 물 부족으로 고통받았는데, 병사들이 받는 물은 그 몇 배나 되는 기름을 소모해서 전달된 것이었다.

항공 전력도 형편없었다. 숫자로는 항공기를 100대밖에 보유하지 못한 영국을 넘어섰지만 이탈리아 항공기는 전투 능력이 거의 없어서 정찰에나 쓸 수준이었다. 반면에 영국군의 항공 전력은 금세 보강되었다.

12월 9일 영국군이 반격을 시작했다. 그나마 몇 달을 기다려준 것은 영국으로부터 신형 탱크가 도착하지 않았기 때문이었다. 영국군의 신형 마틸다 탱크는 중형전차로서 이탈리아 경전차의 포격에 끄떡도 하지 않았다. 반면 경장갑을 한 이탈리아 탱크는 마틸타의 중포 한방이면 가볍게 날아갔다.

하늘과 바다에서 항공기와 전함이 이탈리아군 진지와 병참도로를 맹폭했다. 이어 완전 차량화부대로 편성된 전차부대와 보병부대가 진군했다. 사막전에서 차량화는 대단히 중요했다. 방어진지를 아무리 단단하게 구축해도 수천 킬로미터의 사막 끝까지 방어진지를 구축할 수는 없었다. 차량화된 영국군은 진지가 끝나는 곳까지 내달린 뒤에 이탈리아군의 진지를 가볍게 우회해서 이탈리아군의 뒤로 돌아들어왔다. 하지만 대부분 비차량화 부대였던 이탈리아군은 차량으로 우회하는 영국군의 속도에 대처할 수가 없었다. 이탈리아군은 병력에서는 몇 배의 우세였지만, 기동력과 보급, 운송능력에서 완벽한 열세였다.

이탈리아군은 시디바라니 방어선에 바닷가에서 내륙 쪽으로 일곱 개의 캠프를 설치했다. 이 캠프를 중심으로 반원형의 방어선이 구축되었다. 이중 내륙 쪽에 위치한 두 개의 캠프 사이 26킬로미터의 공간을 경계병도 세우지 않고 순찰도 하지 않는 무방비 상태로 방치했다. 영국군은 이 사실을 탐지하고 이곳으로 영국군과 인도군으로 구성된 약 3만 명, 2개 기계화 사단을 투입했다.

영국군은 무인지경으로 진격해 방어선을 돌파하고 다시 우회해서 나머지 다섯 개 캠프를 뒤에서 습격했다. 완전한 기습을 당한 이탈리아군은 속수무책으로 무너졌다. 일부 부대는 군단장이 전사할 정도로 용감하게 싸우기도 했지만, 그런 부대조차 몇 시간을 버티지 못했다. 대부분은 싸울 의지도 없었다. 지중해 쪽 끝에 위치한 마크틸라 캠프는 영국군의 기관총 몇 발에 바로 백기를 올렸다. 기관총 사수가 대대장에게 백기가 올라왔다고 보고하자 믿을 수 없었던 대대장은 무슨 바보 같은 소리를 하느냐고 화를 냈다고 한다. 하지만 항복은 진짜였다.

어떤 곳에서는 이탈리아군이 자진해서 영국군의 진지 공사를 도와주기도 했다. 나중 일이지만 포로가 된 이탈리아군을 탈출시키기 위해 독일군이 영국군에게 사격을 가하자 이탈리아군이 자진해서 영국군 진지로 달려가는 사건도 있었다. 시디바라니 전투에서 단 이틀 만에 캠프 일곱 개가 영국군의 수중에 떨어지고 이탈리아군 3만 9,000명이 항복했다. 영국군 사망자는 500명이었다.

무능한 이탈리군 지휘부에 비해 영국군 사령관 리처드 오코너

Richard O'Connor 장군은 롬멜에 비견될 만큼 뛰어난 장군이었다. 훗날 롬멜에 대항하기 위한 사령관직에 취임하러 갔다가 마침 밀어닥친 롬멜 군단에 의해 어이없이 포로가 되는 불운을 겪지만, 정상적으로 취임해서 롬멜과 맞대결을 벌였다면 대단한 호적수가 되었을 것이다.

오코너는 프랑스에서 독일군이 선보인 기동전의 원리, 종심 앞뒤로 늘어선 대형·진지·방어지대 따위의 전방에서 후방까지의 거리 깊게 적 후방으로 들어가 적의 근거지를 함락하고 보급을 차단해서 전선의 병사를 어항처럼 가두는 전술의 원리를 완벽히 이해하고 있었다. 그리고 사막은 기동전에 적격이었다. 기세를 올린 영국군은 측면 포위와 후방 차단을 걱정하지 않고, 쾌속으로 진격했다. 이탈리아군이 정신을 차리기 전에, 이탈리아 장병들이 전장에 적응하고 전사로 거듭나기 전에 몰아세워야 했다. 그것이 기동전의 또 하나의 묘미였다.

시디바라니 뒤에는 강력한 요새진지인 바르디아가 있었다. 무솔리니는 이곳이라면 영국군의 진격을 저지할 수 있을 것이라고 기대했다. 하지만 공격에 나선 호주군 사단이 단 하루 만에 전체 29킬로미터의 방어선 중 11킬로미터의 방어선을 함락하고 2.7킬로미터나 진격했다. 난공불락이라고 믿었던 포대와 참호는 영국군의 포격으로 순식간에 파괴되었다. 4만 9,000명의 수비대 중 4만 5,000명이 항복했다.

그 다음은 토브룩이었다. 나중에 북아프리카 전쟁에서 최대의 격전장이 되며, 요새의 대명사처럼 불리게 되는 토브룩은 천하의 롬멜에게도 좌절을 안겨준 강력한 요새였다. 이 요새를 설계한 나라가 영국도 독일도 아닌 이탈리아군이었다. 그런데 이탈리아군은 단 이틀 만에 토브룩을 내주었다. 토브룩에서 3만 명, 다시 벵가지에서 2만 명이 영국군에게 투항했다. 포로가 한꺼번에 밀려오자 한 영국군 지휘관은 이렇게 말했다고 한다. "저 친구들에게 말해서 내일 다시 오라고 해." 이후 베다폼에서도 3만 명의 포로를 얻었다. 단 2개월 동안 영국군은 800킬로미터를 진격했고, 이탈리아군 13만 명이 포로가 되었다.

블루오션도 공짜는 없다

영국군은 대단한 승리를 거두었다. 하지만 아무리 훌륭한 전술도 상대의 실수나 도움이 없다면 이런 완벽한 승리는 거둘 수 없다. 세계 대전의 전황이 아프리카에서 이탈리아에게 공짜와 다름없는 기회를 제공했다고 본 무솔리니의 판단은 옳았다. 하지만 이탈리아는 그것을 주울 능력이 없었다. 영국군이 반격하자 이탈리아군은 영화에나 나올듯한 장면들을 연출하며 무너졌다. 이것은 오래된 장비, 무솔리니 체제에 대한 혐오감, 장교들의 형편없는 리더십이 복합된 결과였다.

이탈리아군의 부실한 전투력은 유럽 사회에도 잘 알려져 있었다. 스페인 내전에 프랑코의 지원군으로 참전했던 이탈리아군은 반 민병대 수준인 반군에게 쩔쩔맸다. 에티오피아 점령은 원주민 군대와 싸워서 얻은 전과였고, 그나마도 불안정했다. 아프리카 원주민과 싸워본 경험밖에 없고 극도로 무능했던 그라치아니 원수조차도 자기 군대가 현대 전쟁을 치를 능력이 없다는 사실은 잘 알았다. 애초에 그는 이집트 침공을 반대했지만 무솔리니의 명령을 거부할 수 없었다.

하지만 그라치아노도 이 패배의 한 축을 담당했다. 3개월간의 대치기간 동안 이탈리아군의 전술적 훈련과 대비를 전혀 하지 않았던 것이다. 또 보급과 수송체제에 심각한 문제가 있었음에도, 장교들은 호화로운 막사에서 와인을 곁들인 만찬을 즐겼다. 보병의 식사도 훌륭했다. 이탈리아군 진지를 점령한 영국군이나 이탈리아군을 도우러 온 독일군은 이탈리아군의 식당 메뉴를 보고는 놀라 자빠졌다. 또 자신들이 속한 군대와 지휘관의 무능력을 잘 알고 있는 이탈리아 병사들은 그에 대한 혐오감으로 전투 의지를 상실했다. 나중에 롬멜로부터 전술을 배우고, 열정 있는 장교가 지휘하게 되자 이탈리아 병사들도 용감하고 투지 있는 전사로 변했다고 한다.

무솔리니도 사실은 자기 군대의 수준을 잘 알았다. 그럼에도 그가 믿었던 것은 본토 방어의 궁지에 몰린 영국이 반격하지 못할 것이라는 도박성 기대뿐이었다. 그런 이유로 20만 명이 넘는 대군을 동원하고, 피로 확보한 식민지마저 상실할 위험이 있는 전쟁을 벌인다는 것이 가능할까 의문이 들지만, 인간의 욕구와 불완전한 이성이 이를 가능하게 했다.

탁상에서 내리는 결정과, 포탄이 터지고 자신과 주변, 때로는 수십만 명의 생명과 삶이 걸려 있는 상황에서 내리는 결정이 같을 수 없다. 잘못된 결정을 유도하는 더 위험한 요소는 욕망이다. 이탈리아의 수십 배가 되는 무방비 상태의 땅에서 제국의 부활이라는 꿈을 보면서 오판을 내렸다.

근거 없는 자신감이 넘칠 때 올바른 결정을 도와줄 수 있는 질문이 '우리가 이런 상황을 언제 예측했고 준비해 왔느냐'다. 상대가 준비되지 않았기 때문에 내가 할 수 있을 것이라는 생각은 잘못되었다. 상대가 아니라 내가 얼마나 준비되었고, 역량을 갖추었느냐가 중요하다. 이런 사고는 블루오션에 대한 기대감에도 적용할 수 있다. 시장과 이윤이 줄어들고, 경쟁이 치열해지면서 블루오션에 대한 동경이 늘어나고 있다. 하지만 블루오션이 우연한 발견이나 공짜로 주어지는 것은 결코 아니다. 준비되고 축적된 역량이 그것을 발견하는 것이다. 허블망원경을 발명하자 이전에 보지 못하던 새로운 우주가 펼쳐졌다. 블루오션은 차라리 이런 것에 가깝다. 블루오션은 결코 틈새에 존재하는 것이 아니라 높이, 멀리, 빠르게 나는 사람에게 드러나는 것이다. 설사 공짜로 얻을 기회가 주어져도 이탈리아군처럼 준비되어 있지 않다면 결코 그 땅의 주인이 될 수 없다.

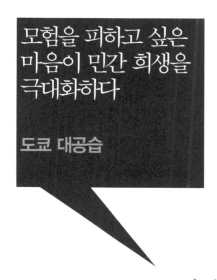

모험을 피하고 싶은
마음이 민간 희생을
극대화하다

도쿄 대공습

1945년 3월 9일, 오후 10시 30분, 일본의
도쿄, 라디오에서 B-29 폭격기 편대가 도쿄로 접근하고 있다는 경고
방송이 나왔다. 하지만 대부분의 시민은 이런 경보에 상당히 무감각
해져 있었다. 그들은 이미 주간 폭격의 시간과 야간 폭격의 시간을
대강 알고 있었고, 그 시간대에 맞추어 생활하고 있었다. 어떤 이들은
남편과 자식, 그리고 옆집 청년이 전쟁터에 있는데, 자신들도 그들과
전쟁을 공유하며 살아간다는 데서 오는 심리적 만족과 기쁨을 누리
는 것 같기도 했다.

도쿄는 넓었고, 타격 목표도 곳곳에 있었다. 처음에는 두려움에 떨
던 사람들도 나중에는 도쿄 한쪽이 폭격을 받는 동안 영화관에 들어
가고 쇼핑을 즐기기도 했다. 누군가는 죽음을 맞이하겠지만, 도쿄의
지름만 해도 수십 킬로미터였다. 그들을 위해 기도하고 내 생활을 지
속하는 것 외에 별다른 일을 할 수 없었다.

몇 번 폭격을 견디고 나자 별 것 아니라는 생각도 들었다. 미군의 폭격은 부정확했다. 철저한 등화관제로 도쿄 상공은 암흑의 바다였다. 단체정신과 복종심에 관한 한 전설적인 능력을 자랑하는 일본인의 도시에서는 부주의한 사람이 담뱃불 하나를 켜는 행운조차 기대할 수 없었다. 게다가 태평양에서 불어오는 습기 찬 바람으로 일본 열도는 언제나 구름에 덮여 있었다. 짙은 구름과 등화관제로 폭격기 조종사들은 번번이 목표를 잃었다. 이런 상황은 일본의 다른 도시도 마찬가지였다. 예로부터 일본은 가미카제神風의 나라였다. 태풍, 즉 가미카제가 원나라의 일본 침공 함대를 몰살시켰던 것처럼 지금은 구름이 일본을 B-29로부터 지켜주고 있었다.

그러나 이날 구름 위를 항진해오는 폭격기 편대는 엔진음부터 달랐다. 창공에는 300대에 가까운 B-29가 밀집해 있었다. B-29는 그 거대한 몸체 때문에 '슈퍼 포트리스fortress, 요새'로 불렸다. 폭탄 적재량도 10톤에 달했다. 현대의 폭격기에는 비할 바가 아니지만, F4 팬텀의 폭탄 적재량이 6톤 정도였으니 프로펠러 시대에는 경이적인 힘이었다. 이것은 제2차 세계대전 때 운용되던 일반 폭격기의 2, 3배가 넘었다. B-29의 놀라운 능력은 적재량만이 아니다. 진짜 무기는 6,000킬로미터에 달하는 항속거리와 9,000미터의 고고도 폭격 능력이었다. 기존의 폭격기로는 상상도 하지 못하던 수준이었다. 덕분에 B-29 폭격기 승무원들은 상당한 혜택을 누렸다. B-29는 대공포가 미치지 못하는 높이로 날 수 있었다. 더욱이 새로 개발한 여압與壓, 기내에 공기의 압력을 높여 지상에 가까운 기압 상태를 유지장치로 기내의 압력을 평소의 대기처럼 유지해줄 수 있게 되어, 승무원들이 평상복 차림으로 자유롭게 움직일 수 있었다.

그보다 훨씬 낮게 나는 B-17 승무원들은 산소마스크에 우주복 같은 복장을 하고 뭉그적거려야 했는데 말이다.

문제는 고고도 폭격의 정밀성이 떨어진다는 것이었다. B-29는 엄청난 양의 폭탄으로 이를 만회하려고 했지만, 일본의 상공은 거의 매일 짙은 구름에 덮여 있었다. 일본의 주요 군수공장은 모두 도시와 도시 근교에 있었다. 도쿄의 무사시노와 나고야, 오무라, 고베, 오사카에도 항공기 공장이 있었다. B-29는 집요하게 이 공장을 노렸지만, 구름층 덕분에 명중률은 20퍼센트 이하였다. 목표인 공장에 한 발도 맞히지 못하는 날도 있었다.

형편없는 실적에 화가 난 미 공군 사령관 커티스 르메이 Curtis Le May 중장은 대담한 작전 변경을 지시했다. 구름 아래로 내려가라는 것이었다. 중폭격기에 의한 유례없는 저고도 공습이었다. 그뿐 아니었다. 344대나 되는 엄청난 수의 폭격기를 밀집 대형으로 비행시키며 촘촘하게 소이탄을 퍼붓는 작전을 제안했다. 이는 반대로 말하면 지상의 대공포 사수들이 눈 감고 쏴도 폭격기를 맞출 수 있다는 이야기였다. 조종사들은 질겁하고 반대했지만 르메이는 고집을 꺾지 않았다.

민간인을 공격하는 무차별 공습의 시작

그날 밤, 폭격 편대가 도쿄 상공에 진입했다. 도쿄 도심은 불빛 하나 없이 캄캄했지만, 도쿄 만과 도심으로 흐르는 스미다 강의 수면은 하늘에서도 잘 보였다. 스미다 강을 기준 삼아 먼저 1번기가 강하해서 스미다 강 북쪽 주택가에 화염을 길게 뿌려놓았다. 그러자 2번기가 그 화염을 빗겨가며 소이탄과 기름을 부었다. 순식간에 X자 형태의 불이 솟았다. 이것이 뒤따르는 300대 폭격기의 표적이 되었다. 인간이 만든 역사상 가장 강력한 불의 세례가 도쿄를 덮쳤다.

이전의 고고도 폭격 때는 강풍이 불면 소이탄이 도시 밖으로 날아가기 십상이었다. 하지만 저고도로 떨어트린 폭탄은 가옥의 밀집 지역에 제대로 작렬했다. 목조가옥에 기름과 소이탄이 터지자 불길은 무섭게 타올랐다. 그날따라 강풍이 불어 화염을 수십 킬로미터나 이동시켰다. 도쿄 시민들은 소화훈련을 충분히 받았지만, 물통과 소화전으로는 이 불덩이에 대적할 수 없었다.

도시는 불바다가 되고 사람들은 화염 지역의 바깥으로 탈출하기 위해 뛰었다. 또 수많은 사람이 도심을 흐르는 스미다 강으로 뛰어들었다. 하지만 엄청난 화염은 강물조차 끓게 만들었다. 물에 뛰어든 사람은 증기에 질식하거나 끓는 강물에 삶아져서 죽었다. 차가운 물을 찾아 강 깊은 곳으로 들어간 사람들은 익사하거나 조류에 휘말려 바다로 쓸려갔다. 대공포마저 녹아버렸는지, 폭격기의 피해는 미미했다. 단 하루의 공습으로 20만 명이 넘는 사람이 죽었다. 이는 관동대지진의 피해보다도 컸고, 히로시마나 나가사키에 떨어진 원폭 희생자보다도 많은 숫자였다.

도쿄 대공습의 성공은 미군 사령부를 고무시켰다. 이후 종전 때까지 무시무시한 불의 세례가 일본의 주요 도시를 덮쳤다. 하루에 500대가 공습에 참여하기도 했다. 대부분의 군수시설이 거의 다 파괴되고 전 산업의 생산량이 15~40퍼센트까지 떨어졌다. 50만 명이 죽고,

1,500만 명이 이재민이 되었다. 살아남은 사람들이 도시를 탈출하면서 일본의 주요 도시의 주민이 절반 이하로 줄어들었다.

아무리 전쟁이라고 하지만 민간인 밀집 지역에 무차별적인 폭격을 감행하는 것은 상식적으로는 이해하기 힘든 행위다. 미 공군 입장에서는 도쿄의 군수공장들이 도심 주택가에 자리 잡고 있다는 나름의 이유가 있었다. 일부러 그랬는지 도시의 급속한 발달 과정 때문인지는 모르지만 군수공장들이 민간인을 볼모로 포진하고 있었던 셈이다.

하지만 그것도 이 학살극의 진정한 원인은 아니었다. 그리고 미군만이 이런 행위를 한 것도 아니었다. 일본군도 중국의 도시에 네이팜탄을 퍼부었다. 그전에 영국과 독일도 상대국의 대도시를 경쟁하듯이 폭격했다. 대도시, 특히 적국의 수도에 대한 무차별 공습은 제2차 세계대전에 등장한 새로운 전술의 하나였다. 전술이라고 이름 붙이기도 불편한 이런 행위가 등장한 이유는 군수공장과 같이 전쟁을 지속시키는 근원을 타격해서 말소하기 위함이었다. 그런데 그 근원이 왜 하필 대도시와 그곳의 주민들일까?

근원을 제거한다는 유혹

전략과 전술이라는 구분과는 또 다르게 우리를 헷갈리게 하는 용어 중 하나가 전략목표와 전술목표라는 구분이다. 간단히 말하면, 전략목표란 전투의 승패와 직접적 연관이 없는 하지만 전쟁의 장기적 운영에 영향을 미치는 목표를 말한다. 군수공장, 정유시설, 철도와 도로 등이 전략목표다. 전술목표란 전투 지역에 있는 적군, 아군의 진격을 저지하고 있는 산 위의 포대, 눈앞의 기관총 진지, 11시 방향에 나타난 탱크와 같은 목표를 말한다.

전략목표와 전술목표의 구분은 고대 전쟁에도 존재했다. 가장 고전적이고 흔한 전략목표가 식량이었다. 추수하기 전에 적국에 쳐들어가 농토를 짓밟아버리거나, 우세한 재력을 이용해서 적의 곡물을 사전에 매입함으로써 적국의 전쟁 수행 능력을 말살시키는 일화는 전쟁사 곳곳에 있다. 하지만 20세기 이전에는 전략목표에 대한 공격이 쉽지 않았다. 상대가 강하고 제대로 된 국가, 우리보다 객관적으로 강한 국가라면 이런 전략목표를 대책 없이 방치하지 않고, 쉽게 당하지도 않는다. 오히려 열세한 국가가 쓸데없이 전략목표를 공격하다가 전투력을 낭비하고 상대의 전략에 거꾸로 당하고는 했다.

옛날 전쟁에서 전략목표가 덜 중요했던 이유는 그들이 전략목표라는 개념을 몰라서가 아니라 전략목표에 도달할 방법이 없었기 때문이다. 식량 못지않게 가치 있는 전략목표가 적국의 국왕이었다. 하지만 국왕이 전투에서 사로잡히는 경우는, 없지 않지만 매우 특수한 경우였다. 그래서 옛날 전쟁에서는 대부분의 타격 목표가 전술목표였다. 전략목표는 거의가 적의 군대를 격멸해야 도달할 수 있는데, 적의 군대를 격멸하면 사실상 전략목표를 공격하고 탈취할 필요도 없어지기 때문이었다.

그런데 현대전이 되자 두 가지 큰 변화가 일어났다. 먼저 전략목표의 대상이 다양해지고, 그것이 전쟁에서 차지하는 비중도 높아졌다. 현대전에서는 상상을 초월한 물자가 필요하다. 총알과 포탄을 쉴 새

없이 조달해야 하고 이를 신속하게 전장으로 수송해서 적의 화력을 압도해야 한다. 한마디로 현대전은 물량전이다. 탄약 외에 석유, 고무, 트럭, 철도, 항만, 댐, 그 외에도 수많은 공장과 시설이 필요하다.

다음으로 전술적 타격 없이 전략목표에 도달할 수 있는 수단이 탄생했다. 바로 항공기다. 제1차 세계대전에서 군용기는 폭격을 하기는 했지만 엔진 출력이 너무 낮아 적재량이 형편없었다. 하지만 제1차 세계대전과 제2차 세계대전 사이에 항공기술은 비약적으로 발전했다. 강력해진 엔진은 마침내 상당한 폭탄을 적재해 적의 후방에 투하할 수 있는 괴물을 만들어냈다. 선각자들은 흥분하기 시작했다. 전투부대가 아니라 전투물자의 공급원을 공격해 전쟁을 끝낼 수도 있다는 생각을 하게 된 것이다.

이런 발상 자체는 타당하고 매력적이었다. 100만 명의 적군을 죽이느니 이들의 무기를 생산하는 공장을 초토화시키면 100만 명의 군대가 무용지물이 된다. 공장의 민간인 노동자와 주변 가옥이 피해를 입겠지만, 100만의 병사에 비하면 아무것도 아니다. 문제는 전략 폭격의 효과에 지나치게 경도되었다는 것이다. 1930년대는 항공기의 능력을 깨닫기 시작했고, 항공기로 전함을 격침할 수 있다는 사실도 막 입증된 상황이었다. 그것도 실험실에서 증명된 가설일 뿐이었다. 실전에서 대공포로 격렬하게 저항하며 회피기동을 하는 함선을 과연 격침할 수 있겠느냐는 의문이 믿음으로 바뀐 것은 1940년대의 이야기다. 그런데 일부 선각자들은 전략 폭격만으로 전쟁을 효과적으로 끝낼 수 있다고 확신했다.

여기서 중요한 질문이 등장했다. 어떤 전략목표가 효과적이며 결정적일까? 현대전에서 전략목표는 너무 많고 넓게 퍼져 있다. 어디에 집중해야 할까? 옛날 전쟁에서 최고의 목표는 국왕이었다. 국왕이 없으면 전쟁을 추진할 주체가 없어진다. 그런데 현대에는 민주주의가 왕을 대신하고 있다. 그렇다면 국민의 전쟁 수행 의지를 꺾으면 전쟁은 끝난다. 여기서 기발한 목표가 등장했다. 국민이 가장 깊게 좌절하고, 삶의 의욕을 상실하는 요소를 찾아봤더니 주택이라는 답이 나왔다.

결론을 분명해졌다. 도심을 폭격해서 집을 불태워라! 이 타깃은 공장이나 창고에 비하면 명중시키기도 쉽다. 주택 밀집 지역에 폭탄을 뿌리기만 하면 되었다. 사실 도시 폭격의 목표는 주택이지 민간인 살상이 아니었다. 민간인이 죽으면 전쟁을 거부해야 할 국민의 의지 자체가 소멸해버릴 테니 말이다.

민간인 폭격의 결과

제2차 세계대전이 발발하자 영국과 독일 공군은 서로 경쟁적으로 상대의 도시를 폭격했다. 처음에는 도시의 군수공장이 주목표였지만, 폭격 효과가 신통치 않자 국민의 전쟁 의지로 방향을 바꾸었다. 전략 폭격보다는 전술 폭격을 중시했던 독일마저도 전략 폭격에 경도되었다. 제공권에서 밀리자 그들은 V1, V2로켓을 발명해 런던과 주요 도시를 향해 발사했다.

일본은 10억 명이나 되는 엄청난 중국 인구를 굴복시키기 위해, 미군은 일본 본토에서 지상전을 펼치면 미군 병사 100만 명이 희생될지도 모른다는 공포감에, 도시 주민에 대한 전략 폭격을 감행했다. 그래서 전쟁의지가 꺾였을까? 완전히 반대였다. 주민들 사이에서는 적국에 대한 증오가 끓어올랐다. 유럽 전선과는 비교되지 않는 가공할 위력을 보여준 일본 대공습도 결과는 마찬가지였다. 일본인의 적개심은 더 끓어올랐고 항전 의지는 더욱 커졌다.

무엇이 잘못되었을까? 전쟁 의지에 대한 조사가 전시체제와 평화 시기를 구분하지 못했다. 인간은 상황에 적응하는 동물이다. 사람들이 주택에 집착하는 것은 평화로운 삶을 영위하기 위함이다. 전쟁이 터지면 누구나 의식주의 고통을 감수해야 한다는 각오 정도는 한다. 그리고 안락한 삶이 아니라 생존과 승리가 최대의 목적이 된다. 생존과 승리라는 기준에서 보면 의식주 가운데 인간이 가장 쉽게 포기할 수 있는 것이 주택이다. 소위 전쟁 의지라는 것도 그렇다. 전쟁 의지는 안락한 삶이 파괴되고, 전방과 후방의 구분이 없어지면 더 끓어오른다. 전쟁 의지는 승리의 가망성이 전혀 없어졌다고 판단할 때 비로소 꺾인다.

전략 폭격을 비판하는 이들은 그 막대한 물량이 전술목표, 아니면 최소한 주택이 아닌 공장이나 수송수단에 집중되었더라면 실질적인 효과를 보았을 것이라고 말한다. 제2차 세계대전에서 프랑스의 항복을 받아낸 독일 공군은 영국 본토에 대한 전략 폭격에 몰입하다가 공군력을 소진해버렸다. 이를 차라리 해군과 상륙부대를 엄호하는 데 전용했더라면 독일군은 영국 상륙에 성공했을 것이고, 유럽 전쟁은 미군이 개입하기도 전에 끝났을 것이다.

전략물자의 낭비, 조종사들의 희생도 엄청났다. 일본 대공습에서 희생된 미군 조종사들의 수에 비교하면 유럽 대공습의 피해는 엄청났다. 전투기의 엄호 없이 적진 후방으로 장거리 비행을 해야 했기 때문이다. 대공포와 적 요격기에 속수무책으로 당하는 폭격기를 보면서 한 폭격기 조종사는 "통조림 깡통 속에 들어 있는 기분"이라고 표현했다.

결과적으로 도시 폭격과 민간인 살상, 허울 좋은 주택 파괴와 국민의 전쟁 의지 박멸은 말도 안 되는 소리라는 것이 드러났지만, 제2차 세계대전 내내 교전국들은 이런 오류를 깨닫지 못했다. 물론 군수공장과 사회간접시설에 대한 폭격은 나름 효과가 있었는데, 이런 부분적 성과가 전체의 잘못을 깨닫지 못하는 데 한몫하고 말았다.

승부는 고통, 쉽게 이기려는 유혹을 버려라

이 잘못된 판단을 야기한 근본 요인은 제1차 세계대전의 트라우마였다. 제1차 세계대전은 서부전선에서만 1,000만 명의 희생자를 배출했다. 대량살상을 가능하게 만든 현대 무기와 전쟁기술의 가공할 성과였다. 여기에 놀란 전략가들은 희생자를 줄이고 전쟁을 빨리 끝낼 방법을 찾기 시작했다.

그런데 여기에는 제1차 세계대전의 트라우마보다 더 깊숙하고 근본적인 요인이 있다. 모험을 피하고 쉽게 이기고 싶어하는 인간의 근원적 욕망이다. 아이러니하게도 효과 측정의 어려움과 물량전, 소모전이라는 특성이 이 어리석은 전략을 지속하게 해준 힘이었다. 사람은 막대한 물량을 쏟아부으면 무언가가 이루어질 것이라는 이상한 안도감에 빠지는 경향이 있다. 막대한 물량과 비용이 주는 불안감이 비장감으로 바뀌고는 마침내 근거 없는 희망으로 둔갑한다.

이런 사례는 기업사에도 의외로 많다. 소비자의 마음속에 경쟁사가 발붙일 터전을 말소하겠다고 간접광고에 엄청난 비용을 쓰는 경우가 많다. 기업 제품에 대한 맹목적인 충성을 만들어낸다는 것은 결코 쉬운 일이 아니다. 간혹 성공하는 경우도 돈과 물량 덕분이라고 할 수 없으며, 효과가 지속되지도 않는다. 하지만 이런 유혹은 이겨내기가 쉽지 않다. 대표적인 사례가 티저광고다. 티저광고는 속성상 광고시간대를 독점할 정도로 엄청난 비용을 투자해야 한다. '신비소녀'를 등장시킨 SK의 TTL 광고는 당시로서는 경악할 비용인 490억 원을 투자했다. 이 광고는 공전의 성공을 거두었지만, 이후 수 차례 시도된 블록버스터급 티저광고 가운데 성공사례는 거의 없다. 고위험성과 비용의 부담에도, 티저광고가 유행했던 이유는 전장에서 치고받는 싸움을 피하고, 소비자를 통째로 장악할 수 있다는 유혹이 그만큼 컸기 때문이다.

전략목표에도 여러 종류가 있다. 효과적인 전략목표는 전술목표와 연계성을 지니며, 전략적 효과도 분명하고 제한적인 경우다. 근원적인 것을 해결한다는 것은 분명 매력적인 제안이지만, 그만큼 쉽지 않다는 냉정한 현실을 받아들여야 한다. 그 유혹에 빠지지 않는 방법은 전략·전술목표가 공존해야 하듯이 실용적인 목표와 연결되는 단계적이고 체계적인 구조를 지니는 것이다.

Part 4

관망하는 자와 도전하는 자

혁신을 꿈꾸는 사람은 언제나 두 가지 장벽을 만난다. 외부의 적과 내면의 적이다. 외부의 비협조와 몰이해, 비난, 방해는 선구자라면 누구나 당연히 넘어야 할 장애다. 이때 우리가 마음에 담아야 할 점이 하나 있다. 실패를 두려워하지 않고 도전해야 한다는 점이다. 현대 자본주의와 경쟁체제를 비난하는 사람들은 승자의 영광은 수많은 실패자의 무덤 위에 세워진 것이라고 말한다. 하지만 진정한 승자라면 그 무덤의 절반은 자신의 무덤이라는 사실도 잊지 말아야 한다. 실패에 대한 두려움에도 물러서지 않고 도전하는 사람만이 승리할 수 있다.

특수부대의 대명사가 된 '코만도'의 첫 임무는 어설프기 짝이 없는 실패투성이었다. 또 임진 왜란에서 '육지의 이순신'이라 불린 명장 정기룡도 첫 전투는 패하지만 끝없이 자신의 역량 을 키워서 일본에게 빼앗긴 상주를 탈환했다. 한편 현대군의 모양새만 갖춘 청군과 마음가짐 까지 현대화한 일본군의 대결, 청일 전쟁은 그저 흉내만 내는 자와 진정한 혁신을 이루는 자 사이에 어떤 차이가 있는지 보여준다.

실패는
극복하기 위해
존재한다

제2차 세계대전
＊코만도 부대

1942년 9월의 어두운 밤, 독일군 점령지인 리비아 벵가지 근처의 도로 위로 기관총을 거치한 여러 대의 무개차^지붕이 없고 네 측면이 판자로 둘러싸인 화물차가 달리고 있었다. 북아프리카에서 명성을 날리고 있던 영국군의 사막전 특공대였다. 여러 번의 성공으로 점점 대담해진 그들이 벵가지 근처까지 침투한 것이다. 습격 목표에 거의 도달했을 무렵 특공대는 도로 가운데 검문소와 바리케이드가 설치된 것을 발견했다. 전투를 피할 수 없다고 판단한 지휘관은 차에서 내리더니 검문소의 독일군을 향해 파시스트 식으로 경례했다. 그리고 이렇게 소리쳤다. "전투를 시작하자!"

이런 낭만적인 일화는 전쟁의 극히 일부분에 불과하다. 전쟁터란 본래 비열하고 잔인한 곳이다. 하지만 제2차 세계대전 때까지만 해도 유럽의 장교들 사이에서는 기사도에 대한 잔재 같은 것이 약간 남아 있었다. 그래서 대부분의 군 지휘관들은 이 시기에 선보이기 시작한 특수전이나 현대적 게릴라전을 혐오했다. 물론 더 솔직한 이유는 기사도 정신 때문이 아니라 특수전의 성공 가능성과 효과를 확신할 수 없었기 때문이었다.

제2차 세계대전을 기점으로 세상에 출현하기 시작한 부대가 특수전을 수행하는 특수부대다. 이전에도 요새 폭파와 같은 특수 임무를 수행하는 부대가 있었다. 하지만 대부분은 특정 목표를 위해 창설하는 임시적인 부대였다. 특수전을 전담하는 부대로는 아마 1940년 영국에서 창설된 코만도가 효시일 것이다. 코만도라는 이름은 보아전쟁에서 영국군을 괴롭혔던 네델란드인 게릴라부대의 명칭에서 따온 것이다. 그 뒤 코만도와 비슷한 성향의 부대들이 여기저기서 탄생했다. 코만도 대원 일부가 북아프리카에서 SAS Special Air Service, 영국 공수특전단를 만들었고, 인도·버마 전선에서는 친디트가 탄생했다. 미군은 이탈리아에서 '검은 악마'를 운용했고, 태평양에서는 해병 레인저스가 태어났다.

20세기가 특수부대의 전성기가 된 것은 과학기술의 발달 덕이었다. 옛날 전쟁에 신비로운 무술 고수는 많았지만, 바다 속으로 잠행해서 적지의 해안에 요원을 토해놓거나, 헬기를 이용해서 적 후방에 병사를 낙하시킬 수 있는 기술은 없었다. 옛날이라면 천하의 용사라도 목표지점까지 가는 동안 지치고, 식량을 조달하는 데 애먹었을 것이다. 하지만 현대 문명이 완전한 컨디션의 전사로 하여금 집 한 채, 심지어는 전함 한 척을 침몰시킬 수 있는 폭약을 들고 목표지점에 곧장 침투하는 것을 가능하게 했다.

사실 최초의 특수부대는 이런 선구적인 개념에서 착안한 것이 아니었다. 아이디어의 탄생에 어느 정도 영향을 미쳤겠지만, 본질은 달랐다. 당시 영국은 덩케르트의 패전 1940년 영국 프랑스 연합군이 프랑스를 침공한 독일군에게 처참하게 패한 전투. 생존자들은 덩케르트 해변에서 기적적으로 철수해서 영국으로 귀환했다 으로 충격에 빠져 있었다. 군과 국민의 사기를 높여야 하는데, 반격할 군대도, 능력도 없었다. 이때 영국군 사령부의 더들리 클라크 중령 Dudley Clarke 이 적진을 습격하고 빠지는 소규모 기습부대를 창설하자는 제안을 했다. 게릴라전이라도 해보자는 절박한 심정에서 나온 아이디어 같은데, 정치인으로서 감각이 뛰어나고 이런 종류의 아이디어를 좋아했던 처칠 수상이 단박에 찬성했다. 그의 적극적인 지지로 코만도가 창설되었다.

조직문화와 자유로운 영혼이 공존하는 특수부대

코만도에 자원한 장병들은 처음부터 '막연'이라는 벽에 부딪혀야 했다. '소수 병력으로 적을 습격해서 치고 빠진다'는 모토 외에는 구체적인 목표, 전술, 가능성, 훈련 방법 등 모든 것이 막연하고 선례도 없었다. 이것은 이후 코만도의 운명에 커다란 영향을 미친다. 이들은 정규 작전, 기습 작전, 특수 정찰이나 수색 업무, 후방 습격과 폭파, 요인 암살 등 다양한 작전에 투입되었다. 이 과정에서 희생도 많았다. 가장 안타까운 것이 코만도를 슈퍼맨으로 착각하는 경우였다. 코만도가 야간기습이나 저격으로 10배의 적을 해치웠다고 해서 적군보다 10배의 전투력을 가진 것은 아니었다. 그러나 묘하게도 많은 사람들이 이런 착각에 빠졌다. 그래서 콘크리트 요새 앞으로 코만도를 정면 돌격시켜 몰살당하게 한 우를 범한 사례도 있었다.

이런 복잡한 문제가 있었지만, 가장 중요하면서도 모호했던 과제는 병사 선발 요건이었다. 어떤 병사가 특공업무에 적합할까? 그 답은 병사들 스스로에게서 나왔다. 코만도 창단멤버이며 제3코만도 부대(코만도는 10개 지대支隊로 구성되었다)의 지휘관이었던 존 던포드 슬레이터John Dunford Slater 중령이 그 중 한 명이었다. 던포드는 완벽한 군인 집안에서 태어났다. 아버지는 육군 대위였고, 어머니는 군인의 딸이었다. 하나뿐인 누이동생은 해군 제독과 결혼했다.

제1차 세계대전이 발발하자 아버지는 프랑스 전선에 참전해 두 달 만에 전사했다. 던포드가 다섯 살 때였다. 미망인이 된 젊은 부인은 어린 던포드를 불러 이렇게 말했다. "아버지가 돌아가셨으니 이제 네가 대를 이어 군인이 되어야겠다" 그리고 아들이 열세 살이 되자 군사학교에 입학시켰다. 훌륭한 군인 가문의 던포드는 의외로 군대문화에 적응하지 못했다. 그는 훈련, 내무생활, 복장군기, 행군에 염증을 냈고, 왜 이런 것이 필요한지 이해할 수도 없었다. 군인 집안의 피가 무색하게 소년은 아르헨티나의 팜파로 가서 초원의 카우보이가 되고 싶어했던 자유로운 영혼의 소유자였다.

던포드의 교사들은 그를 상담한 후에 집으로 돌려보냈다. 잠시 집에서 쉬면서 생각해보라고 기회를 준 것이다. 하지만 어머니는 단호했다. 반드시 군인이 되어야 하며, 그것도 아버지가 소속되어 있던 연대에서 복무해야 한다고 명령했다. 던포드가 자신의 꿈은 카우보이가 되는 것이라고 하자 모친은 잠시 생각하더니 황당한 타협안을 내놓았다. "그토록 말을 타고 싶다면 포병에 지원하렴." 이때만 해도 말로 포를 끌었기 때문에 포병대에는 말이 지급되었다.

던포드는 모친에게 굴복했고, 그렇게라도 말을 타고 싶었는지 진짜로 포병이 되었다. 그는 성실하고 유능한 장교였지만, 실전은 경험하지 못했다. 하지만 군인의 피를 이어받은 영향인지, 영국군이 프랑스에서 치욕을 당하자 참을 수 없었던 모양이다. 그는 싸우고 싶다는 이유 하나로 상관의 만류를 무릅쓰고 코만도에 지원했다. 전투 경험도 없고 병과도 포병이었지만 고급 장교가 부족했는지 사령부는 그를 제3코만도 지대의 지휘관으로 임명했다. 이 사실만 봐도 초기의 코만도가 정말로 엉성했음을 알 수 있다.

하지만 코만도에서 가문의 피와 자유로운 영혼이 화학반응을 일으켰다. 그에게는 코만도의 영웅이 될 수 있는 자질이 이미 있었다. 조직과 규율에 대한 관용과 복종, 불만을 참고 조절하는 능력, 그러면서도 조직의 관행에 맹목적으로 몰입되지 않는 내면의 열정과 자유로움이 그것이다. 코만도의 창설자인 클라크 중령은 코만도 부대원의 병영생활을 폐지하고 전원이 민간에서 하숙하게 했다. 특공대에게는 자유와 창의력이 필요하다고 판단했기 때문이다. 당시에는 습격보다 어려운 것이 귀환이었다. 퇴로가 끊기면 그들은 도시와 마을로 숨어들어 탈출해야 했기에, 전략적 측면도 있었던 듯하다.

던포드는 제3코만도의 병사를 모집할 때도 같은 기준을 적용했다. 코만도 용사 중에는 배짱 좋고 거친 병사들이 많았다. 분노를 참지 못하는 격렬한 싸움꾼도 있었다. 하지만 던포드는 불량배와 악당은 절대 허용하지 않았다. 그는 불량배와 건달이 평소에는 불필요하게 용감하고, 전투와 같이 진정한 용기가 필요한 순간에는 비겁하고 겁쟁이가 된다고 했다.

코만도 부대의 좌충우돌 첫 작전

1940년 7월 14일, 던포드 부대가 드디어 실전에 투입되었다. 목표는 프랑스의 노르망디 반도와 브르타뉴 반도 사이에 펼쳐진 삼각형의 만 중앙에 있는 건지 섬이었다. 이곳에 있는 독일군 비행장의 항공기를 폭파하고 독일군 포로를 잡아오는 것이었다. 이 작전에 투입된 병사는 장교 32명, 사병 102명이었다. 섬에 있는 독일군은 469명이었지만 다행히도 곳곳에 흩어져 있다. 해안의 보초병을 처치하고, 비행장의 독일군을 살해한 뒤 비행장을 폭파한다. 작은 섬이라 섬 어느 곳이든 경보가 울리면 20분 안에 적의 지원군이 달려올 수 있었다. 결국 비행장에서의 실질적인 작전 시간은 20분뿐이었다.

코만도는 구축함을 타고 접근한 뒤 작은 구명정에 옮겨 타고 해안에 상륙했다. 해안 상륙 시간은 밤 12시 50분이었고 작전 시간은 2시간이었다. 구축함은 2시 50분이 되면 무조건 철수할 예정이었다.

병사들은 의욕과 흥분에 휩싸였지만 처음부터 어그러지기 시작했다. 특공 작전에는 기관단총이 필수장비였는데, 이때까지 영국군은 기관단총이 없어 미제 톰슨 기관단총을 수입했다. 하지만 한 자루에 225달러나 하는 고가품이어서 훈련 때는 만져보지도 못하게 하는 바람에 출정 전날 밤에야 지급받았다.

구명정은 민간인 자원자들이 조종했는데, 계기 이상을 일으켜 일부는 다른 섬으로 가버렸다. 해안에 제대로 상륙한 병력은 겨우 40명이었다. 게다가 배가 상륙정이 아닌 구명정이어서 해안에서 꽤 떨어진 지점에서 코만도를 내려놓았다. 병사들은 파도에 나뒹굴며 해안까지 걷느라 체력의 절반을 소진해버렸다. 설상가상으로 민가의 개들이 인기척을 느끼고 사납게 짖어대기 시작했다. 전혀 예상치 못한 사태였다. 한 장교가 기지를 발휘해 개들을 향해 낮게 으르렁거렸다. 그러자 다른 집 개들까지 합세해서 더 맹렬하게 짖어대기 시작했다. 이런 방법은 영화에서는 통용될지 몰라도 실전에서는 절대로 흉내 내서는 안 되는 행동이다. 요즘 특수부대원들은 동물을 피하는 방법과 동물들이 이상행동을 보이면 즉시 반응하는 훈련을 받는다.

개 짖는 소리에 섬에 있는 독일군이 다 깨어났을지도 모르지만, 확인할 방법이 없었다. 게다가 병력 부족으로 엄호할 병력도 없었다. 전멸할 수도 있었지만, 그들은 용감하게 작전을 개시했다. 다행히 영국군과 마찬가지로 독일군도 이런 사태에는 초보였다.

던포드 일행은 영화처럼 로프를 걸고 절벽을 기어올랐다. 한 조는 기관총 진지를 덮치고, 다른 조는 독일군 막사와 비행장 공격을 개시했다. 하지만 던포드가 새둥지와 같은 기관총 진지에 뛰어들었을 때 그곳은 텅 비어 있었다. 경비 막사와 비행장 습격조도 오래된 먼지 냄새만 맡았다. 정보가 잘못된 것이었다. 비행장은 폐기된 지 오래였다. 여기까지 하고 보니 시간이 벌써 2시 45분이었다.

그들은 다시 로프를 타고 절벽을 내려왔다. 그런데 서두르느라 다른 사람도 아닌 던포드의 권총이 땅에 떨어져 총소리를 내고 말았다. 어둠 속에서 적과 마주치면 빨리 권총을 뽑을 수 있도록 헐겁게 넣어둔 것이 실수였다. 로프를 탈 때는 권총을 단단히 간수해야 한다는 것을 이때 처음 깨달았다. 독일군이 총소리를 들었을 것이고, 구축함은 떠날 시간이 되었다. 하지만 구명정은 암초 때문에 해안으로 접근할 수가 없었다. 던포드는 바다로 뛰어들어 구명정을 향해 헤엄쳐 가라고 명령했다. 수영을 못하는 병사 세 명은 할 수 없이 섬에 버리고 와야 했다. 그들은 포로가 되었다가 종전 후에 생환했다.

돌이켜보니 모든 게 엉망이었고 예기치 못한 실수투성이였다. 하지만 구명정에 올라탄 뒤에 던포드는 기가 막힌 최대의 실수를 발견했다. 상륙할 때 바다에 뛰어들고 넘어지면서 그의 손목시계가 고장났던 것이다. 시간이 이미 3시 반을 넘었다. 구명정의 선원들은 민간인이었음에도 용감하게 그들을 기다려 준 것이었다. 하지만 구축함은 한참 전에 떠났을 시간이었다. 구명정으로는 영국까지 항해할 수 없었고 설사 항해한다고 해도 날이 밝으면 초계비행을 하는 독일 전투기에게 들키고 만다. 죽거나 포로가 되거나 둘 중 하나였다. 총 한번 쏴보지도 못하고 던포드와 부하들의 코만도 전쟁은 끝나게 된 것이다.

창의는 실패의 무덤에서 탄생한다

독일군이 기다리고 있는 해안으로 다시 갈 수도 없어 그저 막연한 희망을 안고 바다로 나갔더니, 침몰의 위험을 감수하고 구축함이 그들을 기다리고 있었다. 그들이 기적적으로 생환할 수 있었던 것은 민간인 선원과 특수전의 특성을 모른 채 기다려준 해군의 인정 덕분이었다. 하지만 건지 섬 작전의 실패는 코만도 반대파들의 기세를 올려주었다. 특수전은 육해공군 모두의 협조가 반드시 필요한데, 이를 계기로 모두가 협력을 거부한 것이다.

실패가 준 좌절도 컸다. 건지 섬 작전에서 던포드가 얻은 소득은 '하지 말아야 할 행동'을 알게 된 것뿐이었다. 그래도 던포드와 상당수의 장병들은 포기하지 않았다. 실망하고 낙담한 장병들은 바로 교체했다. 건지 섬 작전 후 던포드는 실전만 한 훈련은 없다는 사실을 깨달았다. 그런데 실전을 잘 치를 방법 또한 훈련뿐이었다. 다만 그 훈련은 맹목적으로 강도가 세거나 교본에 기록된 내용의 재탕이 아니라 창의적인 훈련이어야 했다. 실패에서 배운 경험을 총동원하고, 모든 지혜를 짜내 사태를 예상하고 대비하며, 개량하는 훈련이어야 했다.

던포드는 이런 훈련에 아주 적합한 부하 한 명을 얻었다. 육군 출신인 영 중위Peter Young는 덩케르트의 생환자로, 던포드에게 없는 전투 경험이 있었고 영화배우처럼 잘생기고 리더십도 뛰어난 장교였다. 하지만 그의 진정한 가치는 끊임없는 도전과 실험정신이었다. 그는 창문을 뛰어넘어 들어가는 법이나 건물 안으로 진입하는 법 등 지금까지 군에서 해본 적 없는 특수전에서나 필요한 전술들을 연구했고, 틈만 나면 던포드 이하 장교들을 초청해서 시연했다. 이런 경우에 전술 시연에 문제가 있거나 약점이 드러나면 명성과 평판이 깎이기 십상이다. 그래서 보통 사람들은 실험적인 모습을 보이기 싫어한다. 얻는 것보다는 잃는 것이 많기 때문이다. 하지만 영 중위는 달랐다. 그는 사람들을 불러 시연하고 다음 날 바로 던포드를 찾아와 "더 좋은 생각이 났습니다. 이런 건 어떨까요?" 하고 새로운 제안을 했다.

던포드는 영의 태도를 높이 샀다. 이러한 열정과 노력은 곧 제3코만도 지대를 장악했다. 코만도의 사령관은 제3코만도의 훈련과 전술을 보고 감동받았고, 모든 코만도 부대로 하여금 제3코만도의 전술을 배우도록 했다. 나중에 영은 던포드의 후임으로 제3코만도의 사령관이 되었다.

제2차 세계대전의 가장 획기적 유산

던포드의 도전정신과 영 중위의 열정이 놀라운 변화를 야기하기 시작했다. 초기의 방황을 접은 병사들이 훈련에 점차 적응해갔다. 아직 활용 분야가 특정되지 않은 모호한 개념 탓에 코만도는 너무나 다양한 작전에 투입되었다. 각 작전마다 특별한 훈련과 기능을 요구했다. 코만도 대원들은 그 광범위한 훈련을 해냈고, 현대의 특수부대원들도 놀랄 정도로 원시적인 장비로 엄청난 집중력과 효과를 보였다.

1942년 9월 2일 밤, 한 대의 영국군 상륙용 주정 舟艇이 프랑스 카랑탕 반도 앞 해역에 있는 작은 무인도로 들어섰다. 던포드 일행이 첫 모험을 한 건지 섬의 북쪽에 있는 등대섬이었다. 작전의 목표는 등대를 파괴하고 등대의 독일군을 소탕하거나 포로로 잡는 것이었다. 작전 자체는 특별한 의미를 찾을 수 없다. 다만 이런 소규모 기습이 전 독일군에게 미치는 심리적 영향은 어마어마하다. 야간경계 업무가 몇 배로 강화되고, 병사들은 지친다. 후방경계에 투입하는 병력을 몇 배로 늘려야 하는 것이다. 사단 규모의 전투를 벌여 승리하는 이상으로 적의 전력에 큰 타격을 줄 수 있다.

그날 밤바다에서 경계병에게 들키지 않고 잠입하는 것은 쉬웠다.

독일군 병사 19명은 등대 안에서 단잠에 빠져 있었다. 이 작전의 성패는 배를 등대섬의 암초에 안전하게 붙들어 매는 데 달려 있었다. 등대에는 상륙용 주정을 쉽게 파괴할 수 있는 기관포가 설치되어 있어 침투부대가 선착장에 접안할 수 없기 때문이었다. 배를 암초에 대는 방법은 우선 암초에 접근한 뒤 한 명이 로프를 들고 암초로 뛰어내린다. 그동안 보트에 있는 병사는 뒤쪽에 닻을 내려 배를 고정시키고, 배가 파도에 밀려 암초에 부딪히지 않게 한다. 암초에 내린 병사가 로프를 바위에 묶고 고물을 고정시키면, 다시 이물에서 암초에 로프를 묶어 암초 사이에 보트를 해먹처럼 고정시킨다.

언뜻 어려울 것 없어 보이지만, 여기에 파도가 더해지면 일이 말처럼 쉽지 않다. 단 한 번 보트가 암초와 접촉해도 부서질 수 있다. 게다가 북해는 파도와 물살이 엄청난 바다다. 그 북해의 조류가 병목처럼 밀려드는 곳이 도버 해협이다. 이 보트 붙들어 매는 기술만 익히는 데도 몇 달은 걸릴 수 있다. 현대의 특수부대원들은 첨단장비를 이용해 이런 위험을 줄이지만, 당시는 그렇지 못했다. 훈련 중 파도에 휩쓸리면 죽을 수도 있었다.

보트가 접근하자 지휘관인 대위가 요동치는 보트에서 힘차게 암초를 향해 뛰었다. 착지하면서 물에 젖은 바위에 미끄러져 발목을 삐었다. 그래도 대위는 다리를 절며 로프를 당겨 묶었고, 그들은 배를 고정시키는 데 성공했다. 그 뒤는 일사천리였다. 대원들은 독일군 전원을 포로로 잡아 귀환했다.

바다와 보트에 익숙해진 코만도는 더 대담하고 창의적인 작전을 시도한다. 단 두 명이 작은 보트에 기뢰를 싣고 적의 항구에 잠입해 유

조선을 파괴한 것이다. 이 시도로 2척의 배가 침몰했다. 한 척은 유조선이고, 한 척은 자신들의 보트였다. 보트가 너무 작아 들이치는 파도를 감당하지 못했다. 다행히 두 명의 코만도는 헤엄쳐서 간신히 모선에 도달할 수 있었다.

이런 작전들은 오늘날에는 영화에서 흔히 보는 장면이지만, 실제로는 흔하지도, 영화처럼 쉽지도 않았다. 더욱이 그들은 현대의 특수부대원처럼 첨단 장비의 도움을 받을 수도 없었다. 코만도가 성공하기 시작하자 그들에 대한 비판적 시각도 경이와 적극적인 협조로 바뀌었으며, 전쟁의 방법과 전술에 대한 혁신적인 변화로 이어졌다. 오늘날 특수부대와 특수전은 제2차 세계대전이 남긴 가장 획기적인 유산의 하나로 평가받고 있다.

실패의 무덤 없이 승리할 수 없다

창의적이고 도전적인 일을 시작하려는 사람은 언제나 두 가지 장벽을 만난다. 외부의 적과 내면의 적이다. 외부의 비협조와 몰이해, 비난, 방해는 선구자라면 누구나 당연히 넘어야 할 장애다. 창의와 혁신은 결코 현대인에게 주어진 특별한 짐이 아니다. 유사 이래 역사에 전과를 남긴 명장들의 비결은 거의가 창의와 혁신이었다. 그런데 새롭고 낯선 것에 대해 불안을 느끼고 자신의 영역을 지키는 것에 대한 걱정은, 인간에게는 자연스러운 것이다. 혁신을 이루려면 이런 현상에 대해 분노하고 흥분하는 이들을 설득할 방법과 전략을 모색하고 발굴하기 위해 1분이라도 더 노력해야 한다.

내면의 적 역시 쉽지 않은 장애다. 도전과 실패는 뗄 수 없는 관계다. 그런데 실수란 되짚어보면 모두 어처구니없고 사소한 일투성이다. 그만큼 비난받기 쉽고, 좌절하기도 쉽다. 그래서 자신의 실수를 복기하고 냉정하게 평가하려면 뻔뻔함에 가까운 용기와 냉정함이 필요하다.

현대 자본주의와 경쟁체제를 비난하는 사람들은 승자의 영광은 수많은 실패자의 무덤 위에 세워진 것이라고 말한다. 이 말도 어느 정도 일리는 있지만, 진정한 승자라면 그 무덤의 절반은 자신의 무덤이라는 사실도 잊지 말아야 한다. 자신의 실패를 용납하고 변명하기보다는 자신을 극복하고 끊임없이 새로운 실패를 찾아 나아가는 사람만이 자기 운명의 주인이 될 수 있다.

공포를 극복하는 작은 승리의 힘

상주 탈환 전투
* 정기룡

의식주, 즉 먹고 자는 것은 군대에서도 무척 중요한 일이었다. 그래서 군대마다 나무하고 물 긷는 일을 담당하는 부대가 있다. 오늘날로 치면 취사병이라고도 할 수 있지만, 취사병보다는 규모가 훨씬 크다. 옛날에는 대규모 병력이 사용할 물과 땔감을 마련하는 일이 쉽지 않았다. 연료와 식량을 구하려면 상당히 많은 병사들이 야영지 주변의 비교적 넓은 지역을 쉴 틈 없이 돌아다녀야 했다. 그래서 이들은 언제나 적군의 좋은 먹잇감이 되었다. 전투력은 떨어지고 분산되어 있기 때문이었다. 노련한 장군들은 먼저 이들을 쳐서 얻은 쉬운 승리로 병사들에게 실전감각과 자신감을 길러주었다. 이 효과는 꽤 컸다. 그러나 역효과도 있었다. 이들은 전술적으로 중요하지 않기에 힘만 낭비하고 아군의 위치를 노출하게 될 수도 있었다. 더 나쁜 것은 자신감이 넘쳐 적을 얕보게 되는 경우였다.

정찰을 나갔던 병사가 돌아와 산 너머에 나무를 하고 있는 소규모

적군이 있다고 보고했다. 정찰병의 보고를 받은 지휘부는 공격하자는 쪽과 내버려두자는 쪽으로 나뉘었다.

"병법에도 약한 적을 먼저 치라고 했소."

"별 쓸모도 없는 군대를 공격해서 힘을 낭비하고 타초경사打草驚蛇의 우를 범할 필요는 없소."

이 회의를 기록하는 서기는 짜증이 났을지도 모른다. 세상의 모든 병서는 서로 상반되는 이야기를 함께 담고 있다. 어쩌면 모두가 결과론이다. 성공하면 신속하고 빠른 결정이 주효했다고 하고, 실패하면 주변 상황을 파악하지도 않은 상황에서 성급했다고 비난한다. 경영에서도 마찬가지다. 어떤 기업은 어려울 때일수록 투자를 늘리는 공격적인 경영으로 성공했다고 하고, 어떤 기업은 경제가 어려운데 무모하게 투자를 강행하다가 망했다고 한다.

과연 우리는 어떤 말을 따라야 할까? 이럴 때 현명한 사람은 구절을 따르지 않고 그 명제가 지닌 효과에 대해서 생각한다. 약한 적을 쳐서 얻을 수 있는 효과가 무엇인지, 그 효과가 지금 우리에게 절실한 것인지. 임진왜란 당시 '육지의 이순신'이라 불렸던 정기룡의 종군기가 여기에 좋은 사례가 된다.

임진왜란 육지 최고 장수의 데뷔전

1592년 4월 14일 부산진에 상륙한 왜군은 세 길로 나누어 서울을 향해 진격하기 시작했다. 이중 제3군인 구로다 나가사마黑田長政의 부대는 경상도의 서남부지방인 김해, 합천, 거창 등지를 지나 추풍령으로 북상했다. 구로다의 임무는 제1군인 고니시 유키나카小西行長 군의 서쪽 사면을 휘저어서 한양을 향해 신속하게 진군하는 고니시의 좌측면을 보호하는 것이었다. 구로다 군은 주력인 1군, 2군에 비하면 소규모였지만 거칠 것이 없었다.

왜군의 충청도 진입을 막기 위해 파견된 부대는 이일의 부대였는데, 그는 4월 24일 상주 전투에서 고니시의 군대를 만나 처참하게 붕괴되고 말았다. 상주 외의 지역에 조선군의 병력은 극히 적었다. 구로다의 진격에 대항하는 경상 우도 방어사 조경의 부대 역시 겨우 400명에 불과했다. 그나마도 손발을 맞춘 부대가 아니라 장교와 사병을 여기저기서 끌어 모은 병력이었다. 다행이 자원해서 찾아오는 용사가 간혹 있었다. 상주 전투가 발발하기 직전에 정기룡이라고 하는 종8품의 하급 무관이 조경의 부대를 찾아왔다. 그는 무과에 급제한 뒤 5, 6년 전에 북방 국경지대에서 잠시 근무한 적이 있다고 했다. 관직은 낮았지만 뛰어난 용사였다. 정기룡이 이전 광교산 전투에 참전했었고, 패전 후에 군대가 흩어지자 조경을 찾아온 것이라는 설도 있다.

조경은 정기룡을 돌격대장으로 임명했다. 조경과 정기룡은 추풍령 아래 금산에서 왜군과 첫 전투를 벌였지만 패했다. 겨우 병력을 수습한 그들은 4월 28일 추풍령 고개에서 다시 왜군을 공격했다. 정기룡은 말을 타고 적진에 돌입해서 적군 50명을 베었다. 조선군이 승기를 잡았지만, 전투 경험이 많았던 왜군은 그 와중에 조선군 지휘관 조경을 발견하고 급습했다. 아마도 왜군 중에서도 가장 뛰어난 병사들이었을 것이다. 호위대가 와해되고 조경은 왜군에게 붙잡히고 말았다.

이 광경을 본 정기룡은 말을 돌려 다시 적진에 뛰어들었다. 왜군 하나가 막 조경을 묶으려고 할 때 정기룡이 나타나 왜군을 처치하고 조경을 말에 태워 빠져나왔다. 추풍령 전투 역시 패전으로 끝났지만, 임진왜란 당시 조선군이 배출한 최고의 무장이며 60여 회가 넘는 전투에서 한 번도 패전한 적이 없다는 상승장군 정기룡의 데뷔전이 되었다

추풍령 전투에서 정기룡이 정말 왜군을 50명이나 죽였을까? 그의 무용담이 과장되었을 가능성도 있지만, 그가 왜군의 진영을 휘저으며 전투를 벌였던 것은 사실이다. 그리고 그 후에도 정기룡은 몇 번 더 화려한 무용담을 생산한다. 그런데 이런 무용담 속에는 한 가지 비밀이 있다. 조선군이고 왜군이고 아무리 뛰어난 장수라도 잘 훈련되고 진영을 갖춘 정예부대를 만나서는 이런 활약을 펼치기 어렵다. 《삼국지》의 조자룡 같은 활약은 상대가 허약하고 훈련이 덜된 병사들일 때만 가능하다.

처음 조경을 찾아왔을 때 정기룡은 조경에게 왜구와 정면대결을 피하고 게릴라전을 벌여야 한다고 건의했다. 세력이 약한 군대가 게릴라전술을 선택하는 것은 필연적이다. 그리고 게릴라의 주 공격목표가 수송부대와 같은 후방의 약한 부대다. 병법에서도 약한 적을 먼저 치라고 했다. 하지만 뛰어난 전술가는 약한 적을 먼저 치라는 경구를 외우는 사람이 아니라 그 의미를 찾아내는 사람이다. 정기룡은 조경에게 먼저 약한 적을 쳐야 하는 이유를 설명했다. 왜군은 수백 년간 전쟁으로 다져진 군대인 반면 조선군은 전투를 모르고 살아왔다. 그런 조선군에게 필요한 것은 자신감과 실전훈련이다. 그러므로 적의 약한 고리를 찾고, 절대적으로 유리한 지형과 유리한 틈에 기습해 승리

를 거둔다. 《해동명장전》을 보면 정기룡은 이렇게 말했다. "아군이 한 번 승리를 얻는다면 적은 두려운 마음이 생겨 주춤거리게 될 것이며, 아군은 적의 장단점을 알게 되고, 따라서 예기가 생겨나게 될 것입니다."

별것 아닌 승리라고 해도 명장들은 그 승리가 얼마나 큰 효과를 가져오는지 알고 이용할 줄 안다. 나아가 게릴라전술을 통해 자신감과 실전훈련이라는 두 가지 성과를 동시에 얻을 수 있다. 또 아군의 전술과 적군의 전술을 체험하고, 각각의 장단점도 알 수 있다. 이것이 진정한 탐색전이자 '실전만 한 훈련은 없다'는 경구의 중요한 의미이기도 하다.

감성을 따르지 말고 감성을 지배하라

강한 적이 침공해오고, 아군이 패하면 여기저기서 의병과 게릴라부대가 자연적으로 생겨난다. 그런데 조선뿐 아니라 세계 전쟁사를 뒤져도 성공하는 게릴라부대는 의외로 많지 않다. 전쟁을 모르는 아마추어가 리더가 되는 경우가 많고, 무기와 군수가 열악하고 훈련이 부족한 탓도 있다. 무엇보다 중요한 원인은 가족, 측근, 이웃처럼 자신이 믿고 의지할 수 있는 사람과 시작하기 때문이다. 태생적으로 어쩔 수 없기는 하지만, 이런 이유로 게릴라전을 시작하면 자신들이 가진 무기는 열정과 단결력뿐이라고 생각하게 된다. 보안도 중요하다. 그러니 서로 믿고 의지할 수 있거나, 같은 지역 주민처럼 이해관계를 공유하는 사람들을 모은다. 언뜻 합리적인 것 같지만 대부분의 게릴라부대가 실패하는 이유가 여기에 있다.

이런 부대는 인정에 구속되어 냉정한 작전, 적절한 인재 선발, 엄격한 군기 적용이 어렵다. 마을 주민같이 이해공유자들이 모이면 그들은 자신들의 이해에 어긋나는 전술, 즉 마을을 파괴한다거나 타 지역에 가서 전투를 한다거나 다른 부대와 공조하는 전술을 채택하지 못한다. 대 게릴라전 경험이 있는 군대가 이런 약점을 파고들면, 게릴라부대는 쉽게 함정에 빠지고 분쇄된다. 한마디로 감성에 매몰되어 자멸하는 것이다.

정기룡의 탁월한 점은 이런 함정에 빠지지 않았다는 것이다. 그는 게릴라전을 택하면서 혈연, 지연으로 구성되는 다른 의병부대와 달리 기마술이 뛰어난 소수의 엘리트 병사들을 모았다. 그리고 기병의 속도를 이용한 치고 빠지는 작전으로, 비교적 규모가 작고 약한 적을 노려 전술적 승리를 축적해갔다. 엘리트 용사들이라 전투력이 강하고, 기병이라 잡히거나 고립될 위험이 적었다.

이 과정에서 병사들의 사기와 전투 능력은 향상되어 갔다. 부대의 명성이 높아지자 지원자도 늘었다. 정기룡은 엘리트주의를 계속 고집하지는 않았다. 언제까지나 소규모 게릴라부대로 존속할 수 없었기 때문이다. 더욱이 이 단계에서 찾아오는 자원자들은 아주 중요했다. 최초 멤버처럼 정예는 아니어도, 굴욕적으로 사느니 죽더라도 싸우다 죽고 싶다는 마음가짐을 가진 투지와 의욕이 넘치는 젊은이들이기 때문이었다.

정기룡은 이런 인재를 모아 훈련시켰다. 군대의 질과 전술 능력이 대폭 향상되었다. 물론 게릴라전을 통한 실전훈련도 병행했다. 부대의 규모와 수준이 높아지자, 정기룡은 전투방식도 게릴라전에서 정규전으로 발전시켰다. 당시 일본군은 후방에 배치할 병력이 부족했다. 조선 의병에 의한 게릴라전이 각지에서 발생하자 왜군은 가능한 한 큰 도시에 병력을 집중시켜 거점을 마련하고, 가끔씩 소규모 부대를 내보내 주변 지역을 약탈했다.

그해 11월 정기룡은 상주 용화역에서 마을을 약탈하러 가는 부대를 포착했다. 기록에는 왜군이 이미 마을에 근접했기 때문에 정기룡이 주민을 보호하기 위해 게릴라전을 포기하고, 왜군을 야전으로 유인해냈다고 한다. 하지만 정기룡은 이미 상주 탈환이라는 목표를 마음속에 세워놓고 있었을 것이다. 상주 탈환을 위해서는 게릴라부대를 야전군으로 전환시켜야 했는데, 이 훈련을 위한 적당한 스파링 파트너였을 것이다. 용화역 벌판은 나중에 한국 전쟁 때도 격전지가 된 요충이다. 위치만 봐도 이 전투가 결코 우연이나 무모한 용기로 벌인 전투가 아님을 증명해준다. 일본군 부대를 맞아 들판에서 싸운 정면대결에서 정기룡 부대는 승리를 거두었다.

다음 달 드디어 정기룡은 상주성을 탈환했다. 상주성을 지키는 일본군은 소수 병력이었던 것 같지만, 이들을 몰아내는 일은 쉽지 않았다. 특히 무서운 무기가 조총이었다. 이 총은 너무 길어서 지지대를 받치고 사격해야 하기 때문에 야전에서는 불편했지만, 사거리가 길고 명중률이 높아서 수성용으로는 무서운 위력을 발휘했다. 많은 조선군 지휘관들이 이 총에 저격당했다.

공성전은 병력 소모가 큰 전투다. 정기룡은 제법 군세를 모았지만 병력의 규모에 의존하지 않고 소수 병력을 이용한 야습으로 성을 탈환했다. 왜군은 병력이 적어 성벽을 완전히 커버할 수 없었고, 어둠으로 인해 저격도 불가능했다. 정기룡이 이 점을 노린 듯하다. 대신 야간전투에 익숙해지려면 최소한 6개월의 훈련이 필요한데, 이 역시 게릴라전을 통해 갖췄다.

정기룡은 상주 탈환의 공을 인정받아 상주 목사가 된다. 전시라고는 하지만 대단히 파격적인 발탁이었다. 경상도라는 명칭은 경주와 상주의 첫 글자를 합친 것이다. 그만큼 당시의 상주는 크고 전략적으로 중요한 도시였다. 상주 목사가 된 정기룡은 이제 게릴라전을 버리고 본격적인 정규군 양성 작업을 시작했다. 정확한 기록은 없지만, 게릴라전을 통해 발굴하고 훈련시킨 정예병들을 기간요원으로 배치함으로써 그 어떤 부대보다도 강한 군대를 육성할 수 있었다.

군의 사기란 위험에 도전할 수 있는 정신이다

1597년 정유재란이 발발하자 정기룡 상주 주변의 9개 군의 군대를 통솔해 선산의 금오산성에 주둔했다. 경상도로 진출하는 왜군을 저지하려는 것이었다. 예상대로 왜군 1개 부대가 섬진강 하구를 통해 북상해서 합천을 거쳐 고령으로 들어왔다. 성주를 지나 추풍령으로 진격하려는 의도였다. 왜군의 병력은 약 1만 2,000명이었다. 총사령관 이원익은 정기룡에게 경상도 28개 군에서 차출한 주력군을 맡겼다. 병력은 알려지지 않았다.

무더운 음력 8월 1일 정기룡은 선산을 떠나 고령으로 진격했다. 이번에도 정기룡은 소수의 정예 부대를 내보내 첫 싸움에서 승리를 거두는 전략을 사용했다. 척후장 이희춘과 황치원이 400명을 이끌고 정찰에 나갔다가 적의 복병을 만나 격전 끝에 100여 명을 죽였다고 한다. 정찰대끼리의 조우였던 것 같은데, 이 승리로 새로 정비한 경상도군의 전력이 예전과 달라졌음을 증명했다. 특히 왜군은 늘 자신감에 차 있던 병사들이었고, 조선군은 육전에서 왜군에 대한 공포심과 컴플렉스가 강한 군대였기에 이 승리의 의미는 남달랐다.

첫 싸움 이후 양군은 용담천에서 하천을 마주하고 조우했다. 곧 사격전이 벌어졌다. 활은 조선군의 장기였지만 거리가 먼 탓에 왜군에게 큰 피해를 입히지 못했을 것이다. 화살 공격이 위력을 내지 못하자 조선군은 물러나기 시작했다. 왜군은 기회를 놓치지 않고 추격해왔다. 적이 큰 타격 없이 후퇴할 때는 언제나 복병을 의심해야 하지만, 화살 공격이 안 되면 퇴각하고 거리를 두고 싸우는 것이 조선군의 일반적인 전투방식이었기 때문에 왜군은 의심하지 않았다. 오히려 전력을 다해 강을 건너 추격했다. 임진왜란 당시 상주 전투에서 이일의 조선군이 이 비슷한 양상으로 전멸한 경력이 있었다.

후퇴하던 조선군이 이동현에 도착했다. 여기에 조선군이 매복해 있었다. 하지만 아무리 조선군을 얕보던 왜군이라도 영화처럼 골짜기에서 매복에 걸리기를 바라기는 힘들다. 그리고 이런 매복 기습은, 보기는 요란하지만 적을 완전히 포위해서 섬멸하기보다 한쪽에서 놀라게 하고 밀어붙이는 양상이 되기 쉬워서 적에게 큰 타격을 입히기 어렵다. 그런데 정기룡은 다른 작전을 사용했다. 복병이 일어나기 전에 후퇴하던 군을 뒤로 돌려 정면으로 역습에 나섰다. 도망치던 군대가 뒤로 돌아 조직적인 반격을 실시하는 것은 고난도의 기술이다. 조선군은 확실히 달라졌다. 대형 전환을 멋지게 해냈을 뿐 아니라 망설이지 않고 돌아서서 왜군에게 충돌했다. 조선군이 이렇게 싸우는 것을 본 적이 없던 왜군은 적이 당황했다.

그 순간 숨어 있던 복병이 일제히 튀어나왔다. 왜군이 무너지자 정기룡은 마지막으로 예비대를 풀어 도망치는 적을 추격하고 퇴로를 차단했다. 살아서 도주한 왜군의 수는 겨우 1,000명이었다고 한다. 이런 수치는 검증이 어렵지만, 사상자의 수를 떠나 전투방식만 봐도 조선 전쟁사에서 손에 꼽을 만한 전투였다. 조선 정규군이 전투력과 전술력, 조직력으로 맞대결을 벌여 승리를 거두었기 때문이다.

정기룡이 소수의 게릴라부대에서 사단 및 군단급의 전투부대를 육성하고, '육지의 이순신'이라고 불릴 정도로 성공을 거두었던 비결은 병사의 심리를 파악하고, 그것을 전술에 응용한 덕분이다.

이는 객관적인 전력 분석이나 승리의 결과로 얻을 수 있는 것이 아니다. 승리의 과정이 좋지 않으면 병사들은 승리가 운이라고 생각하게 되고, 오히려 더 큰 불안에 빠지기도 한다. 인간이 이성으로 모든 것을 설득할 수 있으면 좋겠지만 인간은 이성과 감성을 동시에 지니고 있다. 그래서 리더는 승리의 경험을 잘 조절하고, 승리의 경험이 없어도 자신감을 지닐 수 있게 해야 한다. 그것이 감성경영이다.

오늘날 감성경영은 중요한 트렌드로 등장했다. 하지만 많은 사람들이 이를 감성을 맞춰주고 기분 좋게 하는 것으로 오해하고 있다. 사실 감성경영이 현대에 처음 등장한 것도 아니다. 이미 고대의 철학, 그리스의 소피스트나 춘추 전국 시대의 제자백가들과 같이 철학과 논변이 시작될 때부터 토론을 지배하는 것은 논리지만, 논리를 선택하는 것은 감성과 파토스라는 사실을 알고 있었다. 그래서 그들은 감성에 종속되지 않고 감성을 지배하려 했다. 논변이든 전쟁에서든 그런 사람이 승자가 되었다.

사자의 심장으로
싸워라

코브라 작전
* 조지 패튼

　　　　　노르망디 상륙작전을 다룬 영화는 대개 연
합군이 악전고투 끝에 해변을 돌파하고 신나게 내륙으로 전진하는 장
면으로 끝난다. 하지만 노르망디 전투의 진짜 시작은 이때부터였다.
디데이 당일은 완벽하게 독일군의 허를 찔렀다. 연합군은 하루 만에
확고한 교두보를 확보했지만, 뒤늦게 투입된 독일 정예 사단들의 위력
을 톡톡히 맛보았다. 그나마 독일군의 주력이 러시아 전선에 다 투입
되어 있던 것이 다행이었다. 그들이 서부전선에 있었다면 무슨 악몽
이 벌어졌을지 모른다. 독일군 병사들은 개별전술에 능했고, 오랜 전
투 경험으로 쉽게 무너지지 않았다.

　실전에서 미묘한 차이를 가져오는 중요한 능력이 위장과 매복 능력
이다. 독일군은 전차 흔적까지 깡그리 지웠다. 들꽃이 하늘거리는 지
극히 평화로운 풀밭에서 갑자기 기관총이 작렬하고, 탱크가 튀어나오
면 연합군 병사들은 기겁했다. 독일군은 참호를 풀숲 밑으로 두더지

굴처럼 파서 기관총을 숨겼다. 노르망디 전역에 깔린 관목 숲과 무수한 울타리는 적에게는 좋은 은폐 장소였고 연합군에게는 엄청난 장애가 되었다. 탱크조차도 관목 울타리에 걸리면 전진할 수 없었다.

진격이 하도 지지부진하자 존 하지John Reed Hodge 장군이 최전선까지 나가 양군의 보병 전투를 관찰했다. 그가 본 광경은 가히 충격적이었다. 어른과 아이의 싸움 같았다.

미군 중대가 진격한다고 하자. 그러면 풀숲에서 독일군의 기관총이 작렬하고, 미군 병사들은 가까운 둔덕이나 경사로 아래로 몸을 숨긴다. 독일군은 그 지점을 정확히 예측하고 미군이 엎드린 지점에 박격포를 날린다. 미군도 독일군이 숨은 지역, 기관총 위치를 알아내기 위해 안간힘을 쓴다. 위치를 파악하면 보급품이 넘쳐나는 군대답게 포병 지원을 요청한다. 포병이 지원 접수하고, 포격이 시작될 때쯤이면 미군 병사들은 오폭과 파편을 피하기 위해 고개를 처박는다. 그 순간 독일군 병사들이 풀숲에서 벌떡 일어나 유유히 다른 지역으로 이동한다. 그들은 미군의 대응방식과 걸리는 시간을 모두 예측하고 있었다. 보란 듯이 몸을 노출하고 이동해도 고개를 처박고 있는 미군 병사들은 그들을 보지 못했고 포탄은 엄한 곳에 허비되었다. 미군이 일어나 진격을 시작하려고 하면 옆으로 이동해 있던 독일군이 다시 사격을 시작하고, 같은 광경이 반복되었다.

상륙 후 한 달도 안 되어 연합군은 2만 명이 넘는 사상자를 냈다. 6월 말 영국 8군단과 독일 2친위기갑군단이 벌인 전투에서는 단 5일 만에 영국군 4,000명이 전사했다. 심지어 영국군 최고 정예부대도 독일군 앞에서는 신병과 다름없었다. 연합군 병사들 사이에서 디데이의 기개는 사라지고, 독일군에 대한 공포감이 번져갔다. 한 장교는 이렇게 말했다. "우리 병사들은 독일군 탱크는 모두가 타이거 탱크인 것처럼, 독일군의 포는 모두 88밀리미터포인 것처럼 행동한다." 독일군만 보면 혼비백산한다는 말이었다.

연합군 지휘부에도 불안감과 공포가 퍼지기 시작했다. 이런 식으로는 독일까지 가기도 전에 연합군이 전멸할 판이었다. 1,000만 명을 죽인 제1차 세계대전의 참호전이 재현될지 모른다는 불길한 걱정이 고개를 들었다. 디데이 한 달 후, 전선이 악몽으로 변하자 아이젠하워Dwight Eisenhower는 전황을 바꾸려면 새로운 인물이 필요하다는 판단을 내렸다. 그가 선택한 카드는 조지 패튼 장군이었다.

패튼은 북아프리카와 시칠리아에서 혁혁한 공을 세우며 연합군의 영웅으로 떠올랐지만, 정작 노르망디 상륙작전에서는 제외되었다. 시칠리아에서 전쟁공포증에 걸린 병사를 보고 격분해서 구타했던 일이 언론에 과장 보도되면서 거의 옷을 벗을 뻔했던 것이다. 이 사건은 여러 설이 있지만, 손바닥으로 한 대 친 것에 불과했다는 말이 맞는 듯하다. 그것도 구타라면 구타지만 1940년대라는 기준에서 보면 정말 별 것 아닌 일이었다. 그런데 진정한 원인은 이 사건이 아니라 패튼의 발언 때문이라는 이야기도 있다. 그는 안하무인으로 말하는 경우가 많아 높은 사람들의 심기를 자주 건드렸다. 그 탓에 시칠리아의 공로도 고스란히 빼앗기고 자신의 부사령관이던 오마 브래들리Omar Nelson Bradley보다 승진에서 뒤쳐져 위치가 역전되었다. 다행스럽게도 브래들리와 마찬가지로 한때 그의 부대장이었던 아이젠하워 덕에 패튼은 전역을 면했지만 전선에서는 제외되었다. 노르망디 전선이 순조롭게 진행되었다면 패튼은 영원히 전장에 복귀하지 못하고 전역했을 것이다. 하지만 독일군의 분전이 그를 살렸다.

아이젠하워의 배려로 뒤늦게 노르망디에 참여한 패튼은 노르망디에 발을 딛자마자 일장 연설을 했다. 과거의 설화는 벌써 까맣게 잊은 듯했다. "독일군의 내장을 뽑고 베를린으로 진군하자. 베를린에 가면 저 벽에 걸려 있는(히틀러의 사진을 말함) 재수 없고 뱀같이 교활한 녀석을 내가 총으로 쏴 죽이겠다." 패튼의 등장에 병사들은 환호했다고 한다. 기자들은 이런 연설을 들을 때마다 더 시니컬해졌지만 말이다.

연설을 마친 패튼은 한달음에 사령부로 달려갔다. 그곳에서 전황판을 보더니 혀를 찼다. "이런 나라는 3일이면 돌파할 수 있다."

사자의 싸움과 생쥐의 싸움

패튼의 큰소리는 허언이 아니었다. 노르망디에서 벌어진 악전고투의 근본 원인은 연합군의 전술적 오류였다. 연합군은 남북으로 길게 일자형 전선을 펼쳤다. 이 전술의 모토는 '어깨를 맞대고 서서 측면을 노출하지 마라'다. 그러니 전투는 지지부진하고, 전선에서 벌어지는 정면대결에서 노련한 독일군에게 패할 수밖에 없었다. 이 부분은 자세히 살펴볼 필요가 있다.

제2차 세계대전과 한국 전쟁을 다룬 군사서적에서 미군은 전형적으로 전선을 유지하고 싸우는 전술에 강하거나 그런 경향이 있다고 말한다. 한국 전쟁 초기에 미군이 고전한 이유에 대해서도 너무 급작

스런 상황 전개에 미군들이 익숙한 전선, 혹은 전선형 전장이 형성되지 않았기 때문이라는 해석도 있다.

이 해석이 정당할까? 적어도 패튼 장군은 "노"라고 대답할 것이다. "미군의 전술이라고? 아니 그것은 겁쟁이들의 싸움방법이지"라고 말할 것이다. 실제로도 그렇게 말했다.

전술과 싸움의 요체는 선택과 집중이다. 이는 상식이지만 시행은 어렵다. 전쟁에서 집중이란 압도적 화력과 병력을 한곳에 쏟아부어 상대를 궤멸시키는 것이 아니다. 그렇게 쉬우면 누구라도 그렇게 했을 것이다. 실제 전쟁에서 선택과 집중 원리를 실현하려면 적의 후방까지 단숨에 뚫고 전진하는 누군가가 필요하다. 하지만 적진 깊숙이 들어가면 아군도 양 측면이 노출된다. 상대가 아군이 충분히 들어오기를 기다렸다가 좌우에서 공격하면 아군은 보급로가 끊기고 적진에서 고립된다. 이것이 소위 종심방어전술이다. 종심방어전술에 대비해서 공격하는 쪽은 적의 전선을 돌파하면 즉시 병력을 좌우로 증파한다. 증원병은 참호를 파고 진지를 구축해서 측면 엄호를 단단히 해야 한다. 그런데 이렇게 하면 곧 전선형 전술이 되어버린다. 조금만 머리를 들이밀면 측면을 걱정해서 좌우를 굳히고 그 사이에 전진은 정체된다.

관목 숲 돌파를 위해 미국의 장군들이 내놓은 세부전술 역시 근본적으로 이런 개념에서 도출된 것이었다. 패튼은 이 문제를 두고 휘하 사단장들을 불러 회의를 열었다. 보병 사단장들은 관목 울타리까지 포병을 전진시켜 방벽 너머로 포격을 가하자고 했다. 제1차 세계대전 때의 참호전처럼 곳곳에 기관총과 박격포를 배치하자는 의견도 나왔다. 차이점은 방어가 아니라 공격으로, 진격하는 보병을 기관총과 박격포로 엄호하는 것이다. 보병대대와 전차소대, 자주포소대, 공병을 한 팀으로 해서 방벽을 돌파하는 방안도 나왔다. 이것은 지금껏 사용해본 적이 없는 실험적 전술이었다. 하지만 평소 도전을 용납하라고 주장하던 패튼은 일언지하에 거절했다. 실험적이기는 하지만 도전적이지 않았고, 모든 병종을 골고루 파괴당하는 최악의 소모전이 될 수도 있었다.

패튼은 이런 보병전술을 경멸했고 생쥐들의 싸움법이라고 불렀다. 그럼 사자의 싸움법은 무엇일까? 패튼은 집중강타를 주장했다. 노르망디 관목 숲 전투는 독일군이 원하는 대로 끌려가고 있었다. 미군은 병사 한 명 한 명이 독일군의 전투법을 배우거나 대등한 경험을 갖추기 전에는 승리할 수 없는 상황이었다.

사실 이런 식의 방어선을 돌파하는 방법은 간단하다. 공군의 엄호를 받으며 탱크를 앞세워 한 지점에서 격렬한 공격을 가하면 반드시 무너진다. 이 간단한 방법을 공중과 지상전의 화력과 물량에서 앞서는 미군이 왜 시행하지 못했을까? 이 집중타격과 돌파의 방식은 그 다음이 문제이기 때문이다. 패튼의 방식은 방어선 전체를 공격하는 것이 아니라 한 점에 대고 망치질을 해서 깨부수는 것이다. 그 방식으로 모든 담벼락을 깨부수다가는 엄청난 시간과 물량이 소모될 것이다. 이것이 전선형 전투밖에 할 줄 모르는 장군들의 고민이었다. 그리고 여기서 패튼의 진가가 발휘된다.

패튼은 기갑부대를 앞세워 적 후방으로 한 줄로 뚫고 들어가는 작전을 제안했다. 쾌속으로 파고들어 보급로를 끊고 후방에서 돌아 포위하면 적은 무너진다는 논리였다. 그러다 아군도 후방이 끊긴다고 걱정하는 이들에게 패튼은 이렇게 말했다. "사자의 싸움을 생쥐가 어떻게 이해하겠는가?"

선택과 집중의 결과, 코브라 작전

패튼의 제안에 따라 미군이 시도한 최초의 전격전이 브르타뉴 반도에서 시행된 코브라 작전이다. 브르타뉴 반도는 우리나라의 변산 반도처럼 생겼는데, 북쪽 끝에서 두 개 군단을 네 방면으로 진군시켜 북쪽에서 남쪽까지 단숨에 네 개의 화살을 박아버리는 작전이었다. 화살 3개는 반도 안쪽으로 파고 들어가고, 4번째 화살인 워커Walton H. Walker 장군의 20군단은 반도와 대륙의 접합부를 도려내듯이 종단할 것이다. 독일군은 찢어지고 당황하고, 결국 반도 안에 고립될 것이었다. 동쪽에 있는 독일 주력군에게 측면을 완전히 드러낸 채 남북으로 돌진하는 대담한 작전이었다.

이 작전의 입안 과정에 패튼은 참여하지 않았다. 그때까지 패튼은 실질적인 지휘권을 인정받지 못했다. 덕분에 코브라 작전은 패튼이 참여하기 전과 후가 많이 다르다. 미 지상군 총사령관이었던 브래들리 장군의 구상은 그 정도로 대담하지 않았다. 사관학교 시절부터 겸손하고 모범적인 학생이었으며, 싸움꾼 기질만 빼고는 모든 면에서 탁월했던 브래들리는 전투에 어울리는 장군이 아니었다. 하지만 언제나 반성할 줄 알고, 양보할 줄 아는 것이 그의 장점이었다. 전선은 지지부진하고 패튼과 영국군 몽고메리까지도 제발 전선을 집중하라고

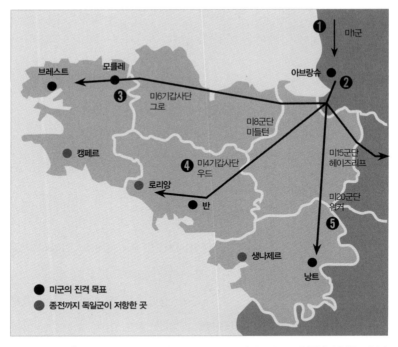

■ 코브라 작전 | ❶미군은 브래들리의 계획대로 남쪽으로 진격 아브랑슈를 점령한다. 선봉은 4기갑사단의 우드였다. ❷아브랑슈에서 패튼이 가세하면서 작전이 변경된다. ❸그로의 6사단은 일주일 만에 브레스트까지 질주했다. ❹우드는 반을 점령하고 로리앙으로 독일군을 몰아넣었다. 로리앙과 생나제르는 종전까지 함락되지 않았고, 캥페르는 오랫동안 저항했다. 이를 비판하는 사람도 있지만 독일군은 항구도시에 박혀 더 이상 전쟁에 영향을 미치지 않았다. 우드는 반으로 진격할 것도 없이 좌회전해서 바로 내륙으로 들어가자고 주장했다. ❺워커의 20군단은 반도를 대륙에서 잘라내듯이 일직선으로 낭트로 진격했다.

충고하자 심호흡을 하고 모험적인 작전을 허가했다. 이 작전의 초안은 과거 패튼 휘하에서 기갑사단장으로 활동했던 장군들이 기안한 것이라고 한다.

하지만 브래들리가 이해한 코브라 작전의 목적은 그저 독일군을 브르타뉴 반도 안으로 몰아넣어 가두는 것이었다. 동시에 패튼도 이곳에 묶어두려 했다. 브르타뉴 반도는 대서양 쪽, 즉 연합군의 진격 방향과는 반대편으로 튀어나와 있다. 반도 안으로 몰린 독일군이 죽자고 저항하면 패튼 역시 쉽게 마무리하지 못할 것이다. 그러면 패튼을 남겨두고 미군 주력은 동쪽으로 파리를 지나 베를린으로 향한다. 브래들리는 자신의 이전 상관이었으며 거북스럽고 골칫덩이인 패튼을 가능한 한 멀리 떼어두고 싶었다. 잠깐 여담을 하자면 패튼은 브래들리를 무시하거나 옛 부하 취급을 하지는 않았지만, 다정한 친구처럼 대했다. 그렇다고 명령을 무시하지도 않았다. 구타 사건으로 패튼의 상관이 된 브래들리는 패튼에게 쌍권총을 차고 다니지 말라고 지시했다. 중위 시절 강도 두 명을 사살한 전과가 있는 유명한 상아 손잡이의 리볼버였다. 패튼은 군인답게 새 상관의 지시에 복종했다. 그는 쌍권총을 푸는 대신, 가슴에 홀스터를 매고 권총 한 자루를 꽂았다. 서부의 카우보이에서 현대 수사물의 액션배우 스타일로 변신한 것이다. 패튼이 브래들리에게만 이렇게 행동했던 것은 아니다. 명령하는 사람이 누구라도 패튼은 늘 이런 식이었다. 유럽 전선에서 패튼보다 나이가 많은 선배는 한 명도 없었다. 전 미군을 통틀어서도 단 한 명뿐이었는데, 태평양에 있는 더글라스 맥아더였다.

브래들리는 네 개의 화살을 박아넣는 대담한 작전을 구상하기는 했지만, 네 개의 화살이 서로 측면을 엄호하고 보조를 맞추며 조심스럽게 전진할 것이라고 생각했다. 그리고 어디든 불리한 상황이 발생하면 즉시 진군을 정지시킬 마음의 준비가 되어 있었다. 하지만 패튼과 그의 휘하에서 단련된 기갑사단장들은 반도 안에 틀어박힐 마음이 전혀 없었다. 기갑사단장 중에서도 가장 대담했던 우드John S. Wood 장군의 4사단은 작전을 개시하자마자 미친듯이 내달려 아브랑슈를 점령했다. 패튼조차도 예상하지 못했던 속도였다. 하지만 최고사령관이 패튼이 아니었다면 그의 무모한 진격은 아브랑슈에서 제제가 걸렸을 것이다.

마침내 패튼이 3군의 지휘권을 인수하자 작전이 변하기 시작했다. 패튼의 방침은 확고했다. '각자가 브르타뉴 반도의 끝까지 달릴 것. 측면은 걱정하지 말고 앞으로 진격할 것. 강력한 적의 거점은 싸우지 말고 우회할 것.' 패튼은 브르타뉴 반도 맨 위쪽으로 진군하는 그로 장군Robert Grow의 6사단에게 5일 만에 반도 끝까지 가라고 명령했다. 이유가 걸작이었다. 몽고메리와 5파운드 내기를 했다는 것이다. 가야할 거리는 무려 320킬로미터였다. 사단장이 방법을 묻자 패튼은 교전을 무조건 피하고, 적이 있는 곳을 피해서 내달리라고 했다.

적을 그대로 두고 아군은 한 줄의 가는 종대가 되어 샛길을 통해 안으로 계속 들어가는 작전이었다. 이는 보병의 시각으로 보면 죽으러 가는 것과 마찬가지였다. 하지만 패튼의 생각은 확고했다. 종심돌파는 빠르고 확고하게, 그리고 적이 정신을 차릴 틈을 주지 않고 몰아붙여야 한다. 상대를 치려면 나도 가드를 내려야 하는 법이다. 이런 싸움은 도면을 보는 사람은 절대 할 수 없다. 도면상으로 보면 아군과 적의 승리 확률이 늘 5 대 5이기 때문이다. 하지만 실전으로 가면 확고한 신념과 자신감을 가지고 전황을 주도하는 쪽이 결국 승리한다. 그래서 사자의 싸움이라고 하는 것이다.

보병 출신인 군단장 미들턴Troy H. Middleton이 너무 위험하다고 항의하자 패튼은 이렇게 말했다. "전방·측방·후방이 뚫린 상태에서 군대를 적진 한가운데로 보내는 것은 위험천만한 일이다. '나는 두려움과 타협하지 않는다'고 혼자서 다짐할 수밖에 별 도리가 없다." 패튼은 혼란과 실수가 발생할 수도 있지만 혼란을 각오한 공격은 적에게 더 큰 혼란을 줄 수 있다고 생각했을 것이다. 기갑부대는 강력한 화력과 기동력으로 적에게 난 구멍을 순식간에 넓힐 수 있었다. 적어도 주도권을 빼앗기고 당황하기보다는 내 실수를 더 줄이고 적의 실수를 더 크게 물어뜯을 가능성이 있는 것이다.

패튼도 판단 착오를 해서 측면이 심하게 위협받은 적도 있다. 하지만 중요한 사실은 실수를 깨달았을 때 다른 사단을 보내 막을 수 있었다는 것이다. 한마디로 말하면 패튼은 깔끔하게 쓴 원고지를 요구하는 사람이 아니었다. 빨간 교정 표시로 얼룩덜룩하더라도 더 충실한 글을 평가해주는 사람이었다.

말은 쉽지만 전황은 공포스러웠다. 선두 기갑사단이 너무 빨리 진격하는 바람에 좁은 프랑스의 시골길에서는 탱크와 보급트럭이 얽혀 큰 혼란이 일어났다. 어떤 보급장교는 달리는 트럭에서 달리는 탱크로 보급품을 건네준 적도 있다고 회고했다. 미들턴은 심장이 멎을 것 같았다. 독일군이 우글거리는 지역에서 군대와 보급트럭이 무방비 상태로 수백 킬로미터 늘어선 상황이었다. 독일군이 덮친다면 8군의 보급품은 한순간에 날아가고 전투부대는 전멸할 것이었다. 그는 진군을 멈추고 군을 정비하려고 했지만 패튼이 허락하지 않았다. 또 참모 하나가 상황이 위험하다고 지적하자 그의 어깨에 손을 얹으며 이렇게 말했다. "측면공격은 독일군에게 맡겨두고 우린 전진하자고!"

능력의 15%는 불확실성에 도전하는 데 써야 한다

패튼의 성공에는 공군력도 한몫했다. 제19전술공군은 주야간을 가리지 않고 출격해서 3군의 진격을 엄호했다. 이것은 독일군이 3군의 측면을 공격하거나 미군의 후방으로 진격해서 미군을 역포위하는 것을 방지했다.

결과적으로 패튼의 무모함은 큰 승리를 거두었다. 3군은 독일군 사이로 비집고 들어가 그들을 산산조각냈고, 후방으로 후퇴해서 군대를 재편성하기 전에 후방집결지까지 점령해버렸다. 가장 강력한 사단과 요새화된 도시는 외곽을 봉쇄한 채 내버려두었다. 수백 년간 브르타뉴 반도의 최고 요충이었던 항구도시 캉에 주둔한 독일군은 종전이 끝날 때까지 버텼다. 가끔 패튼을 비난하는 사람은 캉의 항전을 예로 든다. 하지만 캉의 독일군은 말 그대로 캉에서 버티는 것 외에는 아무것도 하지 못했다. 미군 사단 하나가 그들을 막느라 박혀 있었지만, 정예 독일군이 지키는 요새 도시를 공략하는 데 10배의 희생을 치러야 했던 점을 감안하면, 이것은 아주 경제적이고 희생을 최소화한 전투였다.

코브라 작전의 성공으로 기세가 오른 패튼은 군대를 동쪽으로 돌려 똑같은 방식으로 전진하기 시작했다. 그의 군대는 하루에 50, 60, 80킬로미터를 전진했고, 언론은 열광했다. 하지만 이런 식의 전진에 대해 현재까지도 비난하는 사람들이 있다. 브래들리도 자신의 회고록에서 이때 패튼이 이런 무모한 전술을 채용한 것은 그가 이판사판의 상황으로 곤경에 처해 있었기 때문이라고 언급했다.

여기에 반론하자면, 패튼의 진격은 무모함이 아니라 용기다. 불확실성에 도전하는 용기와 무모함은 다른 것이다. 패튼은 무모해 보이지만 실제로는 꼼꼼하게 준비했다. 적의 반격지점, 예상 행동을 철저히 예측하고 점검했다. 우회기동으로 적을 제압하기 위한 병사들의 훈련에도 철저했다. 다만 준비를 했다고 해서 자신이 예측 가능하고, 모든 상황을 제어할 수 있는 연못 안에 스스로를 가두고 싸우지 않았을 뿐이다.

꼼꼼한 준비는 자신을 가두기 위한 것이 아니다. 반대로 불확실성에 도전하기 위한 재료다. 오늘날의 기업 환경, 세계 경제의 특징이 불확실성이다. 세상이 너무 빠르게 바뀌고 세계가 경제로 얽히면서 변화와 예측 불가능성이 이제는 일상이 되었다. 매일같이 변화와 위기에 대한 강연과 세미나가 열린다. 그런데 아직도 많은 사람들이 점을 치듯이 변화를 정확히 예측하고 제어하려고 한다. 이런 전략은 1990년대까지는 효율적인 방법이 될 수 있었다. 하지만 21세기는 예측이 불가능한 시대다. 이 시대의 대응법은 예측이 아니라, 불확실성에 대처하고 방법을 찾는 것이다. 그러면 어떻게 해야 불확실성에 대처할 수 있을까? 유일한 방법은 불확실성 속에 뛰어들어 변화와 상황을 주도하는 용기와 능력을 키우는 것이다.

패튼은 대담하게 밀고 나가다가 실수하는 지휘관을 징계해서는 안 된다고 말했다. 설사 무모함 때문이었다고 해도 그렇다고 했다. 반면 위험을 감수하려고 하지 않다가 실수하는 경우는 예외로 쳤다. 이 말은 분명히 일리가 있다. 실제로 전쟁은 이처럼 위험을 감수하고 모험을 할 줄 아는 지휘관들에 의해서 승부가 났다. 실수하지 않는 장군들의 전쟁은 기나긴 소모전이 되어 더 많은 병사들을 헛되이 죽였다. 그 분명한 증거가 제1차 세계대전이다.

　하지만 모든 조직은 성공할수록 이와는 반대의 성격이 되어간다. 위험한 물가가 아니라 잔잔한 물가로 인도하는 직원이 칭찬을 받는다. 기업에서 무모하고 실험적인 태도를 무한정 허용할 수는 없다고 하더라도, 항상 가능성을 열어두고 끊임없이 실험하고 도전하는 풍토를 만들 필요가 있다. 앞으로의 승부는 모두 이 불확실성의 공간에서 벌어지기 때문이다. 경영학의 대가 피터 드러커Peter Drucker는 최소한 15퍼센트는 이런 분야에 할애해야 한다고 말했다. 그 15퍼센트가 정확하고 모든 기업에 적용되는 수치는 아니겠지만, 적어도 그런 마음가짐이 필요하다. 그것이 21세기의 전략, 전술에서 가장 중요한 요소라고 할 수 있겠다.

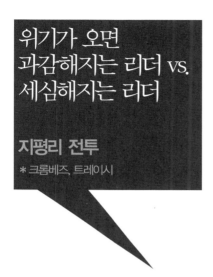

위기가 오면
과감해지는 리더 vs.
세심해지는 리더

지평리 전투
＊크롬베즈, 트레이시

1951년 2월 14일 지평리 능선의 2대대 7중대 방어구역 중공군의 공격이 집중되었다. 마침내 중공군 2개 분대가 1소대와 3소대 사이에 있는 참호 몇 개를 점령했다. 즉시 반격해서 방어선을 막아야 했지만, 미군 1소대장은 중대 지휘소로 사용하던 오두막에 웅크리고 앉아 꼼짝하지 않았다. 게다가 참호를 빼앗긴 사실을 보고하지도 않았다.

중공군은 참호에 기관총을 거치하고 3소대의 측면을 사격하기 시작했다. 3소대의 피해가 증가했지만 여전히 방어선이 뚫리지 않았다는 대답만 돌아왔다. 돌파구역을 통해 더 많은 중공군이 몰려오면서 1소대 좌측에 있던 3소대 방어구역을 잠식해 들어오기 시작했다. 우측 방어분대가 무너지고, 3소대장 맥기Fred McGee 중위의 참호에까지 수류탄이 날아들기 시작했다. 맥기 중위는 접근해오는 중공군 몇 명을 코앞에서 사살하며 버텼다. 밤에서 새벽으로 넘어가는 사이에 우측의 1소대와 좌측의 3소대는 모두 고지에서 물러났다. 2소대만이 삼면이 포위된 상태에서 버티고 있었다. 소대의 좌우에서 버팀목이 되어주던 기관총이 침묵했다. 자동소총도 모두 뻗었다. 좌우의 포위망이 점점 좁혀지고, 어느덧 맥기 중위와 부소대장인 클러츠 중사가 한곳에 모였다.

"이봐, 클러츠 우린 아무래도 여기서 죽을 것 같아."

"그럼 중공군을 한 명이라도 더 죽이죠."

중대장 히스 대위는 무너지는 방어선을 막기 위해 안간힘을 썼다. 방어선을 회복하려면 처음 빼앗긴 1소대와 3소대 사이의 능선의 탈환이 급선무였지만 병력이 없었다. 23연대는 말이 연대지 처음부터 병력은 2개 대대 수준인 1,500명에 불과했다. 반면 중공군은 125사단 전체 병력이 23연대를 향해 달려들고 있었다. 할 수 없이 포병을 모아서 끌고 올라갔지만 전투 경험이 없어 도무지 도움이 되지 않았다.

새벽 3시 탄약이 떨어진 맥기 중위와 클러츠 중사가 진지를 포기하고 후퇴했다. 45명의 소대원 중 마지막까지 진지를 지킨 사람은 단 네 명이었다. 7중대의 진지를 빼앗기면서 대대 방어선이 위험해졌다. 7중대 진지 탈환에 지평리 전투의 승부가 달린 상황이었다. 연대 예비대가 지원되었지만 겨우 2개 소대뿐이었다. 히스 대위는 포병과 부상병까지 모두 끌어모았다. 먼저 빼앗긴 7중대 진지를 바라보는 능선에 저지진지를 구축하고 그곳을 기반으로 탈환 작전을 전개했다.

여명이 밝아올 때까지 진행된 탈환 작전은 실패로 끝났다. 히스 대위는 가슴에 총상을 입고 후송되었다. 60명 병력 중에 멀쩡한 사람은 10명 정도밖에 되지 않았다. 그나마 포병의 압도적인 화력과 전차의 지원사격 덕분에 부상병밖에 없는 저지진지마저 빼앗기는 수모는 당하지 않았다.

참담한 상황이었지만, 12시간에 걸친 사투가 보답을 받았다. 연대의 다른 지역에 가해지던 중공군의 공격이 거의 중지된 것이다. 2중대와 2개 소대 병력이 저지진지로 지원되었고, 연대의 모든 포와 박격포, 전차의 화력을 7중대 진지로 집중할 수 있었다. 7중대 지역에서 버티던 중공군도 연대의 화력이 집중되자, 마침내 기세가 꺾여 철수하기 시작했다.

하지만 23연대의 체력도 거의 바닥났다. 주변의 산에는 중공군이 우글우글했다. 그들이 다시 공격해오면 23연대는 버틸 수가 없었다.

크롬베즈의 과감한 돌파

지평리 전투가 시작된 2월 14일, 지평리에서 남서쪽 25킬로미터 지점에 있던 크롬베즈 연대1기병사단 5연대에 383번 도로를 따라 진격해서 23연대를 지원하라는 화급한 특명이 하달되었다. 무슨 일이 있어도 15일 저녁까지는 지평리에 도착해야 한다는 강력한 명령이 총사령관 리지웨이Matthew B. Ridgway로부터 직접 떨어졌다 마르셀 크롬베즈Marcel G. Crombez 대령은 보병대대와 전차, 자주포, 포병, 의무중대, 공병중대로 구성된 지원부대를 급히 편성했다. 하지만 지평리로 가는 길은 장진호 전투와 똑같은 악몽이었다.

차량이 일렬종대로 행진할 수밖에 없는 좁은 도로에 좌우측은 모두 산곡이었고 중공군이 자리 잡고 있었다. 2월 15일 5연대는 진격을 시작했지만, 중공군의 강력한 저항에 부딪혔다. 크롬베즈 대령은 좌우의 고지로 각각 1개 대대를 파견해서 도로의 양쪽 능선을 확보하려고 했다. 하지만 항공 지원까지 받았음에도 공격은 모두 실패했다. 그 사이에 중공군은 더더욱 보강되고 있었다.

평소에 서부 개척 시대 기병대의 상징인 노란 스카프를 목에 두르고 다니던 크롬베즈는 제 시간에 지평리로 들어가는 방법이 전차를 이용한 강행돌파뿐이라고 결정했다. 그는 전차 2개 중대를 지평리까지 돌입시키기로 했다. 문제는 전차를 엄호할 보병인데, 전차가 전속으로 강행돌파를 하면 보병은 전차를 따라갈 수가 없다. 전차의 속도를 따라가려면 병사를 트럭에 태워야 하는데, 전차와 트럭이 함께 달리면 방호가 안 되는 트럭이 공격당할 것이다. 트럭이 파괴되면 도로가 차단되고, 전차도 도로에서 오도 가도 못하게 되어 결국 파괴되고말 것이다. 고민하던 크롬베즈는 보병 1개 중대를 선발해 전차에 태워서 보내기로 했다. 이렇게 하자 트럭이 파괴되어 길을 막을 염려는 없지만 보병이 육탄으로 전차를 보호하는 꼴이 되고 말았다.

이 끔찍한 임무에는 베럿 대위의 12중대가 선택되었다. 3대대장 트레이시 중령과 베럿 대위는 보병의 희생을 무시한 작전이라고 반대했다. 하지만 크롬베즈는 뜻을 굽히지 않았다.

마침내 전차 2개 중대와 보병 12중대가 출발했다. 이때 지평리에서는 격전이 벌어지고 있었고, 프리먼은 무전으로 연대가 전멸 직전이라고 말했다. 지평리로 가는 동안 예상대로 좌우 산에서 중공군의 사격과 박격포가 빗발쳤다. 총알이 날아오면 병사들은 응전하기 위해 즉

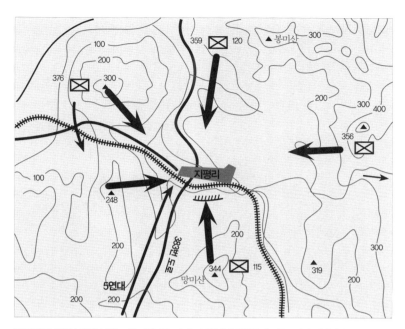

■ **지평리 전투** | 1951년 2월 14일 지평리를 지키는 23연대에 중공군의 집중공세가 시작되었다. 사태가 워낙 시급했던 터라 크롬베즈의 5연대는 전차부대를 이끌고 383번 도로를 따라 과감한 돌파를 시도해 2월 15일 오후 5시에 지평리에 입성했으며, 탈환에 성공했다.

시 전차에서 내려 좌우 도랑으로 퍼져 자리 잡았다. 대응사격을 한 뒤 전차가 다시 출발할 때가 문제였다. 수기로 신호를 해주기로 했지만 작전대로 되지 않았다. 전차가 갑자기 출발하는 바람에 많은 보병이 낙오했다. 그들은 그곳에 숨어 있거나 출발지로 되돌아가는 방법밖에 없었다.

지평리에 가까워질수록 중공군의 저항은 거세졌다. 전차 한 대가 바주카포에 피격되면서 중대장이 전사했지만, 이를 제외하면 전차 중대는 거의 모두 지평리로 들어갈 수 있었다. 오후 5시에 첫 번째 전차가 지평리로 진입했다. 전차 중대가 진입하는 방향의 앞쪽에 7중대 진지가 있고, 이곳을 향한 23연대의 진지 탈환 작전이 진행되는 중이었다. 그때까지 중공군은 강력하게 저항하고 있었지만 크롬베즈의 전차가 출현하자 도주하기 시작했다. 덕분에 진지 탈환 작전은 한 명의 희생자도 없이 끝났고, 크롬베즈의 전차들은 달아나는 중공군에게 일제 사격을 함으로써 그날의 고생에 대한 복수를 했다. 하지만 12중대 160명 중 지평리에 도착한 사람은 23명뿐이었다. 도중에 낙오된 병사들은 부대로 돌아가려 했지만 절반 정도가 죽거나 포로가 되었다. 그중에는 트레이시 중령도 있었다.

크롬베즈는 임무를 달성했지만, 7중대 진지에 도착한 것은 전차뿐, 지원 병력이나 물자가 전혀 없었다. 23연대 장교들은 앰뷸런스와 약품이 오지 않았다는 사실에 크게 실망했다. 크롬베즈 자신도 다가올 전황에 확신이 없었다. 그런데 중공군이 갑자기 전의를 상실하고 물러서기 시작했다. 2월 16일 23연대는 383번 도로를 따라 철수를 시작했고, 5연대와 23연대가 합류함으로써 지평리 전투는 완전히 종식되었다.

모순을 포용할 줄 알아야 한다

프리먼 대령의 지휘 아래 미 2사단 23연대와 프랑스 대대가 치른 지평리 전투는 파죽지세로 퍼져나가던 중공군의 공세를 저지하고, 중공군에게 최초의 승리를 거두었다는 점에서 기념비적인 전투였다. 이것이 리지웨이가 애타게 기다리던 성과였다. 그래서 지평리를 반드시 손에 넣어야 한다고 부하들을 압박했던 것이다. 또 그런 이유로 대대적으로 선전되었다.

이런 중차대한 임무를 맡은 크롬베즈는 작전이 실패할 가능성이 농후한, 어쩌면 23연대가 전멸할 수도 있는 상황에서 과감한 작전으로 임무를 달성했다. 지나치게 과감한 것이 문제였다. 12중대의 희생이 너무 크고 불필요한 것이었다는 비난이 가해졌다. 그래도 임무를 달성했다는 긍정론과, 결과로 과정을 정당화할 수 없다는 비판론이 동시에 대두되었다. 크롬베즈 자신은 안전한 전차 내부에서 지휘했다는 것도 구설수에 올랐다.

하지만 긍정론이든 비판론이든 모두가 결과론이다. 전차는 거의 격파되지 않고 지평리에 들어갔다는 점에 착안해서, 전차 속에 보병을 태우고 전속력으로 돌파했다면 목적도 이루고 희생도 줄었을 것이라는 주장도 있다. 하지만 보병의 엄호 없이 전차가 밀폐한 채 달렸다면 중공군의 대전차포병들이 더 대담하게 공격하고 도로를 차단했을지도 모른다. 돌파 당시에는 전차가 지평리에 들어오는 것만으로 중공군이 물러설 것이라는 확신도 없었다. 실제로 그들이 물러선 이유가 전투력이 소진되었기 때문인지, 크롬베즈의 돌파에 전의를 상실한 것인지 알 수 없다. 만약 중공군이 물러서지 않았다면 전차 중대의 지평리 입성은 눈 가리고 아웅한 것처럼 명목상으로 임무를 달성한 것에 불과하다는 비판이 가해졌을 것이다.

크롬베즈의 행동은 대대장 트레이시 중령의 행동과도 비교되었다. 미 육군사관학교 10년 선후배 사이인 두 사람은 한국전에 처음 참전했을 때부터, 혹은 그전부터 사이가 좋지 않았다. 크롬베즈는 기병대 이미지 그대로 용감했지만, 투박하고 융통성이 없었다. 영리하지 않고, 세밀한 전술 운용 능력이 부족했던 것 같다. 그런 행동이 부하들에게는 부하의 희생을 개의치 않고 밀어붙이는 지휘관으로 보였다. 트레이시는 이런 상관의 지휘 방침에 항상 부딪쳤다. 그는 부하들을 아끼고 사랑하는 지휘관으로 존경받았다. 전사한 부하들의 이름을 부르며 밤새 기도하기도 했고, 지평리 이전에도 크롬베즈의 무모한 돌격 명령에 저항해서 군법회의 직전까지 갔다.

2월 15일 트레이시는 전투에 참여할 의무가 없었지만 크롬베즈 몰래 전차에 탑승했다. 그는 전차 안으로 들어가지 않고 밖에서 부하들을 지휘했다. 전차가 보병을 버리고 떠나자 몰려온 중공군에게 포로가 된 그는 부상당한 병사를 업고 걸었다. 그리고 포로수용소에서 3개월을 지내다가 병사했다. 자기 음식을 병사들에게 나눠주다가 급속도로 쇠약해져서 사망했다고 한다.

하지만 크롬베즈를 포함한 다른 지휘관들이 보기에 트레이시의 행동은 지나치게 감상적이라고 할 만하다. 리더는 부하를 사랑하고 무한한 책임감을 지녀야 하지만, 그것이 무모한 행동으로 표현되어서는 안 된다. 대대장이 1개 중대의 작전에 무임승차하는 것 역시 비판의 소지가 있다. 극도의 긴장은 공포와 두려움으로만 표현되는 것이 아니다. 극한에 몰린 감정은 여러 가지 행동으로 표출된다. 어떤 지휘관은 필요 이상으로 무모해지고, 어떤 지휘관은 과도한 희생, 자책, 임무의 우선순위에 대한 혼돈으로 이어진다.

둘 중 어느 쪽이 옳으냐는 질문은 우문이다. 두 사람은 아주 대조적이지만, 특별한 유형의 지휘관이 아니라 오히려 평범하고 보편적인 지휘관이라고 할 수 있다. 난관에 봉착해서 기적을 창출하는 사람은 극히 드물다. 더구나 모두를 만족시키는 완벽한 기적을 창출하는 경우는 거의 없다. 지위가 높아지거나 어려운 임무를 만나면 인간은 누구나 한계를 드러낸다. 개성과 능력에 따라 대처하는 방식, 우연적 효과도 달라진다. 이 메커니즘은 의외로 복잡하고 상당한 다양성이 있다. 업무와 인물을 평가할 때는 선악과 선호를 나누기 전에 이런 양면성을 분석하고, 자기계발과 인재관리 데이터를 넓혀가는 것이 현명한 지혜다.

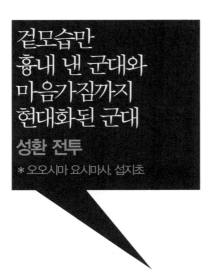

겉모습만
흉내 낸 군대와
마음가짐까지
현대화된 군대
성환 전투
✳ 오오시마 요시마사, 섭지초

1894년 동학농민운동이 발발하자 조선은 청나라에 원군을 청했다. 그러자 호시탐탐 조선 침공의 기회를 노리던 일본군은 기회를 놓칠세라 조선에 군대를 투입했다. 1884년 갑신 정변 후 일본과 청은 톈진조약을 맺고, 조선에 파병할 일이 생기면 동시 파병을 하기로 조약을 맺었던 것이다. 조선은 즉각 항의했지만, 다른 나라 군대가 유유히 상륙해서 내륙으로 전진해도 이를 저지할 군사력이 없었다.

조선에 상륙한 일본군은 바로 서울로 들어와 주둔했다. 일본군의 행동에 분노한 청나라는 일본과 전쟁을 벌이기로 결심했다. 청의 전술은 남북 협공이었다. 북부에서 청군이 가장 신뢰하는 만주군을 남하시켰다. 이미 경기만지금의 화성에 상륙해 있던 부대는 북상을 시작했다. 북부군이 서울을 치면 이들이 남쪽에서 퇴로를 차단할 예정이었다.

1894년 7월 28일, 안성천이 내려다보이는 충청남도 천안시 성환읍의 고지에서 청나라 병사들이 바쁘게 진지 구축 공사를 하고 있었다. 어제까지만 해도 조선인들을 공사에 투입했는데, 전투가 임박해지자 모두 철수시켰다. 병사들은 아주 열심히 작업에 임했다. 청군이 게으르다는 소문은 많았지만, 전투를 앞두고 열심히 일하지 않을 수가 없었다. 그래도 두려움이 밀려왔다. 두려움에 대처하는 방법도 가지가지였다. 어떤 병사는 며칠 전까지만 해도 편안히 지내던 해안가의 조선인 마을을 생각했다.

산둥반도에서 그들을 태운 증기선은 조선의 한적한 해안가에 그들을 내려놓았다. 해변과 뒤쪽 산골짜기에 잘해야 20, 30호의 마을이 몇 개 있었다. 그들은 조금 안으로 진군해서 바다에서 보이지 않고, 내륙 쪽의 길도 엄호할 수 있는 작은 마을 외곽에 자리를 잡았다. 주변은 조용하고, 마을 사람들은 살갑지는 않았지만 협조적이었다. 아이들이 특히 잘 따랐다. 청군 장교 한 명은 똑똑한 아이를 발견해 양자로 삼아 청나라로 데려가기로 약속했다.

마을에는 해산물이 풍부해서 매일 여러 가지 생선과 갖가지 조개는 물론 굴, 낙지, 문어, 해초류가 상에 올랐다. 해산물은 맛이 뛰어났지만 조선인들은 그 좋은 재료를 요리하지 않고 날로 먹는 것을 즐겼다. 청나라 병사들에게 그것은 정말 이해되지 않는 신기한 습성이었다.

청의 장교와 병사들은 대부분 상황을 낙관하고 있었다. 그들은 자신들이 만든 진지와 지형, 든든하게 배치된 포대와 신형 대포를 보며 위안을 얻었다. 그들의 무기는 일본군에 못지않은 신형 장비였다.

18세기까지만 해도 청나라의 팔기군은 세계 최고의 군대였다. 하지만 세상이 바뀌었다. 아편전쟁의 패배로 충격을 받는 청은 만주족과 한족이 화해의 손을 붙잡고 서양의 군수산업을 수입해 중흥정책을 추진했다. 그것이 양무운동이다.

양무운동은 부정부패로 실패했다고 하지만, 이는 사실과 다르다. 양무운동이 부패로 얼룩지긴 했지만, 청나라는 여전히 부유한 국가였다. 그 경제력을 바탕으로 청군은 일본군과 최소한 동격이거나 더 좋은 무기로 무장했다. 참고로 청일 양국은 아직 독자적으로 무기 생산을 할 수 있는 능력은 없어서 모두 유럽산 무기를 수입하거나 라이센스 생산을 하고 있었다.

무기만 받은 군대와 원리까지 교체한 군대

청군의 병력은 일본군에 비해 우세했고 지형도 청군에게 유리했다. 탄탄하게 보강한 고지에서 들판을 내려다보고 있었는데, 산 아래로 내려다보이는 들판은 농경지로 개간되어 있어서 엄폐물이 하나도 없었다. 더구나 벌판에는 하천이 Y자로 갈라져 흐르고 있었다. 일본군이 고지를 공격하려면 하천을 두 개나 건너야 했다. 일본군이 이 난관을 무릅쓰고 공격을 계속한다고 해도 조금만 버티면 된다. 북쪽에서 만주군 여단이 일본군 뒤쪽으로 남하하고 있었다. 그들이 오면 일본군은 양쪽에서 포위될 것이다.

일본군의 고민도 북쪽에서 오는 군대였다. 서울의 일본군은 만주군의 병력을 전혀 알 수 없어 전전긍긍했다. 하지만 기다리면 기다릴수록 불리할 뿐이었다. 우선 서울은 방어에 불리한 곳이었다. 요새로 삼을 만한 지형이나 장애물이 없다. 북쪽은 산, 남쪽은 한강이 가로막고 있다고 하지만 중간에 우회해서 쉽게 건널 수 있는 지역이 얼마든지 있었다.

일본군이 서울을 벗어나 남쪽이나 북쪽으로 이동해 쓸 만한 요새로 들어가는 방법도 있다. 하지만 일본군의 군수품은 부산에서 올라오는 육로나 서해안으로 운송해서 인천으로 들어오는 해로에 의지하고 있었다. 청군 함대가 인천항을 봉쇄하거나 남쪽에 주둔한 청군이 경부 육로나 경인가도를 차단하면 일본군은 당장 보급로가 차단될 수 있었다.

결과적으로 일본군이 방어전으로 나가서는 승산이 전혀 없었다. 그렇다면 남은 방법은 공격뿐이었다. 일본군 사령관인 오오시마 요시마사^{大島義昌} 장군은 과감하게 먼저 움직여서 청군을 각개 격파하기로 했다. 일본군의 병력은 보병 13개 중대, 공병 1개 중대, 기병 1개 중대, 포병 1개 대대로 구성된 약 2,500명이었다. 남쪽에 있는 청군은 3,500명 정도였다. 상황이 상황이니만큼 일본군은 선제공격과 단기전을, 청군은 지구전을 노렸다.

일본군은 평택을 지나 성환으로 접근했다. 상황이 속전속결을 요구하는 만큼 일본군의 각오는 비장했다. 그동안 갈고닦아온 그들의 능력 또한 시험대에 오른 전투였다. 지형이 극도로 불리했지만, 일본군 지휘부는 눈앞의 난관은 무시하고 돌파하기로 했다. 맹목적인 돌격이라고 볼 수도 있지만 그만큼 사태가 급박했다. 무조건 단기간에 승부를 걸어야 했다.

일본군은 좌우익으로 나뉘어 공격을 개시했다. 마쓰자키^{松崎} 대위가 이끄는 우익은 두 개의 안성천을 건너 안궁리, 복모리로 진격했다. 일본군이 마을로 접근하자 갑자기 총격이 시작되었다. 청나라 군 일부가 복모리 부락에 매복하고 있었다. 기습을 받자 전투지점으로 가기 위해 서두르던 일본군 소대장이 20명의 병사와 함께 물에 뛰어들었다가 익사했다.

악재가 순식간에 겹쳤지만 일본군은 동요하지 않았다. 지휘관 마쓰자키 대위는 용감하게 둑에 올라서서 전투를 지휘했다. 얼마 지나지 않아 날아온 총알이 그의 목숨을 끊었다. 최악의 상황이 발생했지만, 일본군 병사들은 물러서지 않고 공격해서 청군을 소탕했다. 전투는 단 30분 만에 끝났다.

청군의 어정쩡한 매복이 일본군에게 묘한 자신감과 승리의 예감을 주었던 것 같다. 하천에서 일본군을 저지하거나 타격을 주려 했다면 청군은 더 적극적으로 공격했어야 했다. 일본군이 불리한 지형에서 지휘관이 전사하는 악재를 만났지만 청군은 이 기회를 살리지 못했다. 너무 적은 부대를 마을 깊이 매복시켰다. 병력이 적고 분산되는 바람에 기회를 얻고도 강력한 공격을 가할 수 없었던 것이다.

청군의 기습 공격은 청군에게 엉뚱한 피해를 초래했다. 일본군 지휘관이 이 전투로 청군의 수준을 간파했던 것이다. 청군은 자신들에게 결정적으로 유리한 지형에서 매복해 공격하면서 형식적인 공격을 가했다. 이것은 무엇을 의미할까? 청군에게 이 정도의 압박만 가해도 사기가 꺾이고 무너진다는 의미다.

일본군은 자신감을 얻었고 구릉의 청군 본대를 향해 공격을 시작했다. 청군도 응전했다. 청군은 강력한 진지를 구축한 반면 일본군 포대는 전혀 보호되지 않는 상황이었다. 그럼에도 일본군의 포화는 청군 진지를 정확하게 강타했다. 의외로 정확한 포격이 진지를 강타하자 청군은 심하게 동요했다. 반면 고지에 있고 진지로 보호받고 있음에도 청군의 포격은 형편없어서 일본군을 전혀 저지하지 못했다.

포격전에서 일본군이 우세를 차지했던 이유는 청군이 진지에 빽빽하게 꽂아놓은 깃발이 안내판 역할을 해준 덕분이었다. 무선통신이 없던 옛날에는 깃발이 통신수단인 동시에 지휘관의 권위를 나타내는 상징물이었다. 포가 정확해진 현대전에서 깃발은 사용하면 안 되는 것이 상식이지만, 청군은 현대 무기를 들었을 뿐 전술과 마인드는 전혀 바뀌지 않았다.

예상대로 병사들도 우왕좌왕했고, 일본군을 물리치기보다는 그들이 가까이 다가오지 않기만 바라고 있었다. 그 심리 상태를 일찌감치 눈치챈 일본군은 좌우 양쪽에 비탈을 이용해서 단숨에 산을 올랐다. 일본군이 전방의 진지로 뛰어들자 공황 상태에 빠진 청군은 진지를 버리고 도주하기 시작했다. 청군 500명이 사망하고 약 1,000명이 포로가 되었다. 일본군 사상자는 82명이었는데, 그 중 장교가 6명이었다. 이후 벌어진 평양 전투, 뤼순 전투에서 일본군은 승리를 거듭했다.

병력도 적고 요새화된 진지에 대한 공격이었음에도 일본군이 압승을 거둔 것은 청군의 전술이 16세기의 화기전술 교리를 그대로 답습했기 때문이다. 명나라의 장수 척계광이 왜구와 싸우던 16세기의 포는 솔직히 위협용이 60~80퍼센트였다. 하지만 극도로 낮은 명중률과는 상관없이 포격은 말과 사람을 동요시키고, 아군에게는 자신감과 용기를 불어넣어 주었다. 대신 사거리는 짧고 발사 속도가 떨어졌기 때문에 적이 멀리 떨어져 있을 때부터 포격해야 했다. 가능한 한 멀리 떨어져 포격하고, 적을 맞추기보다 적의 머리 위로 넘어가는 포격을 하도록 훈련받았다. 어차피 맞추기는 힘들었기 때문이다. 그래서 포도 가능하면 포성이 크고 연기가 많이 나는 것을 선호했다. 그렇게 위협 포격을 하다가 적이 근접하면 미련 없이 후퇴했다.

청군은 장비 면에서 일본군에게 뒤쳐지지는 않았지만, 과거 척계광 시절의 포격전술을 그대로 답습했다. 현대적 훈련을 아예 받지 못했던 것은 아니다. 청나라 군 중에서도 일부 군대는 일본군과 같은 근대적 전술을 사용하며 싸웠고, 이럴 경우 일본군에게 적지 않은 타격을 입혔다. 하지만 이런 군대는 극히 드물었고, 근대 전술을 사용하는 군대라 하더라도 전투력이 일본군을 압도하지는 못했다.

창업 초기의 장점을 유지하지 못하는 조직

양군의 결정적 차이를 유발한 요인은 훈련과 리더십이었다. 청군 장교들은 병사의 신뢰를 얻지 못했다. 총사령관 섭지초葉志超는 이 전투에 참여하지도 않고 벌써 도주한 상태였다. 반면 일본군은 오오시마가 선두에서 지휘했으며, 전투의 결정적 국면에서 항상 장교들이 진두지휘했다.

처음 일본군이 서울을 출발할 때 물자 수송을 위해 인부와 우마를 징발해야 했다. 하지만 조선인들은 달아나버렸고, 소와 말도 구할 수가 없었다. 그러자 일본군 군수담당 장교가 스스로 목숨을 끊었다.

자살이 바람직한 태도는 아니지만, 조직에 대한 일본군 장교의 책임감과 사명감을 보여주는 상징적 사건이다. 일본군 전사자의 10분의 1은 장교로, 전쟁이 끝날 때까지 장교 사망률이 청군보다 월등히 높았다.

청일 전쟁에서 성환 전투 이후 벌어진 평양 전투와 뤼순 전투는 더 크고 위험했다. 평양은 한국의 모든 성 가운데 최고의 요새인 데다 청군이 현대전에 맞게 시설을 보완했다. 한편 유럽 기술자를 불러선 건축한 뤼순 역시 점령한 일본군이 감탄했을 정도로 튼튼해, 2만 명이 공격해도 막아낼 수 있는 요새였다. 18세기에서 20세기 초반은 축성술이 공격무기를 훨씬 압도하던 시절이었다. 남북전쟁에서 제1차 세계대전까지, 축성진지는 수만 명에서 수십만 명은 거뜬히 해치우는 거대한 살인괴물이었다. 하지만 청군은 요새를 전혀 활용하지 못했다. 평양과 뤼순 전투도 규모만 달라졌을 뿐, 성환 전투와 다를 바 없었다. 그 원인은 사람이었다. 청나라 팔기군은 세습을 거듭해온 특권조직이었다. 엄격한 교육과 내부 경쟁, 책임의식이 수반된다면 세습도 무조건 나쁜 것은 아니다. 하지만 팔기군은 그런 것이 없었을 뿐 아니라 거부했다. 전술과 혁신을 위한 노력도 당연히 없었다. 17세기에 후금을 건국할 때 만주족의 에너지를 모았던 원칙과 정신을 200년 만에 완전히 상실해 팔기는 세습제도와 유리천장^{특정 계보의 사람이 출세로를 장악해서 출세할 사람이 정해져 있는 조직}의 단점만 남은 조직이 되었다.

반면 일본군 장교단의 헌신과 책임감, 그리고 명민함은 제2차 세계대전 당시 미군들도 놀라고 존경하는 수준이었다. 태평양 전쟁에서는 일본군 장교들도 특권화되어서 낡은 리더십이 보이는 실수를 많이 했고 그 덕분에 올바른 평가를 받지 못했지만, 부분적으로는 미군과 유럽군대를 앞서는 혁신적 전술을 꽤 많이 개발했다.

일본군 장교단의 모체는 오랫동안 억눌렸던 사무라이의 후손이거나 메이지유신 이후 성장한 근대 상공업자 출신들이었다. 이 둘이 겹치는 경우도 많은데, 싸울 일이 없어진 사무라이들의 다수가 말단관료나 상공업자로 전직했기 때문이다. 그들에게 군대는 귀족층이 장악한 상류사회로 올라갈 수 있는 유일한 통로였다. 덕분에 일본군 장교층은 누구보다도 출세욕이 넘치는 집단이며, 최고의 엘리트들이 모이는 집단이 되었다.

청일 전쟁에서 소개되는 일본군 장교의 미담은 과장되었을 가능성도 높다. 일제 강점기 성환에는 마쓰자키 대위의 기념탑이 있었는데 높이가 9미터나 되었다고 한다. 일제는 이곳에 공원을 만들고 성역화했다. 안궁리에도 충혼탑을 세웠다. 이런 노력들은 영웅 만들기가 정책적으로 수행되었음을 말해준다. 덕분에 이런 자결은 사무라이정신으로 미화되었다. 나중에 이것은 일본군 자신들에게도 큰 해가 되었는데, 자신들을 변화시킨 진짜 요인을 스스로 오도하는 결과가 되어버렸기 때문이다.

이런 과장된 신화의 배경에 놓인 진실은 에너지였다. 근대 무기에 맞는 전술을 개발하고, 운영하는 능력, 병사들의 전투의지를 고취하고 지휘관이 초반에 전사하는 불리한 상황에서도 싸우게 하는 능력은 개인의 업적과 능력을 인정하고 보상하는 풍토에서만 배양될 수 있다.

반면에 청의 팔기군은 너무 오랫동안 세습되고 정체된 조직이었다. 그들 중에도 젊고 야심찬 장교, 문제의식이 충만한 젊은이들이 있었지만, 팔기군 내의 오랜 관습과 분위기를 이겨내지는 못했다. 극소수의 부대만이 일본군과 같은 전술능력을 보여주었을 뿐이다. 그런 부대가 조금만 많았다면 일본군이 쉽게 승리하지 못했을 것이고, 중일전쟁의 비극도 없었을 것이다.

20세기 초반 일본 장교층이 보여준 열정과 책임감, 창의력은 수백 년간 일본 사회를 지배하던 유리천장을 제거하고, 차상위층에 성장욕구를 부여한 사회적 변화에서 나왔다. 어느 사회나 성장하는 계층, 상위층에 도전하는 차상위층이 있다. 상위층의 입장에서 보면 그들은 부담스럽고 거친 집단이다. 계층이 아니라 개인의 경우도 마찬가지다. 너무 열심히 일하는 사람은 사실 나를 위협하는 사람이다. 하지만 사회, 집단의 발전이란 관점에서 보면 이들의 에너지를 대체할 만한 것이 없다. 그들을 나를 위협하는 적대적 세력으로 이해하느냐, 나와 우리 조직을 살리는 열정적 에너지원으로 이해하느냐에 따라 조직의 운명은 바뀐다.

Part 5

전쟁 후를 대비하라

우리가 이 책에서 전쟁을 통해 전략과 혁신을 분석하고 있지만, 정작 전쟁에서 승리하기 위해서는 평화시에 미리 준비해야 한다. 또 전쟁의 승리를 이어가려면 전쟁 중에도 그 후를 대비해야 한다. 실제 전투에서 알렉산더 대왕에 비유될 정도로 용맹했던 피로스는, 전쟁에서 이겼지만 국가를 통치하지는 못했다. 전쟁이 끝난 후를 대비하지 못했기 때문이다. 그런가 하면 몽골족이 더 커지기 전에 견제하려는 통찰을 가지고 전쟁을 진행한 영종은, 그러나 자신들의 현재 전력은 점검하지 못한 탓에 패한다. 기회가 좋은 것만으로는 평소에 준비하지 않은 실수를 만회하지 못한 것이다. 이처럼 전쟁은 치열한 그 순간만을 생각할 것이 아니라 더 넓은 그림을 봐야 한다.

우리는 이 책에서 무기의 혁신에 따라 변하는 전쟁을 포착해서 30년 전쟁을 승리로 이끈 스웨덴의 황제 구스타프 아돌프를 통해 전환기에 선 창조적 전술가가 취해야 할 행동을 배울 것이다. 또 태평양 전쟁에서 더 뛰어난 무기와 병사들을 가지고서도 후임 양성이라는 과제를 무시한 일본이 치른 대가를 살펴보며 전쟁 후를 대비하는 중요성을 살펴볼 것이다.

화약 냄새, 죽은 사람과 죽어가는 사람의 냄새가 습기, 어둠과 엉겨붙어 벌판에 내려앉았다. 11월의 축축하고 스산한 독일의 벌판에서 그 냄새는 악취보다도 더욱 소름끼쳤다. 그 어둠과 죽음의 향기가 가득한 벌판을 횃불 든 건장한 사내들이 샅샅이 뒤지고 있었다. 그들을 자세히 들여다보면 피와 땀과 눈물로 얼룩진 전사의 표정을 볼 수 있었을 것이다.

한참 뒤에 누군가가 소리쳤다. 주변의 횃불들이 우르르 몰려들었다. 썩어가는 시신을 두려워하지 않고 벗겨내며 뒤진 병사의 공이었다. 그들이 찾던 것은 약탈당한 채 버려진 시신 더미의 아래쪽에 있었다. 아마도 그것은 전쟁사에서 가장 위대한 지휘관의 가장 처참한 죽음이었을 것이다. 약탈자들은 그의 모든 것을 벗겨갔다. 알몸의 시신은 상처투성이였다. 오른쪽 관자놀이, 두 팔, 옆구리, 등에 총을 맞았고, 단검에도 찔렸다. 부상당해 말에서 떨어진 그에게 야만적인 총탄 세례를 퍼부었던 것 같다. 죽기 전에 무슨 모욕을 당했는지도 알수 없었다. 한때 북방의 사자, 최고의 전술가, 신사로 추앙받던 스웨덴 왕 구스타프 아돌프Gustav Adolf는 그렇게 죽었다.

구스타프는 전쟁사에 남긴 혁혁한 자취에도, 전쟁사를 아는 사람에게만 알려진 비운의 장군이다. 그의 예상치 못한 죽음으로 인해서그가 추구하던 업적이 마무리되지 못한 것이 위대한 전술가로서의 존재감을 약화시킨 듯하다. '30년 전쟁'이라는 종교전쟁에 뛰어들어, 신교도의 편에서 싸웠던 것이 마이너스로 작용한 것 같기도 하다. 그것도 아이러니한 불행인데, 한동안 그는 신교도의 구세주였고 덕분에그의 군대는 매일 기도를 하고 찬송가를 부른 후에 잠자리에 드는 천상의 군대로 묘사되었다. 이런 과장된 소문과 종교와의 유대가 전술가와 군사학자들에게 꺼림칙함을 주었던 것 같다. 하지만 그를 빼놓고는 근대 전쟁을 이야기할 수 없다.

전쟁사를 딱 두 시기로 나누라고 하면 화약 발명 전과 후로 나눌수 있다. 이 차이는 우리가 생각하는 것 이상으로 엄청나다. 기업사로치면 중세적 길드에서 주식회사와 근대 경영기법이 등장하는 것만큼의 차이다. 이 변곡점에 구스타프가 서 있다.

총의 발명과 함께 완벽한 승리를 꿈꾸다

새 시대의 창시자로서 구스타프의 등장은 1610년 폴란드에서였다. 그해에 스웨덴과 러시아 연합군이 러시아의 클루시노에서 폴란드 기사단과 맞붙었다. 스웨덴과 러시아군은 비용이 많이 드는 신무기인 총을 비롯한 화기로 무장하고 있었다. 반면 폴란드는 유럽에게 가장 낙후하고 가난한 나라였다. 이들은 총기를 구입할 돈이 없어서 대부분이 창과 기병도로 무장했다. 15세기까지만 해도 사브르끝이 휘어진 기병도, 중동과 무굴 제국의 곡도에서 영향을 받았다를 발명한 폴란드와 헝가리 기병은 유럽 최고의 용맹과 기마술을 자랑하는 부대였다. 하지만 총이 등장하면서 전통적 기병의 시대는 종말을 맞았다.

역사책에서는 총과 대포의 등장이 기사계급을 몰락시켰다고 한다. 총은 기사의 갑옷을 무력화시켰고, 아이와 여자라도 3주만 훈련하면 20년 수련한 기사를 한 발에 패배시킬 수 있었다. 하지만 화약이 기사를 몰아내는 과정은 그렇게 간단하지 않았다. 기사들도 총의 등장에 무조건적인 거부감을 보인 것은 아니다. 사실 기병의 지위는 총이 나오기 전부터 위협받고 있었다. 장창보병대가 이미 기사들에게 무서운 적이었다. 스위스의 파이크 병처럼 장창에 도끼를 단 개량 무기를 들고, 숙련된 전술과 대형을 사용하는 부대는 기병과의 전투에서 가히 무적이었다. 그들은 전통적인 일자 대형 대신 마름모꼴에 가까운 방진을 치고 기병에 대항했다. 방진은 기병의 우회습격을 허용하면 후방을 공격당하는 치명적인 약점이 있었다. 그럼에도 파이크는 일자 대형을 과감하게 포기하고 적의 기병이 마음껏 그들의 주변을 선회하게 만든 다음, 창으로 말의 다리를 공격해 넘어트렸고, 말에서 떨어진 기병을 창에 달린 도끼로 사정없이 내리쳤다. 기병이 정면 돌격해도 여러 명이 힘을 합쳐 빽빽하게 세운 굳건한 장창은 기병의 돌입을 허용하지 않았다. 용기와 팀원에 대한 신뢰, 숙련된 기술만 있다면 파이크는 패배하지 않았다. 이들을 해치울 수 있는 유일한 병종은 동양의 유목 기병이었다. 강력한 활과 기동력, 원거리 전투 능력을 갖춘 유목 기병은 파이크들을 세워놓은 채로 몰살시킬 수 있었다. 하지만 유럽의 둔탁한 기사들은 그런 재주가 없었다. 말 위에서 사용하는 석궁은 명중률이 떨어지는 데다 힘도 약해서 파이크의 보호막을 뚫을 수 없었다.

그때 등장한 것이 화승총이었다. 기사들은 안전한 곳에서 창병을 사냥할 수 있는 무기를 즉시 알아보았다. 다만 화승총은 조작이 복잡해서 말 위에서 사용하기 힘들었다. 사용해도 단발 사격밖에 할 수 없었다. 하지만 필요는 발명의 어머니다. 게다가 중세에 가장 부유한 계층이 애타게 바라고 있었다. 즉시 부싯돌을 응용한 발사장치가 발명되면서 사격이 훨씬 간편해졌다. 장인들은 기병들의 기호에 맞춘 권총인 피스톨을 개발했다. 비록 한 번에 한 발밖에 쏠 수 없었지만, 작고 가벼워서 두 자루 정도는 상비할 수 있었다. 피스톨 한 자루는 안장에 한 자루는 가슴에 사선으로 두르는 벨트에 꽂았다. 어떤 이는 한 자루 더 추가해서 장화에 꽂기도 했다.

총의 위력에 매료된, 아니 백병전을 피할 수 있다는 매력에 반한 기병들은 즉시 새로운 전술을 개발했다. 그 중에서 인기를 끈 전술이 카라콜레 기동이라고 부른 선회전술이었다. 이 전술은 다음과 같이 진행된다. 피스톨로 무장한 기병들이 일자형 횡대로 진격한다. 이들은 보병 대열에 맞서 28미터의 거리에서 한 발을 쏜다. 소총의 유효 사거리는 약 25미터로 이 거리는 소총 유효 사거리 약간 밖이다. 발사 속도는 1분에 두 발 정도였다. 사람 크기의 표적을 쏠 때 피스톨은 9

미터까지는 매우 정확하고, 18미터까지도 80퍼센트의 명중률을 보였다. 그리고 갑옷의 판금을 관통했다. 이 거리를 넘어서면 명중률은 10퍼센트로 급격히 떨어졌다. 그러므로 28미터의 거리면 피스톨로는 맞출 가능성이 없었지만, 적이 소총으로 무장했을 경우, 유효 사거리의 경계에서 사격을 유도하려는 의도였다. 더 멀리 있으면 적은 사격하지 않을 것이고, 가까이 가면 살상률이 치명적으로 증가한다.

28미터의 거리면 사격을 하지 않은 예비대열이 없는 이상, 소총으로 사격한 적의 보병이 다시 장전해서 쏠 시간이 부족하다. 피스톨이 한 자루 더 있는 기병은 이때 일제히 전진한다. 보병의 창은 사정거리가 길어야 5미터에 불과하므로 그 거리 밖에서 나머지 한 발을 사격한 뒤 사열하듯이 적 보병의 눈앞에서 말을 좌회전시켜 왼쪽으로 빠져나온다. 왼쪽으로 도는 이유는 보통 오른손으로 총을 발사하기 때문이다. 장화 속에 한 자루를 더 숨겨둔 기병은 혹시 모를 추격을 방지하는 의미에서 총을 꺼내 어깨에 거꾸로 걸치는 건방진 자세로 뒤를 향해 한발을 더 날린다.

앞 대형이 좌회전해서 돌아나가면 다음 대형이 다가가 같은 동작을 반복한다. 그 사이에 사격을 마친 대열은 맨 뒤로 돌아가 총알을 다시 장전한다. 이런 식으로 기병들은 적이 무너질 때까지 계속 선회하며 압박한다. 창병이 조금씩 쓰러지기 시작하고 대형에 구멍이 생기면 공포에 사로잡힌 적은 진을 깨고 도망칠 것이다. 그러면 기병은 말을 달려 도망치는 적의 등 뒤에서 기병도를 휘둘러 살육을 시작한다.

시계가 돌아가듯이 질서정연한 기병의 기동, 기계적이며 정확하게 울리는 장렬한 사격, 화약 냄새와 연기, 절도 있는 대오와 힘, 이것이 전장에 선 기사들의 로망이었다. 더욱 아름다운 것은 이 총격전의 과정에서 희생자가 그다지 없을 것이라는 점이었다.

유효 사거리란 사격장에서나 적용되는 거리다. 실제 전장에서 말은 날뛰고, 총성과 연기로 심장은 고동친다. 그런 상태에서 명중률은 형편없이 떨어진다. 실전에서 말을 탄 기병이 적을 명중시킬 수 있는 거리는 3보라는 주장도 있다. 그래서 당시 기병끼리 전투를 벌일 때는 상대에게 발사하지 말고 총구를 상대 몸에 붙이라고 가르치기도 했다. 총구가 몸에 닿으면 상대방은 항복을 하든지, 불발을 기대하고 검을 내리칠지를 선택해야 했다. 이 정도로 형편없는 사격에 맞을 사람은 거의 없었다. 계속 선회하며 발사한다고 하지만, 실제 선회가 가능한 횟수는 2, 3회뿐이다. 흑색화약은 발사하면 총 안에 찌꺼기가 쌓여 불발되거나 총이 터졌다. 부싯돌도 쉽게 닳았다.

카라콜레 기동은 이론에 비해 실전에서 너무나 비효율적이었다. 그럼에도 기사들은 새로운 전술에 빠져들었다. 그들은 먼저 무거운 창을 버렸다. 백병전을 대비해서 검을 찼지만, 검술 훈련은 경시하게 되었다.

1610년 폴란드 땅으로 온 구스타프의 군대도 카라콜레 기동에 숙달된 군대였다. 클루시노에서 전투 개시를 알리는 포성이 울리자 연합군 기병은 기세 좋게 폴란드 군을 향해 나아갔다. 그리고 가난한 기병 앞에서 일제 사격을 퍼붓고 각기 좌우로 선회하기 시작했다. 폴란드 기병들이 카라콜레 기동을 알고 있었는지, 이때 처음 보았는지는 알 수 없지만, 확실히 그들은 자신의 눈을 의심했을 것이다. 전장에서 적의 기병들이 자신들의 눈앞에 측면을 드러낸 채 유유히 걸어가고 있었으니 말이다.

폴란드 기병은 즉시 검을 빼들고 연합군을 향해 돌진했다. 그제야 연합군 기병은 자신들이 무슨 짓을 했는지 깨달았다. 이곳은 전쟁터지 장기판이 아니었다. 피스톨을 다시 장전할 수도 없었다. 행여나 발사해도 적을 말에서 떨어트릴 확률은 10퍼센트도 되지 않았다. 어떤 이는 너무 당황해서 검을 뽑을 생각도 하지 않고 짧은 피스톨로 검을 막으려고 했다. 화약무기를 지나치게 신뢰한 탓에 검술과 창술을 제대로 익히지 않은 그들은 속수무책으로 당할 수밖에 없었다. 용감한 폴란드 기병들은 그들의 옆구리를 들이받고 베었다.

두 번째 사격을 위해 천천히 걸어오던 2진 기병들도 사태를 깨달았다. 하지만 그들도 늦었다. 이는 마치 무장해제한 적이 도살당하는 격이었다.

아이디어와 가능성을 실용으로 바꾸다

클루시노 전투에서 충격을 받은 구스타프는 군인은 기능공이 아니라 전사가 되어야 한다는 사실을 상기했다. 그는 기병들에게 다시 기병도를 들고 백병전을 훈련하게 했다. 적진에 충돌할 때는 오직 냉병기화기의 사용이 보편화되기 전까지 모든 무기들을 말한다에 의존하고 적진에 돌입한 후에, 난전이 벌어졌을 때 피스톨을 보조적으로 사용하게 했다. 기병에게 용기와 충격전술을 회복시켜준 것이다. 그렇다고 화약무기를 아주 포기한 것은 아니었다. 이 점이 구스타프의 비범함이다.

흔히 설익은 첨단전술이나 신무기를 사용하다가 혼쭐이 나면 구관이 명관이라는 듯, 과거로 회귀하는 경향이 있다. 하지만 구스타프는 화약무기의 가능성을 더 적극적으로 발전시켰다. 그는 기병에게 검을 들리는 대신, 주로 방어용으로 취급되었던 보병의 화기를 공격용으로 개량했다. 그는 머스킷양손으로 조작할 수 있는 소총을 짧고 가볍게 만들어 기동성을 높이고, 사격 속도도 높였다. 더 강력한 공격무기는 대포였다. 그는 대포를 경량화해서 3파운드 포를 만들게 했다. 수비형 대포는 적절한 위치에 거치하면 되지만, 공격용으로 사용하기 위해서는 기동성이 필요했기 때문이다. 이 대포는 말 한 마리나 병사 세 명이 운반할 수 있었다. 더 중요한 개혁은 규격화였다. 포의 바퀴와 수레 및 포탄을 규격화했고, 규격에 따라 포탄을 나무상자에 포장했다. 전쟁에 처음 도입된 포탄통은 간단한 아이디어 같지만 대단한 위력을 발휘했다. 포병이 화약을 계량할 필요 없이 포장된 포탄을 뜯어 바로 사용할 수 있었다. 당시 머스킷이 1분에 여섯 발을 사격했는데, 대포는 여덟 발을 사격할 수 있었다. 포가 총보다 빨랐던 유일한 시대였다.

구스타프의 군대는 포병이 보병과 함께 움직이며 호흡을 맞추었다. 구스타프는 3열 사격 대형도 처음 도입했다. 3열 횡대로 서서 1열은 무릎을 꿇고, 2열은 숙이고, 3열은 서서 일제 사격을 하는 방식이다. 총보다 빠른 3파운드 포도 연신 불을 뿜었다. 총을 빼앗긴 기병의 불안감을 해소하기 위해 기병대 사이에도 머스킷 보병대를 배치했다. 총병은 기병대가 돌격하기 전에 적진에 발포해서 대형을 분쇄하거나 적이 먼저 공격해오면 방어하는 역할을 했다. 총병과 기병의 혼합전술역시 위력적이었다.

이 새로운 군대로 구스타프는 30년 전쟁에 개입했다. 1631년 9월 7

일 구스타프는 라이프치히에서 황제의 군대와 맞붙었다. 스웨덴군의 병력은 2만 4,000명이었고 작센군 1만 8,000명이 가세했다. 틸리 백작을 사령관으로 하는 황제군은 3만 5,000명이었다. 이때까지 전세는 구교도인 황제군에 유리하게 진행되고 있었다.

양쪽의 전투 대형은 중앙에 보병을 배치하고 양익에 기병을 두는 형식이었다. 지형상으로도 유리한 데다 전투 경험이 풍부하고 베테랑 병사로 채워진 황제군은 자신감이 넘쳤다. 황제군은 공격적으로 나왔다. 그들의 전술은 양익의 기병대가 동시에 공격해서 적의 중앙으로 파고드는 것이었다. 공격이 시작되자 좌익에 배치한 작센군이 추풍낙엽처럼 떨어져 나갔다. 전투는 4만 2,000명 대 3만 5,000명의 싸움에서 순식간에 2만 4,000명 대 3만 5,000명의 싸움으로 바뀌었다. 게다가 스웨덴군은 좌측 옆구리 살이 떨어져나가 연한 속살이 노출된 상황이었다. 이 상황에서 구스타프의 새로운 화기전술이 위력을 발휘했다. 보병, 기병 사이에 배치한 머스킷 총병이 맹렬한 사격으로 황제군 기병을 저지했다. 스웨덴 군은 황제군보다 3배는 빨리 사격했다. 대포역시 황제군보다 많고 포격 속도도 빨랐다.

한편 스웨덴군의 우익을 공격한 부대는 좌익의 기병보다 더 강한 황제군의 주력이었다. 파펜하임 Phaffenheim 백작이 지휘하는 독일 기병대가 사나운 기세로 돌격해 들어왔지만, 이내 스웨덴 군의 강력한 화력에 주춤했다. 그 순간 그들은 결정적인 실수를 했다. 스웨덴군이 이미 포기한 카라콜레 기동을 시작한 것이다. 스웨덴 기병대의 중간 중간에는 머스킷 총병이 배치되어 있었다. 그들은 기병보다 사거리도 길고 강력한 총탄을 정확하게 발사할 수 있었다. 마침내 파펜하임 기병대가 전투를 포기하고 떨어져나갔다. 우측의 수비를 지휘하고 있던 구스타프는 클루시노에서 얻은 두 번째 교훈을 사용할 순간이 왔음을 알아차렸다.

구스타프는 지금까지 적의 공세를 참고만 있어야 했던 기병에게 돌격 명령을 내렸다. 스웨덴 기병이 돌진을 시작했다. 그들의 돌격 방향은 양익이 아닌 정면이었다. 기병도를 뽑아든 진짜 전사들은 머스킷과 대포의 약점을 정확하게 찔렀다. 그것은 느린 사격 속도로, 기병이 돌진해올 동안 황제군이 사격할 수 있는 횟수는 한두 번에 불과했다. 스웨덴 기병은 멍청하게 선회놀음을 하면서 시간을 낭비하지 않았다. 순식간에 황제군의 중앙 포대를 탈취했다. 중앙이 무너지자 황제군은 도주하기 시작했다. 스웨덴의 기병은 그들을 추격해 살육전을 전개했다. 황제군은 7,600명이 전사하고 6,000명이 포로가 되었다. 스웨덴군의 전사자는 2,000명이었다.

나를 상자에 가두지 말라

구스타프는 용감한 지휘관이었고, 탁월한 전술가이자 경영자였다. 보통은 지혜가 뛰어나면 용맹이 부족하고 용맹이 넘치면 지혜가 부족하다. 구스타프처럼 한 사람이 이런 재능을 겸비하는 경우는 매우 드물다. 라이프치히의 승리로 구스타프의 명성은 하늘을 찔렀다. 신교도는 그를 구세주처럼 찬양했다. 병사와 용병들은 그를 진심으로 존경했다. 이제 최전선에서 돌격하는 행동은 자제하라는 부하들의 요청에 그는 "나를 상자에 가두지 마라"고 답했다고 한다. 만약 독일의 신교도들이 일치단결해서 구스타프를 지원했다면 30년 전쟁은 종말을 맞이했을지도 모른다. 하지만 이방인이었던 그에게 독일은 협조적이지 않았다. 구스타프는 승기를 놓쳤고, 초조해졌다. 그가 초조했던 이유는 그의 개혁이 쉽게 모방할 수 있는 내용이었기 때문이다. 실제로 황제군은 즉시 구스타프의 교훈을 따라했다.

라이프치히 전투 이후 황제군을 지휘하게 된 사람은 평판이 좋지 않던 용병대장 발렌슈타인이었다. 구스타프의 호적수가 된 그는 뤼첸에서 구스타프와 운명을 건 일전을 벌였다. 전투 양상은 라이프치히 전투와 유사했다. 하지만 황제군은 그때보다 덜 어리석었고, 강인하게 버텼다. 스웨덴군은 일진일퇴를 반복하며 훨씬 힘든 싸움을 해야 했다. 구스타프는 동에 번쩍 서에 번쩍 하면서 병사들을 격려하고 지휘했다. 하루 종일 싸운 끝에 마침내 전투는 스웨덴의 승리로 끝났다. 황제군의 파펜하임이 전사했고, 발렌슈타인은 간신히 달아났다. 그래도 역사는 이 전투를 구스타프의 패전으로 기록한다. 구스타프가 무리하게 적진으로 돌입했다가 전사했기 때문이다.

구스타프는 전환기에 선 시대에 창조적 전술가가 취해야 할 행동을 전형적으로 보여주었다. 그는 냉병기 시대 지휘관의 미덕인 용기와 전투력, 열병기 시대의 리더에게 요구되는 신기술에 대한 이해와 과학적 사고를 겸비했다. 무기가 아무리 발달해도 병사에게 용기가 결여되어서는 안 된다는 사실을 분명히 알았고, 그것을 훈련과 전술에 반영했다. 동시에 신기술을 제대로 사용하려면, 몇 번의 실패에 굴하지 않는 실험정신으로, 기술적 난제는 기술로 풀어가는 마인드가 필요하다는 사실도 충분히 알고 있었다.

그의 전사는 운명이라고 말할 수밖에 없다. 그를 아끼는 사람은 후방에서 안전하게 지휘했더라면 좋을 것을 객기와 격정을 이기지 못한 작은 실수가 그를 죽음으로 몰았다고 말한다. 하지만 두 개의 전쟁이 혼합된 이 전투에서 그가 후방에 있었더라면 스웨덴군이 승리할 수 있었을까? 구스타프의 전사는 전환기를 넘어야 하는 선각자의 숙명적인 고통인지도 모른다.

전략에도 유연성이 필요하다

피로스 전쟁
* 피로스

서양에서 유명한 격언으로 '피로스의 승리' 라는 말이 있다. 이겼지만, 아군도 손실이 커서 공은 많이 들였어도 성과는 없는 승리를 말한다. 이 옛이야기의 주인공 피로스Pyrrhus는 현재의 그리스와 알바니아의 국경지대에 있던 에페이로스라는 그리스계 식민도시의 왕이었다.

알렉산더 대왕이 죽자 그의 거대한 제국은 휘하 장군들에 의해 분열되었다. 그나마 왕국이 유지된 곳은 프톨레마이오스Ptolemaeos 1세의 이집트뿐이었다. 나머지 지역에서는 분열이 분열을 낳으며 파괴되어 갔다. 알렉산더의 본거지이며 그의 원정에 참전했던 노병들이 가장 많이 살아남아 있던 마케도니아와 그리스 일대는 더 극심한 분열과 내전에 휘말렸다. 알렉산더의 제국을 기준으로 보면 마케도니아 지방은 가난한 변방이었지만, 알렉산더의 성공을 좇는 사람들은 마케도니아를 통일하면 이번에는 자신이 알렉산더처럼 세계로 뻗어나갈 수 있을 것이라는 착각을 했기 때문이다. 하지만 이 내전에서 알렉산더의 화신이라는 명성을 얻은 장군은 알렉산더와 함께 싸웠던 그의 부장들이 아니라 알렉산더의 얼굴을 본 적조차 없는 신성 피로스였다.

피로스는 기구한 성장기를 거쳤다. 어렸을 때 부친이 살해되어 왕국을 빼앗겼다. 성장해서 왕국을 되찾았지만, 이를 다시 빼앗기고 다른 나라로 망명해야 했다. 결국은 이집트에 인질로 가게 되는데, 여기서 이집트 왕 프톨레마이오스의 딸 안티고네Antigone와 결혼하면서 겨우 신세가 폈다.

지중해 최대 부호의 딸은 몸뚱이뿐인 왕자와 결혼해서 막대한 자금과 병력을 남편에게 가져다주었다. 의기양양하게 마케도니아로 돌아온 피로스는 통합 마케도니아의 왕을 목표로 거침없이 전쟁을 벌였다. 전투 현장에서 피로스의 무용은 무모할 정도였다. 그는 병사들의 맨 앞에서 싸웠다. 그의 용맹함을 본 노병들은 알렉산더를 다시 보는 것 같다고 말했다.

피로스 본인도 제2의 알렉산더를 꿈꾸었다. 그러기 위해서는 용맹뿐 아니라 전술도 탁월해야 했다. 피로스는 맹장으로 적과 충돌해서 용맹하게 싸웠지만, 그 와중에도 전체 전황을 꿰뚫고 적절하게 부대를 이동시키는 등, 전술을 운영하는 능력이 탁월했다. 그 부분도 알렉산더의 재현이었다. 정확한 자료는 남아 있지 않지만, 추측해보건대 그의 전술은 자신이 적의 주의를 끄는 동안, 기병을 우회시켜 적의 약한 부분이나 후방을 습격하는 방식이었던 것 같다.

이는 순간적인 판단력이 필요하고 지휘관이 신호와 통제를 원활하게 할 수 있어야 하며, 결정적 순간에 빠르게 이동할 수 있도록 지형을 완벽하게 파악해 적절한 부대 배치를 하는 것이 관건이었다. 피로스는 진법의 대가였다고 하는데, 지형 파악과 부대 배치에 탁월한 능력이 있었던 것 같다. 그는 진법을 개발하고 전술에 관한 책을 저술했다. 자신의 전투 경험과 전술 운용을 기술한 회고록도 남겼다. 나중에 로마에 도전하는 카르타고의 명장 한니발도 피로스의 진법에 경의를 표했다.

제2의 알렉산더를 꿈꾸다

꿈과 야망을 갖는 것은 좋은 일이다. 불행과 거듭되는 실패 속에서도 그는 불굴의 정신력으로 알렉산더가 되겠다는 목표를 잃지 않았고, 그 목표를 향해 정진했다. 그는 자비롭고 친절한 국왕이었지만, 전시나 평화로울 때나 오직 전쟁만을 생각했다. 용감한 장군과 병사는 오직 전선에서만 단련될 수 있다고 믿었다.

하지만 운은 쉽게 오지 않았다. 피로스의 삶은 한마디로 '전쟁에서 이기고 정치에서 졌다'로 요약할 수 있다. 천신만고 끝에 마케도니아를 통일했지만, 동맹국의 배신으로 하루아침에 마케도니아를 잃고 말았다.

기원전 297년 마케도니아를 지배하던 카산드로스Kasandros가 사망하자 데메트리오스Demetrius가 왕이 되었다. 하지만 그는 난폭해서 민중의 지지를 잃었다. 피로스는 트라키아의 군주인 리시마코스Lysimachos와 동맹을 맺고 데메트리오스와 싸웠다. 그리고 데메트리오스를 패배시켰지만, 이번에는 리시마코스가 마케도니아인을 선동해 피로스를 내몰았다. 피로스는 예전에 리시마코스를 제거할 기회가 있었음에도 마케도니아 통치와 후방 보급을 위해 마케도니아인인 리시마코스를 살려두었다. 그런데 얼굴마담인 줄 알았던 리시마코스가 갑자기 힘을 발휘했다. 마케도니아인들은 데메트리오스의 폭정을 싫어했지만, 막상 폭군이 사라지자 이번에는 과거 마케도니아의 속국이었던 이국의 왕이 지배자가 되는 것을 거부했다.

불굴의 피로스에게도 다 잡은 마케도니아를 속수무책으로 잃은 것은 충격이었다. 그가 낙담해 있을 때, 바다 건너 이탈리아의 도시 타렌툼에서 그를 필요로 했다. 당시 이탈리아는 내전이 한창이었다. 중부 이탈리아를 통일한 로마는 남부로 진군을 시작했다. 남부의 도시국가들은 타렌툼을 중심으로 반反로마 전선을 결성했다. 하지만 골족과의 전투로 단련되고, 그리스식 중장보병전술을 개량해서 독특한 전술을 창안한 로마는 강했다.

이탈리아 반도는 장화처럼 생겼는데, 타렌툼은 그 뒤꿈치 부분에 위치한 도시였다. 타렌툼의 사람들은 동쪽 바다 건너에 특별한 용사가 있다는 소문을 들었다. 타렌툼은 피로스에게 원조를 청하고, 전폭적인 지원을 약속했다. 피로스는 이 제안을 덥석 물었다.

피로스는 기병 3,000명, 보병 2만 명, 궁수 2,000명, 투석병 500명의 대부대를 편성했다. 여기에 로마인들이 처음 보는 코끼리 20마리도 있었다. 하지만 그는 운이 없었다. 그 잔잔한 아드리아 해가 하필 폭풍이 몰아쳐 그의 병력 대부분이 표류한 것이다. 타렌툼에 도착한 병력은 10분의 1도 되지 않았다. 타렌툼인들은 불안해했고, 병력 지원을 약속했던 주변 부족들도 망설였다. 그들이 처음에 약속했던 지원 병력은 기병 2만 명에 보병 35만 명이었다. 이 숫자는 남부 도시들의 모든 병력으로, 숫자상의 과장이 들어간 듯하다. 어쨌든 약속한 병력의 10분의 1은커녕 100분의 1도 나타나지 않았다.

피로스도 타렌툼에 실망했다. 강건하고 군인정신에 충만한 로마인과 달리 타렌툼인들은 전쟁을 코앞에 두고도 환락에 빠져 있었다. 분노한 피로스는 공연장, 목욕탕 같은 위락시설을 폐쇄하고 축제와 사교행사를 중지시켰다. 그러자 타렌툼인들은 피로스가 자신들을 정복하고 군림할지 모른다고 불안해하기 시작했다. 일부 시민들은 타렌툼을 떠났다.

피로스가 정치적 감각과 혜안이 있었다면 이런 국민을 데리고는 전쟁에서 승리할 수 없음을 깨달았을 것이다. 하지만 피로스는 이 전쟁을 포기하지 않았다. 마케도니아에서와 마찬가지로 대중의 심리를 포착하는 데 둔감하고, 불필요한 자신감에 차 있었다. 플루타르코스 Ploutarchos의 말을 빌리면, 그는 오직 군사에 미쳐 있었고 군사 문제가 해결되면 모든 것이 해결되는 것으로 착각하는 경향이 있었던 것 같다. 어쩌면 그는 이탈리아 도시들이 모두 이 모양이라면 이탈리아를 쉽게 정복할 수 있을 것이라고 기대했는지도 모르겠다.

'상처뿐인 승리'의 대명사가 되다

그 사이에 표류했던 피로스의 군대가 차츰 집결했다. 하지만 충분한 군대를 편성하기도 전에 이 정보를 들은 로마가 바로 쳐들어왔다. 피로스는 남부 이탈리아 도시들의 지원 없이 거의 자신의 군대만으로 로마군과 싸우게 되었다. 양군은 판도시아와 헤라클레아 사이의 평원에서 대치했다. 로마군의 대형을 본 피로스는 그제야 로마가 타렌툼과는 다르다는 사실을 인식했다. 그럼에도 그의 투지는 멈추지 않았다.

피로스는 전장에서는 용맹했지만 용병에는 신중했다. 그럴 수밖에 없는 것이, 전장의 병사들은 모두 소중한 자산이었다. 최소한의 손실로 승리를 거두어야 한다는 압박감이 피로스로 하여금 수세守勢를 취하게 했다. 그는 지형적으로 유리한 강둑에 병사를 배치해서 지구전을 펴려고 했다. 그러자 로마군 기병이 피로스의 방어진을 우회한 지점에서 도강지점을 찾아 강을 건넜다. 로마 기병이 강을 건너 강둑에 배치한 피로스군의 뒤로 돌아 들어오자 놀란 피로스군은 강둑을 포기하고 후퇴했다.

피로스는 알렉산더를 모방해서 중장보병이 밀집 대형으로 버티는 동안, 정예인 3,000명의 기병을 데리고 적의 중심부를 타격하는 작전을 사용했다. 하지만 로마군은 경장갑의 페르시아군과 달리 잘 훈련된 중무장 보병이어서 돌파가 쉽지 않았다. 게다가 로마는 전통적으로 기병이 약했지만, 주변 국가의 도움을 얻어 꽤 괜찮은 기병들을 보유하고 있었다. 피로스군은 기병 전투에서도 밀렸다. 피로스는 전멸하더라도 끝장을 보겠다는 각오로 장창보병대를 전진시켜 공격을 시도했다. 위험하고 무모한 시도였지만, 보병대를 공격하려던 로마 기병들이 코끼리에 놀라는 바람에 전세가 역전되었다.

코끼리가 그렇게 무시무시한 병기는 아니지만, 코끼리를 처음 보는 군대는 보통 놀란다. 특히 생전 처음 보는 동물이나 자기보다 덩치가 큰 동물에 크게 놀라는 경향이 있어서 낙타부대가 코끼리에게 많이 당했다. 로마군의 대형이 빈틈을 보이자 피로스의 기병이 공격을 재개했다. 보병은 이들의 지원을 받아 로마 보병대를 깨뜨렸다.

양측의 희생자 수가 로마 1만 5,000명, 피로스 1만 3,000명이라는 설도 있고, 로마 7,000명, 피로스 4,000명이라는 설도 있다. 획기적인 승리는 아니지만, '피로스의 승리'라는 격언처럼 상처뿐인 영광이라고 비하할 것도 아닌 준수한 승리였다. 이 전투만 놓고 보면 피로스는 진정한 승리를 거뒀다. 그는 거침없이 로마로 진군했다.

피로스의 승전보가 전해지자 관망하며 저울질만 하던 중부 이탈리아의 여러 부족들이 피로스에게 가담했다. 로마의 60킬로미터 지점까지 진격했을 때야 비로소 동맹군이 도착했다. 피로스는 이 군대를 이끌고 로마를 압박했다. 공황에 빠진 로마 군중은 항복 직전까지 가지만, 최후의 순간에 여론이 바뀌어 항전을 결심한다. 피로스의 진정한 실패는 여기인데, 그는 로마의 태도에 놀라 최후의 일격을 가하지 못한 채 로마가 팽창정책을 중지한다는 평화협정을 맺고 물러섰다.

나중에 한니발도 피로스의 실수를 답습하게 되는데, 로마가 이런 위기를 두 번이나 견뎌낸 것을 보면 이는 운이라기보다는 로마인의 기개 덕분이라고 볼 수밖에 없다. 아니면 정복자였던 로마인들은 피정복자의 슬픔과 자신들이 피정복자가 되었을 때 가해질 보복이 어떤 것인지 잘 알았기 때문일 수도 있다.

알렉산더 대왕과 피로스의 결정적 차이

피로스는 로마와 협정을 맺었지만, 이 협정은 결코 지켜질 수 없는 협정이었다. 기원전 279년 4만 로마군과 피로스의 잔존 병력 약 2만 5,000명이 아스쿨룸이란 곳에서 마주쳤다.

로마군은 피로스의 장창부대와 코끼리부대에게 공통의 약점이 있음을 발견했다. 넓고 트인 곳에서만 제 기능을 발휘할 수 있다는 사실이었다. 시가전이나 숲에서 장창보병대는 지극히 불리하다는 점을 파고든 로마군은 피로스를 숲으로 끌어들였다. 첫날 전투는 서로 지지부진했다. 둘째 날 피로스는 먼저 숲을 점령해서 로마군을 개활지로 끌어내는 데 성공했다. 코끼리부대 사이에는 경보병을 배치해서 코끼리를 엄호했다. 현대전에서 탱크가 보병과 함께 작전하는 것과 같은 원리다.

우세를 잡았지만 피로스는 더 이상 전술적 승리를 거두지 못했다. 그는 선두에 서서 로마군의 창에 부상을 당하면서까지 용맹하게 싸웠다. 그의 분전이 동료와 부하장수들에게 격려가 된 덕분에 승리를 거두었지만, 친구와 유능한 장수들이 많이 전사했다. 로마군은 6,000명, 피로스군은 3,500명을 잃었다. 피로스는 승리했지만, 전사한 장수들의 빈자리를 메울 방법이 요원했다. 전투가 끝난 다음 한 측근이 이 승리에 대해 축하 인사를 하자 피로스는 이렇게 응수했다. "로마군과 다시 한 번 싸워 이렇게 이겼다가는 완전히 망하고 말 것이오." 이 대사는 로마인인 플루타르코스의 기록에 의한 것이기 때문에 피로스가 정말 그렇게 말했는지, 신문의 자극적인 기사처럼 로마의 창

피로스 전투 | 피로스의 첫 승리는 마케도니아였다. 하지만 동맹군의 배신으로 마케도니아를 잃은 그는 마침 로마와 전쟁을 하고 있는 이탈리아의 타렌툼에게 지원 요청을 받는다. 타렌툼에서 피로스는 로마를 거의 항복 직전까지 몰아가지만 쓰러뜨리지는 못한 채 전황이 교착 상태에 빠지자, 이번에는 카르타고의 침공을 받은 시칠리아의 원조 요청에 응한다. 그렇게 시칠리아로 갔다가 다시 마케도니아로 귀환한 그는 이번에야말로 마케도니아 정복에 성공했다. 하지만 피로스는 더 이상 지배자가 될 수 없었다. 그저 용병부대 지휘관으로 전쟁터를 찾아 떠돌다 전쟁터에서 죽었다.

작인지는 알 수 없지만, 피로스가 소모전에 말려들었다는 점은 확실하다.

피로스는 누가 봐도 가망 없는 전쟁을 우직하게 지속하고 있었다. 그 점이 알렉산더와의 차이다. '전쟁의 신' 알렉산더는 정복지를 제압하고 다음 목표를 향해 나아가는 속도도 질풍 같았다. 전술 못지않게 전략과 정치에서도 모험을 할 줄 알고, 판단력이 정확했다. 반면에 피로스는 전투 능력은 알렉산더와 같았을지 몰라도, 전술·전략 순으로 동심원이 커질수록 알렉산더에 미치지 못했다. 피로스가 알렉산더를 닮은 것은 외형적인 전투 배치와 선두에서 싸우는 용맹함뿐이었다. 전장에서 자신을 중심으로 세계가 움직이도록 하는 능력이 알렉산더에게 있었다면, 피로스는 자신을 중심으로 육탄전을 벌이는 데 그친 것이다. 아무리 상대가 달랐다고 하더라도 알렉산더가 페르시아를 가로질러 인도까지 가는 동안 피로스는 이탈리아 반도의 절반도 지나가지 못했다.

전략과 정치라는 원의 더 큰 부분으로 오면 피로스는 완전히 갈팡질팡했다. 그의 유일한 장점인 알렉산더와 닮은 용기마저도 여기서는 사라졌다. 그의 판단력은 눈앞의 협정, 가시적 성과에만 묶여 있었다. 타협하고 양보하고 주저하다가 전략적 승리와 타이밍, 방법을 모두 놓쳤다. 오직 우직하게 전투에 몰입할 뿐이었다. 마케도니아를 놓친 것도, 이탈리아에서 벌인 소모전도 모두 그런 결과였다. 그는 희망이 보이지 않을 때, 다른 곳에서 그럴 듯한 제안이 들어오면 냉큼 달려갔다. 타렌툼의 요청에 이탈리아로 온 것이 바로 그런 사례였다. 그가 이탈리아로 오지 않고 마케도니아에 그대로 있었더라면 오히려 좋은 기회가 왔을지도 모른다.

남부 이탈리아에서도 전황이 교착 상태에 빠지자 피로스가 한 일은 다른 떡을 찾는 것이었다. 마침 두 가지 낭보가 동시에 전달되었다. 용병으로서 피로스의 가치를 알아본 시칠리아인들이 그에게 도움을 청한 것이다. 시칠리아를 침공한 카르타고를 물리쳐주면 시라쿠사를 비롯한 세 개의 도시를 주겠다는 제안이었다. 동시에 그리스에서도 연락이 왔다. 이집트 왕 프톨레마이오스가 갈리아인과 싸우다가 전사했으니 빨리 돌아와 마케도니아를 통일하라는 것이었다.

좋은 장수였지만, 좋은 지배자는 되지 못했던 피로스

피로스는 좋은 일이 한꺼번에 생긴 것에 대해 불평했다고 한다. 하지만 이런 불평은 국제 정세의 변화에 대한 장기적 안목이 부족하고, 준비되지 않은 사람의 공통적 특성이다. 피로스는 준비되지 않은 사람답게 상식 밖의 결정을 내렸다. 마케도니아로 돌아가지 않고 로마와의 대결을 마무리하지도 않고 시칠리아로 덜컥 튀었다. 정황으로 보면 마케도니아 복귀가 가장 적당한 답이었다. 귀국이 싫고, 소모전이 싫다면 이탈리아에 머무르면서 남부 이탈리아를 장악할 방법을 찾아야 했다. 우리가 모르는 사정이 있었는지 모르지만, 시칠리아에서 얻는 세 개의 도시는 결코 궁극적인 전리품이 될 수 없었다. 하지만 오랫동안 제대로 된 성과물을 얻지 못했던 피로스가 가장 쉬워 보이는 길을 택했던 것 같다.

시칠리아에서 그의 상대는 떠오르는 신흥강국 카르타고였다. 카르타고는 훗날 지중해 패권을 놓고 로마와 격돌한 강국인데, 피로스가 한 줌의 방랑부대를 데리고 그들을 모두 상대해본 셈이다. 카르타고와의 대전에서 그는 이탈리아의 악몽을 잊는 멋진 승리를 거두었다. 그는 연전연승했고 타렌툼과 달리 시칠리아인들의 지원은 쓸 만했다. 쾌감을 맛본 피로스는 카르타고 정복이라는 새로운 꿈을 꾸었다. 하지만 시칠리아인들이 염증을 내기 시작했다. 그들의 소원은 카르타고의 추방이지 정복이 아니었다. 그리고 피로스가 격파한 카르타고인이란, 카르타고 본국의 정규 군대가 아니라 일종의 카르타고 연방에 속한 약탈민족이었다.

피로스는 카르타고를 그대루 두면 침공이 계속될 것이라고 주장했던 것 같지만, 시칠리아인을 설득하는 데는 실패했다. 무엇보다도 당시 이탈리아나 시칠리아는 바다에서 카르타고를 상대할 능력이 없었다. 시칠리아 원정도 잿빛으로 물들어갈 때 타렌툼에서 급전이 왔다. 로마의 침공으로 함락 직전이라는 내용이었다. 피로스는 다시 이탈리아로 돌아갔다. 하지만 퇴각하는 피로스의 수송선을 카르타고 해군이 덮쳤다. 이래저래 약화된 피로스는 로마군의 상대가 될 수 없었다. 그는 패했고, 지친 몸으로 고향으로 돌아갔다. 6년간의 우왕좌왕한 원정에서 얻은 것은 하나도 없고 살아 돌아온 병력은 보병 8,000명에 기병 500명뿐이었다.

피로스는 이 군대로 마케도니아에서 다시 전쟁을 벌여 데메트리오스의 아들 안티고노스Antigonos를 몰아내고 마케도니아를 정복했다. 그가 이탈리아 원정을 떠나지 않았더라면, 아니 그 뒤에 시칠리아로 가지만 않았어도 그는 마케도니아의 왕이 되어 새로운 정복전쟁을 펼칠 수 있었을 것이다. 하지만 깨달음은 너무 늦었다. 그는 이번에도 승리는 했지만 다스릴 수는 없었다. 군대가 너무 적었다.

이제 그는 정복자가 아니라 용병부대 지휘관이 되어 보수를 얻기 위해 전쟁터를 찾아다녔다. 어느 날 그에게 또 매력적인 제안이 들어왔다. 전설의 도시 스파르타에서 쫓겨난 왕 클레오니무스Cleonymus가 피로스에게 왕위를 되찾아달라고 요청한 것이다. 재기를 위한 군자금이 궁해서 그랬는지, 스파르타라는 나라에 매력을 느낀 것인지 모르겠지만, 피로스는 초라한 내전에 개입했다. 여기서 피로스의 아들이 전사하고, 피로스는 아르고스 시내에서 벌어진 시가전에서 어느 여자가 2층에서 던진 맷돌에 맞아 몸이 마비되었다. 조피로스라는 병사가 피로스를 알아보고 그의 목을 치려고 했다. 그때 정신이 든 피로스가 눈을 부릅뜨고 노려보았다. 그 눈이 얼마나 무서웠던지 조피로스는 차마 검을 내리치지 못했다. 하지만 그것이 피로스의 마지막 저항이었다. 잠시 후 그 병사는 피로스가 꼼짝도 하지 못한다는 사실을 알고 검을 내리쳤다.

전략은 환경과 주변 상황에 따라 유연하게 대응해야 한다

피로스의 투지, 자신의 능력에 대한 무한 긍정은 분명히 장점이다. 문제는 전략적 사고의 부재였다. 그의 전략은 단순하고 일관적이었다. 작은 나라를 정복해서 기반을 다지고 더 큰 나라, 더 큰 땅을 정복한다. 행정구역으로 표현하면 군을 정복하고 다음은 시, 도, 나라, 대륙을 정복한다는 식이었다. 실제로 많은 기업과 단체가 이런 식으로 목표를 정하고 그것을 전략이라고 생각한다. 매년 '매출 20퍼센트 신장'이라고 잡았다가 어느 해에 매출 1,000억 원 달성을 목표로 세운 뒤 이 목표를 이루면 그룹으로 전환하는 식의 전개를 전략이라고 한다.

하지만 이는 전략이 아니다. 꿈도 아니다. 예를 들어 '한국 최고의 기업이 되겠다'거나 '매출 100조 원의 기업이 되겠다'는 식은 전략적 기준에서 보면 꿈 혹은 궁극적 목표라고 볼 수 없다. 궁극적 목표란 '에너지산업을 총괄하는 기업 네트워크를 형성하겠다'거나 '자동차산업을 육성해서 1가정 1차 시대를 만들겠다'는 식의 구체적인 형태가 있어야 한다. 그리고 그 목표를 가능하게 하는 가장 **빠르고** 효율적이며 합당한 과정을 찾아가는 방법이 전략이다. 피로스에게는 그런 전략적 사고가 없었다. 그렇기 때문에 상대의 강함과 승리의 가능성에만 집착할 뿐, 장기적인 전쟁을 끌고 갈 토대 및 여건, 승리 이후에 벌어질 사태에 대한 예측과 대비가 전혀 없었다. 그러다 보니 즉각적인 가능성만 눈에 들어오고, 한번 승리를 거두면 그 뒤에 있는 더 넓은 땅에 유혹되었다. 결국 그는 한 번의 승리 뒤에 드러나는 유토피아에 홀려 주변 세계를 떠돌다가 삶을 마감했다.

피로스의 경우처럼, 전략이라고 할 수조차 없는 단순한 전략적 사고의 단점은 유연성의 결여다. 전략에도 수정이 필요하다. 현대와 같이 급변하는 사회에서는 더욱 그렇다. 그런데 전략적 사고의 유연성과 수정이라고 하면 우리는 당장 불안감을 느낀다.

전통적으로 직종마다 3년은 해야 한다거나 10년을 해야 눈이 트인다는 말도 있다. 하지만 이 말은 우직하게 목표를 고수하라는 의미와는 조금 다르다. 초보자가 전략적 사고를 하기는 어렵다. 전체적인 상황을 이해하고 최소한의 전략적 사고를 하기 위해서는 경험이 필요하다. 그 경험과 지식을 축적하는 데 걸리는 시간이 3년이라는 의미다. 물론 이 3년은 의제적 시간일 뿐, 절대적 시간은 아니다.

초보의 단계를 넘어섰는데도 무조건 일관된 태도를 견지하는 것은 문제가 있다. 우리는 간간이 평생 한 우물을 팠다거나 세파와 유행에 흔들리지 않고 관습을 고집해서 성공했다는 사례를 본다. 하지만 그런 경우 성공한 사람의 비결은 전략적 사고를 고수한 덕분이 아니라, 그 성공이 지닌 특수성이나 희귀성 덕분일 가능성이 더 크다.

우직함이 성공하는 경우도 전략적 사고를 포기하는 것이 아니라 전략적 사고의 판단에 의한 것이어야 한다. '전략은 불변하는 것이어야 한다'는 말처럼 어리석은 생각도 없다. 전략이야말로 유연한, 그리고 정확한 판단의 소산이어야 한다.

피로스는 실패를 겪으면 즉시 다른 전장을 찾아가곤 했다. 자신의 적성에 맞는 새로운 환경을 추구하는 것은 자신에게 없는 능력을 만드는 것보다 효과적이다. 이런 방법으로 성공한 기업도 많다. 그러나 피로스는 새로운 환경이 자신의 단점을 희석시켜줄 수 있는 환경인지 판단하는 것이 서툴렀다. 이탈리아, 시칠리아 모두 마케도니아보다 더 뛰어난 정치적 감각을 요구하는 곳이었다. 그러나 피로스는 오직 군사력만 보았다. 이탈리아는 야만족의 땅이니 마케도니아보다 전쟁이 훨씬 쉬울 것이라고 판단했다. 나중에 이것이 오판으로 드러나자 더 후진 지역인 시칠리아로, 몰락한 고대왕국인 스파르타로 건너뛰었다. 하지만 군대만으로 통치할 수 있는 왕국은 없다. 그럼에도 피로스는 언제나 똑같은 성공 방정식을 고수했다. 같은 방식을 반복하면서 운이 따라주기를 바라는 방법이다. 그는 최고의 기회가 왔을 때, 좋은 일은 동시에 찾아온다고 불평했지만, 그 운 역시 결과가 좋았으리라는 보장이 없다. 피로스의 방식은 언제나 운을 탓하다가 악운으로 끝날 수밖에 없었다. 피로스의 우직함은 자기 반성과 자기계발이 결여된 결과였기 때문이다.

장부상의 군대가
전쟁을 벌이다

토목보 전투
* 영종, 에센부카

중국 수도 베이징에서 서쪽으로 가면 다퉁이란 도시가 나온다. 다퉁은 산시성의 중심부이자 명나라 최대의 군사요충이었다. 이곳은 만리장성이 이중으로 되어 있고, 곳곳에 군사요새가 있다. 아직 전모가 공개되지는 않았지만, 최근에는 지하요새도 발견되었는데, 그 규모가 엄청나다고 한다. 이곳에 주둔하는 병력도 엄청났다. 명나라 최대 부호들은 산시의 상인으로, 산시성에 주둔한 군인들의 식량과 군수물자를 조달하는 군납업자들이었다. 군납으로 엄청난 부를 획득한 그들은 금융업에 진출했고, 군납에 필연적으로 따르기 마련인 정치인들과의 연줄을 이용해 엄청난 이권을 독점했다.

산시성이 이처럼 거대한 군사단지가 된 데는 두 가지 이유가 있었다. 첫째는 지정학적 요인이다. 베이징은 중국 기준으로 보면 중국 문명의 중심인 황하 유역에서 과도하게 북동쪽으로 돌출해 있다. 너무 돌출하다 보니 서쪽 국경, 즉 몽골과 중국의 국경이 오히려 남쪽으로 움푹 들어와 있다. 이것이 정확히 베이징의 뒤통수에 해당한다. 인간에게 뒤통수가 급소인 것처럼 중국 제국에도 이곳이 급소였다. 몽골 기병이 치고 들어와 이곳을 자르면 목이 절단되는 것과 똑같았다. 이 뒤통수와 목을 지키는 지역이 산시성이었다. 게다가 이곳은 예부터 북방 유목민인 흉노족과 몽골군이 중원으로 침공해 들어오는 통로였다. 그리고 이곳에서 벌어진 전투에서 한족의 군대는 승리해본 경험이 그다지 없었다. 기원전 200년, 천하를 통일한 한고조 유방이 32만 명의 병사를 이끌고 이곳에서 흉노에 도전했다가 묵돌선우冒頓禪于에게 패했다. 유방은 꼼짝없이 사로잡힐 판이었는데, 선우의 부인에게 뇌물을 주고 간신히 빠져나왔다.

두 번째 이유는 명나라 초기에 유방의 위기보다도 더 위험한 상황을 실제로 겪었기 때문이다.

명나라를 세운 지 80년이 지난 1449년 8월, 다퉁에 설치한 크고 호화로운 황제의 숙소 안에서 여러 명의 대신들이 필사적으로 황제인 영종英宗에게 간언하고 있었다. 제발 전쟁을 멈추고 더 늦기 전에 베이징으로 귀환하자는 것이었다. 아마 그들은 한고조 유방의 고사도 들먹였을 것이다. 유방은 평생을 전쟁터에서 보냈고 역전의 용사와 베테랑 병사들을 보유했다. 그럼에도 흉노에게 패했다. 그런데 영종은 전쟁터는커녕 궁중에서 시중만 받으며 편히 자란 사람이었다. 그것이 터무니없는 전쟁을 벌인 진짜 이유였다.

정치의 도구가 된 전쟁

중국의 황제는 일반인뿐 아니라 웬만한 황제나 국왕도 상상하기 힘든, 너무나 엄청난 권력을 행사한다. 애초에 중국 황제의 권력은 그 시작과 끝이 분명하지 않다. 돈, 여자, 유흥도 제한이 없다. 그러니 이 모든 것을 어디까지 사용할 수 있는지, 어느 수준까지 남용해도 되는지 아는 사람이 없다. 조선 같으면 왕이 말 한마디만 잘못해도 대간 臺諫이 들고 일어나고, 늙은 정승이 찾아와 조용히 충고를 한다. 하지만 천자는 그런 상한선도 없다. 폭정을 한다고 당장 쫓겨나는 것도 아니다. 반대로 황제의 직무를 아예 포기하고 궁중에 틀어 박혀 주지육림에 파묻혀 살아도 마찬가지다. 하지만 무슨 짓을 해도 쫓겨나지 않기도 하고, 나름 잘해보려고 해도 망하기도 해서, 천자들 자신도 기준을 잡지 못했던 것 같다. 그리고 이런 극단적 기준, 열심히 해도 망할 수 있고, 마음껏 놀아도 제국이 유지될 수도 있다고 한다면, 대부분의 사람은 후자를 선택할 것이다. 확률은 반반이고, 유흥과 쾌락의 유혹은 엄청나니 말이다.

그래도 황제의 자리에 앉으면 없던 책임감이 생기는 경우도 있는데, 그것마저 단절된 왕조가 명나라였다. 명의 황제 중에는 제대로 된 사람을 찾아보기가 힘들다. 그나마 능력이라도 보였던 사람은 창업주인 태조 주원장朱元璋과 영락제永樂帝뿐이다. 다른 황제들은 무언가를 제대로 해보려고 시도한 적조차 없다. 정사는 뒷전이고 신하도 잘 만나지 않았다. 정부에 출퇴근이라도 한 황제는 선종宣宗이 유일하다. 이 엉망인 황제열전 중에서도 최악의 황제가 영종이다.

영종은 신하를 1년에 한두 번 만났다고 할 정도로 국정에 무관심했다. 관료들과 면담하기도 귀찮아서 아예 환관들에게 일임했다. 이런 행동은 거의 모든 황제의 공통점이었다. 중국의 역대 왕조는 환관 때문에 망했다고 할 정도로 환관의 폐단이 컸지만, 그 중에서도 명나라는 최악이었다. 사례감이라는 환관 기관을 만들었는데, 내각에서 황제에게 보내는 모든 문서가 사례감을 거쳐 황제에게 전달되었다. 황제의 정보기관인 동창東廠은 고관에 대한 조사와 처벌을 마음대로 했다. 이들이 비밀자객단을 운영했다는 전설이 전해지고 있어 무협영화의 좋은 소재가 되고 있다.

하지만 영종 시대는 환관도 남달랐다. 왕진王振이라는 환관은 학식을 갖추고 있어서 영종의 세자 시절에 학문을 가르쳤다. 영종은 왕진을 사부로 모셨고, 황제가 된 이후에도 사부라고 불렀다. 호칭만 그렇게 한 것이 아니고 깍듯이 존경하고 예를 갖췄다. 심지어는 왕진이 영종을 학생처럼 혼내고 벌까지 주었다는 이야기도 있다.

국정도 거의 왕진의 자문을 받았다. 최악의 황제와 최악의 환관의 만남이었다. 이 왕진이 사례감의 최고 책임자인 태감으로 임명되면서 그야말로 환관의 전성시대가 열렸다. 환관은 공식적으로 관료의 꼭대기에 군림하게 되었으며, 조정의 고위 관료들이 왕진을 만나면 무릎을 꿇고 이마를 땅에 대고 큰절을 했다.

이렇게 살던 영종이 갑자기 몽골과의 전쟁을 선언했다. 몽골족 일파인 오이라트부瓦剌部의 추장 에센부카也先不和가 타타르족을 끌어들여 산서, 요동, 섬서성을 침공했으므로 이들을 격멸하겠다는 것이었다. 오이라트의 침공은 무역 분쟁이 원인이었다. 명은 오이라트를 회유하기 위해 그들의 유일한 특산품인 말을 구입해주는 무역을 시행해왔는데, 왕진이 이를 중단시켰다. 그러자 오이라트가 보복으로 산시성에 침입해서 약탈을 자행했다. 명나라가 말 무역에서 적자를 보더라도 약탈당하는 것보다는 손해가 적지 않느냐는 메시지를 전하려고 한 것이지만, 돌연 영종이 토벌이라는 맞대응으로 나왔다. 그 이유는 분명하지 않은데, 왕진이 자신의 정책 실수를 감추기 위해 전쟁을 부추겼다는 설이 있다.

장부상에 존재할 뿐인 군대

명나라는 52만 대군을 소집했다. 이 대군의 수에 영종과 왕진 둘다 고무되었다. 이 전쟁은 몽골부족 전체가 아닌 일개 부족과의 전쟁이었다. 몽골부족이 야전에서 아무리 강해도 52만 명이라는 병력에게는 이길 수 없다고 생각했을 것이다. 명의 병력 규모에 놀란 오이라트가 도주하는 것이 최상의 시나리오였다. 최악의 경우 명이 패배한다고 해도 그 정도 병력이면 자신과 국가의 안전은 보장된다고 생각했을 것이다.

그런데 52만 명이라는 병력은 명나라의 행정구조를 과신한 탓에 만들어진 장부상의 숫자일 뿐이었다. 베이징의 수비대는 20만 명, 난징의 수비대는 12만 명이었다. 군율과 군기는 엄격하고 복무규정, 군수, 군량의 관리, 군사행정체제도 아주 세밀하게 규정되어 있었다.

하지만 규정이 훌륭하다고 훌륭한 군대가 양성되는 것은 아니다.

그 규정들은 철저하게 행정 관료의 입장에서 짜인 것이었다. 숙달된 관료들은 실체가 없는 장부상의 군대를 훌륭하게 유지했다.

명나라는 일종의 전문군인제도를 채택했다. 지역별로 군인호를 지정하면 그 군인호에서 대대손손 군인을 배출했다. 관리하기는 매우 좋았지만, 무장과 군인에 대한 대우는 역대 왕조 가운데서도 최악이었다. 보수도 제대로 주지 않고 반대급부도 없는데, 누가 아들에게 군인신분을 물려주고, 군인신분을 유지하기 위해 열심히 무술을 닦고 훈련을 하겠는가? 게다가 군인호로 지정되면 거주 이전의 자유도 없다. 그뿐 아니다. 군인호를 지정하는 원칙과 기준도 잘못되어서 지정 비율이 지역별로 불균등했다. 군인호의 대우가 좋으면 그 지역으로 사람들이 몰릴 것이고, 대우가 형편없으면 타지로 도주할 것이다. 명나라는 후자였다. 군인호들이 모두 도망치자 농민을 징발해서 채웠다. 농민들은 기간만 적당히 채웠고, 국가는 재정을 아끼기 위해 훈련에 공을 들이지 않았다. 훈련을 하면 실력이 탄로 나니 그럴 수도 없었다. 전투력이 떨어진 것은 말할 것도 없고, 장부상의 병력과 실제 병력은 엄청난 차이가 나서 장부의 2, 3퍼센트밖에 되지 않는 곳도 있었다.

고위 무장들의 실력도 형편없었다. 명나라는 역대 왕조 가운데 문무차별이 가장 심했다. 고위 무장들도 학식이 없다고 조롱을 받았고, 조금 유명해지면 바로 숙청되었다. 무사들은 무술보다 글공부를 더 열심히 해야 했고, 조회에 참석할 때도 갑옷 대신 관복을 입고, 칼은 종에게 들렸다.

자금성의 황제와 환관은 이런 사실을 알지 못했다. 그들은 무소부지無所不至의 권력을 휘두르고 있었고, 원하는 것은 무엇이든지 얻을 수 있었다. 그들의 주변은 풍족하고 뭐든지 제대로 굴러가고 있었다. 당연히 궁 바깥의 세상도 그럴 것이라고 믿었다. 아마 다퉁까지 행군할 때도 자신이 거느린 군대의 병력을 정확히 몰랐을 것이다. 그들의 앞뒤로 뻗은 병력의 길이는 사실은 그들의 시야가 닿는 곳까지였지만, 수백 킬로미터는 이어지는 것으로 착각했을 수도 있다. 혹시 산 위에라도 올라가서 본다면 병력의 실체를 알 수 있었겠지만, 중원에는 산도 없었고, 있다고 해도 힘들게 올라갈 마음도 없었을 것이다.

명군이 다퉁에 도착했을 때 장부와 현실의 괴리가 드러나기 시작했다. 식량 보급이 제대로 되지 않아 병사들이 굶주리기 시작한 것이다. 관료들이 철군을 애걸복걸하기 시작한 것도 이때였다. 하다못해 황제만이라도 귀환하라고 요청했다. 하지만 황제는 듣지 않았고, 선봉부대를 출발시켰다. 그 부대의 사령관은 황족인 주면朱冕과 황제의 사위인 송영宋瑛이었다.

다퉁 동북쪽 초원에서 양군이 격돌했다. 전투 능력에서 볼 때 한족의 기병은 몽골족의 상대가 되지 않았다. 잘 훈련된 군대라도 그런데 오합지졸이니 결과는 뻔했다. 명군의 야전능력은 이전 왕조보다도 더 나빴다. 그 이유는 군제의 잘못과 부패에도 원인이 있지만, 이 시대의 신무기인 화약무기에도 원인이 있다.

명군은 화약무기를 무척 신뢰했다. 몽골군에게는 없는 이 신무기는 기병을 상대하는 데 최고였다. 명나라는 화약무기의 개발과 보급에 노력을 기울여서 신무기도 제법 만들었다. 여러 발을 동시에 쏠 수 있는 화포, 총까지는 아니지만 현대의 단발식 소총과 유사한 병기 또한

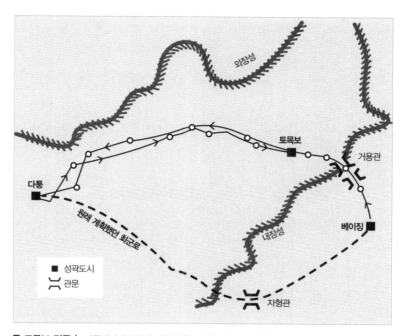

토목보 전투 | 다퉁에서 몽골군과 싸워 패한 명군은 서둘러 베이징으로 돌아가려 했다. 하지만 환관 왕진이 가까운 회군로인 자형관 길이 아닌 동쪽으로 돌아가는 길을 택하는 바람에 엄청난 속도를 자랑하는 몽골 기병에게 발목을 잡힌다. 결국 토목보라는 작은 요새로 피한 명군은 전투 끝에 왕진이 죽고 황제는 포로로 잡히는 참패를 당한다.

개발되어 보급되었다. 대표적인 것이 쾌창이다. 창 자루에 화통을 달아 화살이나 탄환을 발사하는 것으로, 비록 한 발이지만 근접전에서는 제법 치명적이었다.

하지만 의욕이 떨어진 군대는 새 무기에 걸맞는 전술을 개발하지 않았고, 훈련도 제대로 하지 않은 탓에 병사들이 복잡한 화약무기의 사용법에 전혀 숙달되지 않았다. 더 본질적인 문제는 이 시기의 화포는 발사 속도가 느리고 명중률이 떨어져서 야전에 빠른 기병을 상대로는 효과가 떨어진다는 것이었다. 장군들의 지휘도 엉망이었다. 패전한 명군은 도망칠 곳이 없었다. 초원에서 기병에게 패전하는 것은 곧 몰살을 의미했다. 하다못해 사령관인 주면과 송영조차도 죽음을 피하지 못했다.

이 소식이 들려오자 황제와 왕진은 정신이 번쩍 들었다. 다행히 40리 밖에 자형관이란 양쪽이 절벽인 좁은 협로가 있었다. 이곳에 수비대를 배치하고 후퇴하면 베이징까지는 안전하게 도착할 수 있었다. 하지만 왕진은 가까운 자형관 길을 버리고, 멀리 동쪽으로 돌아가는 진로를 잡았다. 그 길에 자신의 집이 있는데, 그곳에 들려 황제를 모시고 융숭하게 대접함으로써 자신의 실수를 만회하려는 의도였다고 한다. 참고로 왕진의 재산은 명나라 몇 년 치의 재정에 필적할 정도였다.

이 우회가 치명적이었다. 몽골의 기병은 세계에서 가장 빠른 군대다. 과거에 러시아를 침공했을 때 몽골군은 히틀러의 기갑사단보다도 빠르게 진격했던 적도 있다. 특히 기동력을 이용한 추격과 우회공격에는 명수였다. 명군이 왕진의 저택에 도착하지도 못하고, 선부에 도착했을 때 오이라트 기병이 덮쳤다. 큰 피해를 입은 명군은 겨우 후퇴했지만, 요아령이란 곳에서 다시 매복에 걸렸다. 명군의 진로를 확인한 몽골 기병이 앞서 달려왔던 것이다. 그래도 요령껏 대응했으면 피해를 최소화할 수 있었는데, 무능하고 무모한 장군들이 병력을 무턱대고 몰아대다가 무참한 패배를 당했다. 명군은 이제 더 이상 작전이 불가능했다.

불확실한 세상에서도 목표는 확실하게 가져야 한다

살아남은 부대는 토목보라는 작은 요새로 도주했다. 이곳은 높은 곳에 위치한 천험의 요새로 뒤는 강이었다. 오이라트가 토목보를 포위하자 황제는 완전히 고립되었다. 영종은 할 수 없이 유방의 전례를 따라 강화를 요청하려 했는데, 왕진이 최후의 사고를 쳤다. 요새 안에는 물이 없었다. 물 부족을 염려한 그가 요새를 버리고, 물을 얻을 수 있는 강가로 이동 배치를 명한 것이다. 오이라트군이 이 기회를 놓칠 리 없었다. 학살이 벌어졌고 왕진도 혼전 중에 사망했다. 명군 정예는 황제를 둘러싸고 강행돌파를 시도했지만 이마저 실패했다. 영종은 포로가 되었고, 토목보 주변에는 사용하지도 못하고 버려진 화약무기가 즐비했다.

대명제국의 군대가 몽골의 한 부족에게 몰살당하고 황제는 포로가 되었다. 칭기즈 칸도 이루지 못한 전과였다. 베이징에는 수비대조차 없었다. 단숨에 베이징을 침공하면 화베이 전체를 점령하고 멸망한 원나라를 다시 세울 수도 있었다. 하지만 지금까지 전광석화처럼 싸우던 에센이 갑자기 갈팡질팡하기 시작했다. 그는 황제를 인질로 잡았으니 명나라가 항복하거나 화베이를 포기하리라 예상하고 공격을 늦추었다.

실제로 조정에 남아 있던 신하들은 난징으로 천도를 계획했다. 베이징의 수비대가 영종을 따라가는 바람에 병력과 군기가 텅 비어 있었다. 이때 병부상서 우겸于謙이 강경하게 반대했다. 그는 즉시 황제의 이복동생을 새 황제(경종敬宗)로 즉위시킨 뒤 민심을 수습하고 병력과 장비를 모았다. 산동과 하남에 배치한 왜구 방어부대와 장비를 베이징으로 소환하고, 난징에 쌓아둔 장비도 베이징으로 옮겼다. 겨우 한 달 반 사이에 우겸은 이 일을 해냈다. 경종은 조선에도 원병을 요청했는데, 세종이 슬그머니 요청을 묵살했다.

베이징의 항전 태세를 본 에센은 10월에야 공격을 해왔다. 베이징 성문에서 벌어진 두 번의 전투에서 명군이 성을 향해 돌격해 들어오는 오이라트군을 대파했다. 난징의 명군은 왜구와의 전투로 단련되어서 베이징 수비대보다 잘 싸웠다. 특히 야전에서 형편없는 명중률로 제 역할을 못한 화약무기가 성벽과 같이 고정 목표를 향해 달려드는 기병에게는 무시무시한 위력을 발휘했다. 말들이 화포의 굉음과 불꽃에 혼비백산한 것이다. 큰 피해를 입은 에센은 베이징 공략을 포기하고 영종을 송환했다. 이로써 명나라는 위기를 벗어났다.

토목보 전투와 베이징 전투의 교훈은 동일하다. 명군과 오이라트군은 모두 자신의 지형과 무기체제에 특화된 군대였다. 양쪽 다 그런 강점과는 거리가 먼 지형 및 군대와 대적하다가 실패를 맛보았다. 명군은 훈련 부족으로 야전에서는 싸울 능력조차 없었다. 오이라트의 몽골 기병은 칭기즈 칸 군대 때는 볼 수 없었던 치명적인 화약무기에 가로막혔다. 처음부터 부실했던 명군이 초원에서 패배한 것은 그렇다 치고, 오이라트군이 베이징에서 패배했다는 역사적 사실은 전투에서 지형과 전술의 부조화가 얼마나 치명적인지 보여준다. 전술 지형의 잘못된 선택으로 명나라는 단번에 패망할 뻔했고, 오이라트는 중국의 반을 차지할 기회를 놓쳤다. 그런데 이 두 가지 패전에는 더 중요한 교훈이 숨어 있다.

명나라는 방어와 현상유지 외에는 몽골에 대한 특별한 군사적 비전이나 전략이 없었다. 하지만 이때 국제정세를 보면 방어와 현상유지 전략이 나쁜 것은 아니었다. 어차피 명나라가 몽골 초원으로 쳐들어갈 수는 없고, 몽골 역시 명나라를 다시 정복하거나 명군의 화기에 맞서는 화약무기나 새로운 전술을 개발할 능력이 없었다. 넓은 국토와 재정, 화약무기를 이용한 방어 전략은 돈이 많이 들기는 했지만, 몽골족을 견제하는 좋은 수단이었다. 그런데 군사비에 손을 대던 탐욕스런 왕진과 측근들이 오이라트를 회유하기 위해 들어가는 비용까지 아까워하기 시작하면서 전쟁이 터졌다.

전략적 사고 없이 벌인 전쟁은 참혹한 결과를 낳았다. 이 점은 오이라트도 마찬가지였다. 그들은 명나라가 스스로 가져다 바친 화베이를 점령하지 못했다.

오늘날 세계는 급변하고 있다. 아무도 상황을 예측하지 못한다. 하지만 자신의 목표, 기업의 목표가 지향해야 할 부분은 정확히 설정해놓고 있어야 한다. 분명한 기준과 지향이 있어야 변화에 유연하고 빠르게 대처할 수 있다. 명과 몽골의 전쟁은 경영 차원에서 운영구조의 부실과 측근정치가 얼마나 큰 위기를 초래하는지를 보여주는 명증이다.

영종은 황제에 복위하지 못하고 경종에 의해 유폐된다. 하지만 경종이 재위 8년 만에 갑자기 중병에 걸려 사망하고, 후사도 남기지 않아서 영종은 극적으로 복위했다. 다시 황제가 된 영종은 구국공신 우겸을 처형하고 환관 정치로 되돌아갔다. 복위한 뒤에는 전보다 잘해 보려고 했다는 평도 있는데, 실제로는 그렇지도 않은 것 같다. 그는 궁중에 더 깊숙이 틀어박혀 환관들로 인의 장막을 쳤다. 관료와의 면담은 더 줄었다. 어쩌다 관료를 만나도 정사는 논의하는 법이 없고, 인사만 받고 끝냈다고 한다.

선회반경
200미터와
400미터의 대결

태평양 전쟁
＊캑터스 항공대

1942년 미군은 태평양 전선에서 반격을 시
작했다. 솔로몬 군도에 위치한 과달카날 전투였다. 미 해병 1사단이
기습적으로 과달카날에 상륙하자, 공병과 약간의 수비대만으로 비행
장을 건설 중이던 일본군은 전투를 포기하고 정글로 달아났다. 미군
은 이 비행장을 미군의 시설로 개조했다. 비행장 이름은 미드웨이 해
전에서 전사한 핸더슨Lofton R. Henderson 중령을 기려 핸더슨 비행장이라
고 이름 붙였다.

2주 뒤에 최초의 전투비행단이 과달카날에 착륙했다. 기종은 전투
기인 19대의 F4F 와일드캣과 5대의 P400s 에어코브라, 12대의 급강하
폭격기SBD인 던트리스였다. 일주일 뒤 에어코브라 9대가 추가되었다.
정식명칭은 제67전투비행단인데, 나중에 캑터스 항공대Cactus Air Force라
고 불리게 된다.

전투비행단의 임무는 과달카날과 일대의 해군 함대, 수송선을 공

격하는 일본군 폭격기를 요격하고, 일본 수송선단을 폭격하며 해상 전투를 지원하는 것이었다. 태평양 전쟁은 해전의 승부가 전함의 대결에서 항공모함의 대결, 즉 공중전의 승부로 옮겨간 전쟁이다. 아무리 거대한 함포를 장착한 전함도 모기떼처럼 공격해오는 전투기의 공습을 당해낼 수 없었다. 하늘을 지배하는 자가 바다를 지배하는 시대가 왔다. 캑터스 항공대에 솔로몬 해전과 과달카날 전투의 운명이 걸린 셈이었다. 솔로몬 해역의 제공권을 빼앗기면 제해권도 빼앗기게 되고, 과달카날에 수송선이 접근하지 못하면 상륙한 해병사단은 전멸할 수밖에 없었다.

이 중차대한 하늘의 승부에서 미군은 시작부터 절망적인 상황을 맞았다. 전투기의 수와 성능에서 일본에 절대적 열세였다. 제2차 세계대전 당시 일본군의 주력 전투기인 제로센零戰은 미군 조종사들에게 공포의 대상이었다. 1939년에 처음 등장한 제로센은 미쓰비시 사의 제품으로 정식 명칭은 A6M1 영식함상전투기零式艦上戰鬪機였다. 제로라는 이름은 설계자인 호리코시 제로의 성에서 따와다는 이야기가 있으며, 태평양 전쟁에는 개량형인 A6M2와 A6M3가 사용되었다. 제로센은 기체 경량화를 위해 아연·알루미늄 합금을 사용한 최초의 전투기다. 덕분에 미군의 어떤 전투기보다도 빠르고 항속거리도 길었다. 무엇보다 선회반경이 가히 환상적이었다. 제로센은 90도로 회전하는데 회전반경이 200미터밖에 되지 않았다.

미군의 주력 전투기인 와일드캣은 선회반경이 제로센의 2배인 400미터였다. 성능을 단순 비교하면 와일드캣이 제로센에 비해 크게 밀리지 않는다. 하지만 공중전은 꼬리 물기 싸움이다. 선회반경이 10미터만 차이 나도 공중전에서는 치명적이다. 100미터가 훨씬 넘는 차이는 아예 맞상대가 불가능하다는 뜻이다. 하늘에서 제로센의 날렵한 선회를 본 미군 조종사들은 화성에서 온 전투기를 본 것처럼 놀랐다. 그 바람에 공중전을 마친 후 비행접시를 봤다고 보고하는 조종사가 있을 정도로 엄청나게 과장된 이야기가 난무했다. 일본군 전투기가 제로센만은 아니었지만, 다른 전투기도 성능 면에서 미군 전투기보다 나았다.

미군 측에서는 편대기의 절반에 해당하는 P400s가 골칫거리였다. P400s는 나름 첨단 전투기로, 훗날 전설이 되는 P40 머스탱을 연상시키는 유선형 동체에 고고도 전투 능력을 지녔다. 문제는 고고도 전투를 위해서는 고압산소통이 필요했지만, 과달카날에는 보급되지 않았다는 점이다. 저고도에서 P400s는 절망적일 정도로 느리고 둔했다. 결국 일본 전투기와의 공중전은 불가능했고 지상공격 지원에나 사용할 수 있었다.

상대적 성능이 이렇게 절망적이어도 싸울 수밖에 없는 것이 전쟁의 숙명이다. 공중전은 전투기의 성능 못지않게 조종사의 능력도 중요하다. 구식 전투기를 몰고도 신형 전투기 못지않은 선회능력을 보여주는 조종사도 있었다. 그런데 미군 조종사들은 대부분 신참이었다. 반면 일본군 항공대는 수십 대를 격추한 노련한 조종사들이 수두룩했다. 일본군 조종사의 평균 조종시간은 800시간이었고, 미군은 3분의 1에 불과했다. 중일 전쟁의 참전 경험으로 항공전술과 전투 경험에서도 일본군이 앞섰다.

필요 없는 위장공격이 불러온 위기

과달카날 전투가 벌어지기 한 달 전인 1942년 7월, 일본군은 미드웨이 공략을 앞두고 알류샨 열도에 대한 위장공격을 감행했다. 이 쓸데없는 공격이 미군에게 여러 가지 선물을 주었는데, 그 중 하나가 미군이 애타게 찾던 제로센이었다.

7월 11일 일본군 항공모함 류조의 해군 전투기 하사관 고다 다다요시古賀忠義는 제로센을 몰고 공습에 참가했다. 전투 중에 두 발을 맞은 그의 제로센은 연료계통에 이상을 일으켰다. 낙하산으로 탈출하는 방법도 있었지만 차가운 바다에 떨어져서는 살아남기가 쉽지 않았다. 그때 눈 아래 놓인 작은 무인도에 적당한 크기로 펼쳐진 평지가 보였다. 고가는 이곳에 불시착을 시도했다. 막 땅에 닿는 순간 바퀴가 푹 박히더니 그 반동으로 제로센이 앞으로 고꾸라졌다. 그곳은 평지가 아니라 늪이었다. 수면에 잡초가 덮여 땅처럼 보였던 것이다. 전투기가 물에 처박히면서 조종석에서 튕겨져 나온 고가는 목이 부러져 즉사했다.

며칠 후 미군 정찰기가 이 전투기를 발견했다. 늪에 처박힌 덕분에 기체의 등뼈에 해당하는 용골이 부러졌을 뿐 다른 곳은 멀쩡했다. 산타클로스가 보내준 선물이나 다름없었다. 제로센의 성능과 정보에 목 말라하던 미군은 쾌재를 부르고 즉시 공병대를 보내 도로까지 개통해가면서 고가의 전투기를 수거했다. 본토로 수송한 제로센을 수리한 미군은 하늘에 띄워 모의 공중전까지 시행했다. 이 실험을 통해 미군은 중요한 발견을 한다.

제로센은 놀라운 전투기였지만 치명적인 단점을 가지고 있었다. 태평양 전쟁을 개시하면서 일본 군부는 항공기 제조업체인 미쓰비시에 긴 항속거리를 요구했다. 태평양에서 싸우려면 어쩔 수 없었다. 항속거리를 늘리려면 기체를 가볍게 해야 했다. 경량화를 위해 전투기의 구조적 강도를 약화시킨 탓에, 환상적인 선회나 속도는 일정한 실용고도에서만 가능했다. 최고 약점은 하강이었다. 빠른 속도로 하강하면 기체에 과부하가 걸리고, 최고 속도에 이르기도 전에 기체가 분해되었다. 직선 주행을 해도 시속 500~600킬로미터가 되면 기체가 떨려 방향타가 말을 듣지 않고 분해되었다. 결국 제로센은 실제 전투에서 300킬로미터 미만의 속도로 싸웠다.

한편 미군의 와일드캣은 느리고 둔했지만, 기체는 대단히 튼튼했고, 조종사를 보호하는 기능은 훌륭했다. 연료통에 고무판을 대서 총알이 연료통을 관통해도 고무판이 구멍을 메우도록 한 자동봉합장치도 획기적이었다. 조종석 의자 뒤와 아래도 철판을 덧댔고 조종석의 유리는 기관총탄도 막아내는 방탄유리였다.

반면에 제로센은 연료 차단장치가 없었다. 기체의 외피는 너무 얇아 총알 몇 발이면 부서졌고 연료통에 맞으면 바로 폭발했다. 게다가 연료를 최대한 채우기 위해 날개 안에다 연료탱크를 설치했는데, 전투 중에 이곳은 급소 중의 급소가 되었다.

기체의 경량화를 위해 조종석의 방탄장치도 전혀 없었다. 하지만 공중전에서 빠르고 날렵한 제로센을 맞출 전투기는 없었기에 방탄장치는 큰 문제가 아니었다. 다만 그것은 상대가 제로센이 생각하는 방식대로 싸워줄 때까지의 일이었다.

전투 현장에서 순간적 우위를 노린다

제로센을 분석한 미 공군은 제로센을 상대하는 전술을 개발했다. 일대일 공중전은 절대적으로 불리했다. 솔로몬 제도의 상공에서 추락한 전투기의 95퍼센트가 홀로 싸우다가 당한 것이었다. 일본기와 일대일로 마주치면 절대 싸우지 말고 탄환을 있는 대로 쏘고 도망쳐야 했다. 제로센이 더 빠르지만, 탄환이 날아오면 기체가 약한 제로센은 무조건 회피기동을 해야 한다. 이 틈에 최고 속도로 하강하면 살아서 도망칠 수 있었다.

한편 제로센과의 전투에는 두 가지 방법이 있었다. 선회기동, 꼬리물기는 당연히 포기했다. 상대보다 고고도에서 제로센을 발견하면 위에서 아래로 내려꽂으면서 공격하고, 미련 없이 하강하면서 달아난다. 미군의 와일드캣은 튼튼한 기체 덕에 급강하 시에 800~900킬로미터의 속도를 낼 수 있었다. 즉 수평기동 대신 상하기동으로 싸우면 절대적으로 유리했다.

하지만 매번 이렇게 '치고 빠지기' 식으로 싸울 수는 없었다. 상하기동은 수평기동에 비해 적을 포착할 기회가 짧고 조종사에게 더 심한 부하가 걸린다. 여기서 등장한 전술이 존 태치John Thach 중령이 고안한 2 대 1 전술이다. 이제는 공중전의 고전이 된 이 전술은 중일전쟁 때 중국군 용병으로 고용되었던 플라잉 타이거즈 부대의 경험에서 힌트를 얻었다고 한다. 태치 중령의 이름을 따서 '태치위브Thach Weave: 태치의 및'라고 명명한 이 전술은 적을 발견하면 두 대가 60미터 간격을 두고, 서로 반대 방향으로 흩어지며 8자 비행을 하는 것이다. 일본기가 미군기 한 대의 꼬리를 물면 반대 방향에서 선회해온 다른 미군기가 일본기의 꼬리를 뒤따라 문다. 단순해 보이는 이 전술은 놀라운 성공을 거뒀다. 8월 20일 과달카날에 배치된 캑터스 항공대는 8월 말까지 불과 열흘 동안 56대의 일본 전투기를 격추했다. 미국 측 피해는 겨우 11대였다.

이 승리의 의미는 드러난 수치보다도 더욱 크다. 당시 미국과 일본의 항공기 생산량은 10 대 1이었다. 대등한 싸움이 되려면 일본군이 미군기를 10배를 격추시켜야 했다. 하지만 과달카날 상공에서 오히려 미군이 5배가 넘는 일본기를 격추시켰다. 이후로 태평양 전쟁에서 미군은 성능에서 떨어지는 전투기로 일본군과 대등하거나 우세한 전투를 벌였다. 1944년부터 미군 측에 제로센을 능가하는 신형 전투기가 등장했다. 제로센 킬러로 명성을 높인 헬켓은 엔진 성능이 2,000마력이었다. 제로센의 엔진은 1,130마력에 불과했다. 엄청난 신형 전투기가 등장하면서 제로센의 전성기도 끝나고 하늘은 일본군의 무덤이 되었다. 하지만 일각에서는 제로센이 창공의 지배자로 군림한 것은 과달카날 전투 중반까지였다고 분석한다. 그만큼 전술의 힘은 대단했다.

그런데 항공기 생산량에서는 미국이 우위였다고 하지만, 과달카날에 배치한 캑터스 항공대의 병력은 일본군보다 결코 많지 않았다. 그런데 어떻게 2 대 1의 싸움을 할 수 있었을까? 이것은 소위 순간적인 수적 우위를 추구하는 전술이다. 공중전은 개싸움dogfight이라고 불릴 정도로, 시작하는 순간 난전이 된다. 3차원의 공간으로 기동하는 전투기는 눈으로 쫓기도 바쁘다. 이런 속도를 이용해서 순간적인 수의 우위를 점하는 것이다. 이 전술은 육전에서도 가능하다. 꼭 물리적인 수의 우위가 아니라도 보병 두 명이 전술적인 협력을 펼쳐 서너 명의 역할을 한다면 이 역시 수적 우위가 된다. 소심한 지휘관일수록 병력의 수에 집착한다. 승리를 거두는 지휘관은 전투 공간에서 창출되는 순간적 우위에 주목한다. 공간을 절제하고 시간을 쪼개 우세를 창조하고 활용하는 것이다.

현재에 충실한 일본과 미래를 대비한 미국의 차이

캑터스 항공대의 승리는 기계적 성능이 좌우할 것 같은 최첨단 기술의 집약체인 공중전에서도 전술의 힘이 얼마나 중요한지 보여준 사례다. 하지만 이 승리의 배경에는 몇 가지 중요한 요인이 더 있다. 일본은 제로센을 만들어냈지만 전체적인 산업기술이나 역량에서는 아직 후진국이었다. 특정 부분에서 앞섰지만 기술력의 조화와 관련 기술의 격차가 컸던 것이다.

제로센은 속도와 선회력은 혁신적인 데 반해 레이더와 항법장치, 통신장비가 형편없었다. 일본군 기지인 라바울에서 과달카날까지 왕복 2,000킬로미터나 되는 거리를 4, 5시간 비행해야 했다. 레이더와 항법장치 성능도 떨어져서 그 넓은 태평양에서 육안으로 적함을 찾고, 항로를 유지해야 했다. 이것은 조종사들의 피로를 증가시키고 집중력을 크게 떨어트렸다. 실제 공중전은 극도의 짧은 순간에 진행되고, 피가 몰리며 인체 능력의 극한에 이르게 한다. 심할 경우는 무의

식에 가까운 상태에서 순간적인 판단을 내려야 한다. 1초 미만의 순간 판단력에 의해 생사가 갈린다. 이런 전투에서 비행 피로는 심각할 정도로 치명적이었다.

일본군 에이스였던 사카이 사부로坂井三郎는 자신의 60번째 격추를 기록한 날, 필리핀 상공에서 미군의 어벤저 뇌격기를 발견했다. 둔한 어벤저는 제로센에게 걸리면 도저히 살아남을 수 없는 항공기였다. 하지만 사카이는 어벤저를 와일드캣으로 오인하는 바람에 후방에서 천천히 접근하는 실수를 했다. 어벤저는 일반 전투기와 달리 조종석 후방에 기관총이 거치되어 있었다. 이 후방 기관총은 공중전에서는 아무런 소용이 없는 것이었는데, 사카이가 수평비행으로 후미로 접근하는 바람에 어벤저의 기관총 사수가 그를 한 번에 명중시킬 수 있었다. 사카이는 한쪽 눈을 잃었지만 기적적으로 기지로 생환했다. 조종석이 깨지고 피가 튀는 것을 미군이 자신의 눈으로 직접 확인했을 정도로 가까이 접근하는 동안 사카이 같은 백전노장이 자신의 실수를 알아차리지 못했다. 그만큼 피로는 일본군 조종사에게 큰 피해를 주었다.

같은 이유로 일본군은 태치위브전술을 종전 때까지도 알아차리지 못했다. 제로센의 무전기는 성능이 형편없어서 공중에서는 거의 수신호로 의사교환을 했다. 항속거리를 늘리기 위해 아예 무전기를 떼버리는 경우도 있었다. 자신들이 창공에서 의사소통이 불가능하다 보니 공중전에서 팀 전술을 사용한다는 발상 자체를 하지 못했던 것이다.

마지막으로 중요한 요인이 조종사다. 태평양 전쟁에서 일본군의 에

이스 이와모토 데쓰조岩本徹三, 사카이 사부로 등은 중일 전쟁 때까지의 기록을 합하면 거의 100대에 가까운 격추 기록을 가지고 있다(일본군은 공식 격추 집계를 하지 않아서 이 기록이 정확하지는 않다. 일각에는 이들의 기록이 과장이라는 견해도 있다). 반면 미군의 에이스인 리처드 봉Richard Bong 대령의 기록은 40대, 2위인 토머스 맥과이어Thomas McGuire의 기록은 38대다. 그 이하 기록은 대개 10여 대에 그친다. 기록으로 보면 일본군 조종사들의 능력이 월등해 보인다. 하지만 여기에는 이유가 있다. 미군은 다섯 대를 격추하면 에이스 칭호를 주고는 대개 본국으로 송환했다. 격추 기록이 없는 뇌격기나 폭격기 조종사도 일정 기간 근무하면 본국으로 돌려보냈다. 돌아간 그들은 대부분 항공학교의 교관으로 부임해 전술을 개발하고 후배를 육성했다. 이 성과는 아주 우수해서 실전 경험이 전혀 없이 전장에 막 도착한 조종사가 바로 에이스로 등극하는 경우도 있었다. 일부 조종사들은 신형 전투기 개발에 참여했다. 전쟁 후반기에 제로센을 압도하는 신형 전투기가 등장한 데는 이들의 경험과 노력이 큰 역할을 했다.

일본군은 정반대였다. 대부분의 에이스들은 후방 근무를 수치라고 여겼고, 현장에서 끝까지 싸우다가 거의 산화했다. 일부 조종사들은 낙하산도 착용하지 않았다. 전통적인 사무라이정신에 따라 적에게 포로로 잡히는 것은 수치라고 여겼기 때문이다. 창공의 사무라이였던 일부 조종사들은 일본도를 착용하고 조종석에 올랐다. 전투기 조종석이 너무 좁아서 팔을 돌리기도 불편했는데도 개의치 않았다.

자동봉합장치가 없어 피탄만 되면 불이 붙어버리는 바람에 지포라이터라는 별명이 붙은 제로센의 약한 기체도 조종사 희생의 주요 원인이 되었다. 하지만 눈에 보이지 않는 원인, 피로도와 희망의 상실도 무시할 수 없다. 태평양 전쟁에서 일본군의 정신력은 늘 감탄을 낳았지만 그들도 인간이다. 살아 돌아갈 희망이 없는 전투는 아무리 뛰어난 전사라도 부지불식간에 피로감이 증대하고 의욕이 저하된다.

과도한 성과주의는 인재의 가능성을 훼손한다

일본군은 과달카날 전투와 주변에서 벌어진 솔로몬 해전에서만 2,500명 정도의 전투기 조종사와 승무원을 상실했다. 이후 계속되는 공중전에서 1943년 2월까지 일본군 전력의 핵을 이루던 숙련 조종사 3,500명 중 3,000명을 잃었다. 필리핀 전투가 끝나자 일본군에 숙련된 조종사가 거의 사망하는 바람에 서툴기 짝이 없는 신참들로 비행단을 꾸려야 했다. 미군의 신형 전투기가 등장하지 않았어도 제공권은 이미 상실한 상황이었다. 일본군이 가미카제전술을 고안한 것도 뛰어난 충성심 때문이 아니라 정상적으로 공중전을 벌일 수 있는 조종사가 거의 남지 않았기 때문이다.

일본은 현재 스포츠에서 과도한 훈련지상주의로 비난받고 있는데, 과거 전쟁에서도 훈련에 과도하게 집착했다. 조종사가 되려는 지원자는 넘쳐났지만, 너무 엄한 기준과 훈련으로 양성 과정을 무사히 마치는 사람이 너무 적었다. 1930년대 해군 조종사는 매년 100명 정도밖에 배출되지 않았다. 이로 인해 조종사의 질이 높았던 것도 사실이다. 전쟁 초기 일본군 조종사들은 공중전, 사격, 폭탄과 어뢰 명중률 등 모든 능력에서 미군 조종사보다 훌륭했다. 폭격기와 뇌격기의 명중률은 거의 세계 최고기록이었다.

하지만 이것이 물량공세가 하나의 전술로 통용되는 전쟁에 대비하는 올바른 자세는 아니었다. 개전 초기 미군 해군 및 해병 소속 조종사는 비록 질은 떨어져도 8,000명이었다. 일본군은 해군 병력이 2배가 넘었음에도 조종사는 3,500명에 불과했다. 결과적으로 전쟁 막바지에는 조종사가 부족해 기초 훈련도 되지 않은 조종사를 전쟁에 투입하는 극단적 결과를 초래하게 되었다.

인재관리에서도 인간적 배려가 부족하고 편법과 변칙을 일삼았다. 물론 여기에는 일본의 사정도 있었다. 미국 본토는 전쟁과는 동떨어진 안전한 후방이었던 반면 일본 본토는 위험했고, 물자와 연료 역시 상당히 부족했다. 하지만 이런 사정을 감안하더라도 일본군 스스로가 과도한 영웅주의에 물들어 합리적 인재계발 시스템을 소홀히 했던 것은 틀림없다.

오늘날 기업도 마찬가지다. 당장의 실적을 높이는 데 급급해 조직원들에게 비전을 제시하고 동기를 부여하며, 이들의 역량을 계발해주는 교육 프로그램 등의 근본적 변화를 도외시할 때가 많다. 하지만 단기 실적을 강요하며 조직원들을 계속 쥐어짜기만 해서는 지속적인 성장을 이루기 어렵다. 체계적인 교육을 통해 조직원들로 하여금 역량을 계발할 기회를 제공하고, 실패에 대한 두려움 없이 자유롭게 연구할 수 있는 풍토를 조성할 때 창의와 혁신도 생겨날 수 있다. 기본과 원칙을 무시한 편법과 변칙으로 승리를 구가할 수 있는 기간은 짧다는 사실을 현대 경영자들은 반드시 기억해야 한다.

그래도 오늘날에는 이런 부분에 대해서는 많은 인식과 변화가 이루어졌다. 오히려 더 문제가 되는 것은 질에 대한 집착이 빚어내는 오류다. 약소국, 병력과 자원이 부족한 나라가 강대국을 상대하기 위해서는 훈련과 전술을 통해 병사의 질을 높여야 한다. 이것은 전쟁사의 보편적 교훈이다. 알렉산더, 한니발, 카이사르에서 독일의 전격전까지 세기의 정복자들은 모두 이 논리에 충실했다. 하지만 조종사의 질에 대한 일본군의 강박적인 집착은 조종사의 선발, 운영, 훈련, 전투방식을 점점 비합리적인 요소로 몰아갔다. 그들은 명중률과 같은 눈에 보이는 수치에 집착하고, 자신들만의 독특한 인재 판정 기준을 세웠다. 너무 꼼꼼하고 과중한 자격 요건은 인재의 다양성을 훼손시켰다. 그것은 역으로 인력수급 시스템을 망가트렸고 항공전술을 경직시켰으며 조종사 개인에게 과중한 부담을 줌으로써 전투 현장에서 효율성을 떨어트렸다.

조선의 특수부대
체탐자의 명과 암

여진 정벌
* 김장

보통 한국사 전공자들이 해외 답사를 하면 가장 먼저 찾는 곳이 고구려 유적지다. 그 중 한 곳이 중국 랴오닝성 환런현에 있는 오녀산성인데 주몽이 처음 나라를 세운 비류수 강가의 산성이라고 추정되는 곳이다. 그런데 오녀산성은 비단 고구려의 역사에서만 의미 있는 곳이 아니었다.

1437년세종 19년 6월 창성도호부 소속의 김장이 지휘하는 다섯 명의 특수부대원이 고개에 숨어 오녀산성 일대를 관측하고 있었다. 그들의 침투 목적은 여진족의 근거지인 오미부의 위치와 접근로 및 지형과 동태를 알아내는 것이었다.

고개 아래로 분지처럼 깊게 펼쳐진 골짜기가 있었다. 울창한 숲 사이로 여기저기 집과 경작된 농경지가 보였다. 하지만 경작지와 마을은 주로 강가에 있고, 골짜기에는 드문드문 보일 뿐이었다. 언뜻 평화로운 광경이었지만 이들은 소 몇 마리를 봤을 뿐, 말이 전혀 보이지 않는다는 사실에 주목했다. 그것은 여진족이 군사를 모아 이미 출동했거나 무언가를 준비하고 있다는 의미였다.

그들의 마지막 목표는 여진족의 최후 거점인 우라산성 정찰이었다. 그 성은 조선군이 침공하면 모든 여진족이 피신해 농성하기로 한 방어거점이자 요새였다. 또 여진족 추장 이만주의 진짜 근거지는 관측이 쉬운 강가가 아니었다. 고개 아래로 펼쳐진 골짜기를 건너면 산의 경사가 땅에서 하늘로 튀어나온 듯 급속히 가팔라지며 위로 솟았다. 그 위로 바위산이 마치 성벽처럼 돌출해 있는데, 정상부를 칼로 싹둑 잘라낸 듯 평평했다. 그곳은 고구려의 시조 주몽이 최초로 도읍을 건설했던 곳이지만, 김장 일행은 그런 사실까지는 알지 못했다. 그들이 저 신기한 산이 여진족의 본거지이자 피난처인 우라산성이라는 점만 파악하고 있었다. 이곳을 찾기 위해 그동안 여러 팀이 희생되고 나서 가까스로 도착한 것이 자신들이었다.

성의 입구와 구조는 알 수 없었지만, 지세를 보면 더 이상 접근은 어렵겠다는 판단이 들었다. 그때 고개 근처 숲에 잠복해 있던 여진족 경계병들이 튀어나왔다. 그들의 숫자도 다섯 명이었는데 모두가 말을 타고 있었다. 김장이 이끄는 특수부대는 나무에 의지해서 사격을 개시했다. 한 명이 얼굴에 화살을 맞고 말에서 나가떨어졌다. 여진족이 놀라서 멈칫한 사이에 부대원들은 철수했다. 기록에는 그렇게 빠져나왔다고 간단히 적혀 있지만, 실제로는 압록강까지 250킬로미터가 넘는 적진을 종단해야 했다. 김장과 부대원들은 김옥로라는 대원 한 명만을 잃고 탈출에 성공했다.(《세종실록》 권77, 세종 19년 6월 11일)

지키기만 해서는 방어할 수 없다

세종 때 이루어진 4군 6진의 개척은 여진족과의 전쟁이었다. 여진족은 국가를 이루지 못하고 만주와 간도에 넓게 흩어져 살고 있었지만, 언제든 조선이나 중국을 위협할 수 있는 잠재력을 지니고 있었다. 그 중에서도 위험한 집단이 파저강_{지금의 통자강} 유역의 건주여진이었다. 지금의 지명으로 보면 통화, 환런 일대다. 옛날 고구려가 바로 이곳을 터전으로 성장했고, 16세기 말에는 건주여진의 후손 누르하치가 이곳을 근거지로 삼아 후금을 일으켰다.

세종이 4군 6진을 개척하자 건주여진은 집요하게 조선의 요새와 개척지를 공격했다. 소규모 게릴라부대가 출몰하기도 하고, 여러 부족이 합쳐서 대규모 공격을 가하기도 했다. 조선의 정착민들은 울타리를 세우고, 경작할 때도 활을 메고 하면서 새로 차지한 땅을 지키기 위해 애썼다.

하지만 경계를 아무리 철저히 한다고 해도 수동적으로 지키기만 해서는 기습에 당할 수밖에 없다. 게다가 게릴라전의 최대의 무기는 효율성과 능률에서 앞선다는 것이다. 수비 측에서는 소수의 적에 대비하기 위해서도 전 지역에 경계 태세를 확립해야 하므로 상대적으로 너무나 많은 인력과 비용이 소모된다. 여기에 대처하기 위해 조선에서는 특수부대를 조직했다. 엄밀히 말하면 정식부대는 아니고 소수의 전문요원들이었다. 이들을 정탐자 또는 체탐자라고 불렀다. 국경이 되는 강을 넘어 들어가 여진족의 움직임이나 침공 징후를 탐지하는 것이 이들의 임무였다.

체탐자에 대한 기록은 태종 때부터 등장한다. 1410년_{태종 10년}경에 조선은 지금의 중강진 부근에 여연군을 설치하면서 강계 북쪽의 땅에 거점을 마련했다. 이 사업을 추진하면서 이 일대 여진 지역의 지리, 동정 등을 살피기 위해 간헐적으로 정탐꾼을 보냈던 것 같다. 당시만 해도 상설부대는 아니었는데, 세종 때 4군 6진이 개척되고 여진족과의 충돌이 빈번해지면서 체계화되기 시작했다. 전성기에는 강변의 군사기지마다 세 명씩 체탐자를 두게 했고 평안도에만 540명이 있었다.

전술도 점점 세련되게 변했다. 처음에는 보통 두세 명이 한 조가 되어 움직이다가 5~10인으로 늘었고, 나중에는 10인 2조로 편성했다. 이들은 주기적으로 여진 지역으로 들어갔고, 보통 3~5일 정도씩 활동하고 교대했다. 높은 곳에 숨어서 적의 침공을 감시할 때는 두세 명이 하루치 식량만 들고 강 건너 비밀관측소에서 관측활동을 하기도 했다. 임무 수행방식은 요즘의 특수부대와 유사했다. 길이 아닌 곳으로 이동하고, 낮에는 은신하고 야간에 이동하며 정찰 및 잠복 임무를 수행했다.

> 6월 13일에 신이 강계에 있으면서 진무 이숙림 등 아홉 명을 보냈는데,
> 만포에서 안암곡 밑에 이르자, 갑자기 적 정찰병 3명과 조우했습니다.
> 교전을 피할 수가 없는 상황이어서 활을 쏘아 3급을 잡았습니다.
> • 《세종실록》 권77, 세종 19년 6월 11일

이 기록을 보면 가능한 한 교전을 피하라는 지침이 있었음을 알 수 있다. 정찰이 목적이고, 교전을 벌이면 이동 루트와 활동 지역을 드러

내기 때문이다.

여진 지역에 거점과 연락책을 심어놓기도 했다. 그들은 대개 여진 지역으로 들어와 사는 조선인들이었던 것 같다. 아무리 특수부대라고 해도 항상 숲과 땅 속에 은신하며 살 수는 없다. 이런 거점은 일종의 안전가옥이면서 정보를 수집하는 곳이기도 했던 것 같다. 하지만 체탐자의 활동이 많아지면서 여진족의 대응력도 높아졌다. 아지트였던 조선인의 집이 발각되어 살해당했다는 기록도 있고, 유능한 특수부대원의 집이 여진족의 보복 공격을 받아 가족이 살해되는 사건도 있었다.

체탐자, 여진 정벌의 선봉에 서다

기습과 후방 침투, 장거리 정찰과 같은 특수임무를 전문으로 하는 특수전 부대는 제2차 세계대전에서 새롭게 출현한 개념이다. 하지만 정찰을 전문으로 하는 특수부대는 고대부터 존재했을 가능성이 높다. 전쟁에서 정찰은 필수적인 임무이기 때문이다. 고대 전쟁부터 정찰병, 전문적인 길 안내자는 전투의 승패를 좌우할 정도로 중요했다. 하지만 이런 임무를 맡은 전문적인 부대의 운용은 잘 드러나지 않는다. 한국사에서도 이런 증거는 찾을 수 없다. 유일하게 발견된, 아주 헌신적이고 유능했던 부대가 체탐자다.

1437년경 체탐자의 역량을 시험할 중요한 전기가 마련되었다. 그전까지 체탐자의 임무는 적의 동향을 탐지하는 것이었다. 즉 압록강과 두만강을 건너가 잠복해서 여진의 침공을 사전에 탐지하거나 그곳에 심어둔 정보원으로부터 정보를 얻는 것이었다. 그런데 세종이 여진 정벌을 추진하면서 임무의 성격이 전혀 달라졌다.

1433년 최윤덕이 지휘한 1차 파저강 정벌은 압록강 유역의 4군 개척사에서 역사적인 의미가 크지만 군사적으로는 만족스럽지 않았다. 여러 개의 기동부대를 나누어 보내 여진족 부락을 소탕하고 퇴로를 차단해서 섬멸하는 꽤 고난도의 작전이었다. 이를 구상하고 수행해낸 것은 칭찬해줄 일이지만, 이 시대에 이런 정교한 작전이 성공할 가능성은 극히 드물었다.

1차 여진 정벌 이후 여진족도 경계 태세를 강화하고 전쟁을 대비한 전략을 수립했다. 여진 부락은 작은 규모로 흩어져 있어서 마땅한 전략거점이 없다. 조선군의 침공 징후가 보이면 부락들은 일거에 마을과 들판을 소개하고, 환련의 우라산성으로 집결했다. 조선군은 빈 마을과 들판을 파괴했는데, 이렇게 해서는 여진족의 적개심만 불태울 뿐이었다. 그렇다고 여진족에 침공 징후를 탐지당하지 않고 일시에 여진 부락을 소탕하는 것도 불가능했다.

1437년 2차 여진 정벌을 기획하면서 조선군은 전략을 수정했다. 국경 부근의 여진 부락에 대한 소탕을 포기하는 대신 우라산성까지 빠르게 진군해서 집결을 막고, 여진의 총지휘부라고 할 수 있는 오미부를 점거하는 전략이었다. 쉽지는 않겠지만 가능하다면 우라산성도 함락시키고자 했다.

하지만 이때까지 조선은 오미부가 우라산성 근처에 있다는 정도의 정보밖에 알지 못했다. 침공 작전을 수행하려면 오미부의 정확한 위치와 도로, 지형에 대한 정보가 필요했다. 조선군의 진격로는 만포에서 도강해서 과거 고구려의 수도였던 지안^{국내성}으로 들어가 지금의 지안·환런 루트를 따라가는 것이었다. 이 길은 현재 약 250킬로미터 정도 되는데, 지금도 고개를 수없이 넘어야 하는 험한 지형이다. 이 길로 군대가 진군하려면 중간에 있는 촌락과 골짜기, 야영 가능지, 매복 가능지 등을 알고 있어야 했다.

이 임무가 체탐자에게 떨어졌다. 이것은 이전에 해오던 정찰과는 비교도 안 되게 어려운 임무였다. 정해진 루트를 따라 침투해 비밀관측소에서 정찰하던 이전과 달리, 이번에는 자신들도 알지 못하는 산천으로 깊숙이 들어가 돌아다녀야 했다. 현대전에서도 이런 장거리 침투가 가장 어렵고 위험해서, 특수부대의 능력을 가늠하는 척도로까지 사용된다. 게다가 여진족도 눈치를 채고, 순찰과 경계를 강화하고 있었다. 오녀산성으로 가는 고개에서 김장의 부대원을 공격한 여진족들도 사전에 배치된 경계병들일 가능성이 높았다.

그리고 우려한 대로 1437년 5월에 파견한 팀들은 모두 임무를 수행에 실패했다. 상부에서 심한 질타가 쏟아진 뒤, 다시 여러 팀이 파견되었다. 마침내 김장이 이끄는 부대가 오미부의 정확한 위치를 탐지하고 우라산성을 찾아내는 데 성공했다.

문제없을 때 준비하지 않으면 문제에 대처하지 못한다

2차 여진 정벌을 전후한 시기가 체탐자 역량의 절정기였다. 이후로 체탐자들의 활동기록은 점차 줄어들다가 16세기 이후로는 거의 사라지면서 해체되었다. 16세기 이후로 여진족의 습격이 크게 줄었다. 국경이 안정되자 정부도 희생이 많은 국경 침투 정찰을 중지시키고, 강변 경계로 대체시켰다.

하지만 진짜 이유는 이들을 포상할 방법이 마땅치 않았기 때문이다. 이들이 작전에 투입되면 하루를 15일 근무로 쳐주고, 매년 우수자 몇 명을 선발해 6품 이하의 산관직을 주었다. 하지만 이런 수준의 포상이 이들의 삶을 바꿀 만한 것은 아니었다. 산관직을 받는 수혜자도 적었고, 받는다고 해도 진짜 양반이 되는 것이 아니었다. 우라산성 정찰 작전에서 사망한 김옥로의 유족에겐 그 집에 부과하던 세금을 면제하는 혜택에 더해 쌀과 콩 2섬이 지급되었다. 5인 가족의 한 달 양식에 불과했다.

체탐자가 전사하면 책임을 추궁당하는 것도 문제였다. 지금도 한국 사회는 이 이상한 풍속에서 벗어나지 못하고 있는데, 조선 시대부터 우리나라의 관료제는 소위 '도의적 책임'이라는 것이 남용되었다. 사회든 조직의 가장 좋은 운영방법은 합리적 운영이다. 사고나 불상사가 발생하면 과정을 정확하게 점검하고 각 사람의 역할과 책임을 정확히 추출해서 평가해야 한다. 이것은 두 가지 발전적 효과를 가져온다. 첫째, 실패를 통해 최대한의 교훈을 얻어서 이를 바탕으로 구성원의 업무와 역할을 개선할 수 있다. 둘째, 구성원 개개인의 능력과 적성 및 장단점에 대한 데이터를 축적할 수 있다.

이에 반해 도의적 책임을 지우는 방식은 조직원들의 수동적 태도를 낳고, 누군가의 사임을 빌미로 업무와 구성원에 대한 평가를 슬쩍

넘겨버린다. 더 나쁜 폐단은 공석이 될 자리에 대한 욕심으로 불필요한 갈등과 음모를 야기한다는 것이다.

체탐자의 소멸에서도 이런 징조를 발견할 수 있다. 평화가 오면 정탐활동을 통해 얻을 수 있는 이득은 적어지고, 사고에 대한 책임 추궁만 늘어난다. 위험하고 모험적인 업무를 꺼리고, 포상은 적어지니 기능도 점점 떨어진다. 결국 사고가 발생할 위험은 더 높아지는 악순환이 형성된다. 당장 할 일이 없어 역량은 점점 퇴화되고 유지하는 데 비용은 많이 드는 조직은 골칫덩이다. 하지만 체탐자처럼 결코 없어서는 안 되는 조직이 있다. 그런 조직은 더 열심히 노력해서 재원을 마련하고, 대체기능을 개발해서 역량과 조직을 유지할 필요가 있다. 하지만 조선은 이런 노력을 하는 대신 이 유용하고 훌륭한 부대를 포기하고 말았다.

조선만 그런 것은 아니다. 제2차 세계대전에서 명성을 날렸던 많은 특수부대들이 그들의 경험과 장점을 이어가지 못하고 이런 운명을 겪었다. 이런 부대들은 항상 비용이 많이 드는 엘리트 조직으로 비춰져 그만큼 질시의 대상이 된 탓도 있다. 하지만 그 결과는 언제나 후회다.

조선도 값비싼 대가를 치렀다. 16세기는 국경이 비교적 평화로웠지만, 충돌이 아주 없었던 것은 아니다. 평화 중에 벌어지는 침공은 기습 효과가 더 커서 충격적인 손실을 초래했다.

임진왜란 때도 조선군의 결정적 취약점이 체탐자처럼 정찰 임무를 수행할 특수부대의 부재였다. 하지만 특수부대의 노하우는 실전 경험을 통해서만 얻을 수 있는 것이기 때문에 부대를 단기간에 육성할 수도 없었다. 우왕좌왕하는 사이에 전쟁이 끝나면 그런 아쉬움마저

바로 잊어버렸다

17세기에는 여진족이 다시 일어나 후금을 건설했지만 조선은 강 건너에서 벌어지는 일을 전혀 파악하지 못했다. 소수의 특수부대에게 그런 것까지 기대하기는 무리일지도 모른다. 하지만 15세기에 보여주었던 용사들의 헌신과 능력이 지속적으로 발전했더라면, 조선군의 정보 능력은 정묘호란과 병자호란을 겪던 시절처럼 참담한 수준으로 전락하지는 않았을 것이다.

오늘날 기업마다 조직의 슬림화, 아웃소싱, 불필요한 조직의 도태가 중요한 문제가 되고 있다. 그러다 보니 당장의 필요성과 생산성이 합리적인 것으로 간주되고 조직 개편의 척도가 되는 경우가 많다. 하지만 이런 행동은 관료주의의 변형에 불과하다. 조직의 기능은 당기 순이익처럼 눈에 보이는 좌표만으로 측정할 수 있는 것이 아니다. 리더에게는 본질적 필요와 당장의 필요를 구분하고, 신뢰하는 능력과 확신이 필요하다. 보이는 가치와 보이지 않는 가치를 판별하는 능력, 보이지 않는 것에 대한 확신의 능력이다.

세상의 모든 혁신은
전쟁에서 탄생했다

초판 1쇄 발행 2014년 4월 25일
초판 7쇄 발행 2022년 4월 25일

지은이 임용한
발행인 안병현
총괄 이승은 기획관리 송기욱 편집장 박미영
기획편집 김혜영 정혜림 디자인 이선미 마케팅 신대섭 관리 조화연

발행처 주식회사 교보문고
등록 제406-2008-000090호(2008년 12월 5일)
주소 경기도 파주시 문발로 249
전화 대표전화 1544-1900 주문 02)3156-3694 팩스 0502)987-5725

ISBN 978-89-98886-77-6 (03320)
책값은 표지에 있습니다.